교육과정-수업-평가를 일체화하는

과정중심평가

유영식 지음

테크빌교육

교육과정–수업– 평가를 일체화하는

과정중심평가

유영식 지음

즐거운학교

추천사

우리나라 교육 문제의 근본적인 원인 중 하나로 '입시 위주의 과열 경쟁체제'를 지목한다. 학교에서는 성적 · 입시 · 대학 등이 모든 가치의 최우선으로 인식되며 학생, 학부모의 삶도 '입시'를 중심으로 재구성되는 '입시의 일상화'로 귀결되고 있다. 이런 현상은 '학생평가'의 모습으로 유 · 초 · 중 · 고등학교에서 프랙탈처럼 반복되고 있음이 증명되었다. 그 결과 대한민국의 학생은 학교에서 전혀 행복한 삶을 살지 못하고 있다는 슬픈 현실에 직면해 있다. 학생이 소외된 교육에서 학생이 행복한 교육으로 바꿔 보고자 경기도교육청은 2009년부터 '혁신교육'을 선언하며 여러 도전과 정책을 시도했고, 그중심에 '학생평가의 혁신'이 있다.

평가혁신 정책은 초기부터 현재까지 약 10년의 기간 동안 동일한 정책기조를 유지하며 꾸준히 진화·발전하고 있으며 경기도교육청의 평가혁신 정책은 이제 경기도뿐만 아닌 전국적인 흐름이 되고 있다. 본 책의 저자 유영식 선생님은 경기도교육청의 평가혁신 역사와 함께하였다. 정책의 출발과 실행, 반성을 함께 한 8년의 경험을 본 책에 고스란히 담았다.

학생의 삶과 성장을 모든 고민의 중심에 두고 '학생평가'의 철학적 인식을 바탕으로 참으로 올바른 평가를 하기 위해 많은 고민을 하였다. 고민을 바탕으로 저자는 이 책에 수업은 어떠해야 하며, 교육과정은 어떻게 기획해야 하는지를 교실 속에서 실천하는 선생님의 입장에서 정교하게 풀어가고 있다. 교육공동체 구성원들이 한번쯤은 꼭 살펴보고 고민해 봐야 할 화두를 던지고 있다.

경기도교육청 장학관 구순란

프롤로그

인공지능AI, 로봇 기술, 사물인터넷IOT, 빅 데이터의 축적과 활용, 생명과학 기술Bio Technology 등으로 이제 우리사회는 4차 산업혁명 시대에 접어들고 있다. 그러나 1차 산업혁명 시대에 만들어진 학교는 아직도 그 시대의 지식을 그 시절의 방법으로 가르치고, 평가하고 있다.

이러한 문제가 평가만 바꾼다고 해결될까? 이를 해결하기 위해서는 평가와 관련된 모든 것을 바꾸어야 한다. 이 문제를 해결하기 위해 시도한 정책이 과정중심평가이다. 과정중심평가는 역량을 키우는 수업 속에서 평가가 함께 이루어지며, 이를 통하여 교육과정이 재구성될 수 있도록 한다. 즉, 과정중심평가는 학교를 학생들의 삶과 연계된 것을 가르치는 곳으로 변화시키고, 미래교육으로 한 발짝 더 다가갈 수 있게 해 준다.

결국, 과정중심평가는 평가만 바꾸는 것이 아닌 평가와 관계된 학교교육의 모든 것을 개혁하는 하나의 혁명이라고 볼 수 있다. 필자는 과정중심평가를 '교육의 혁명'으로 보고 있다. 그래서 이 책을 읽는 독자들에게 다음과 같은 혁명 미션을 부여하고 싶다.

과정중심평가로 수업과 평가의 벽을 부수고, 교육과정을 리모델링하여 미래교육을 준비하라.

이 책을 읽으며, 교육과정-수업-평가의 3가지 분야에서 나름 전문성을 쌓아온 필자가 혁명을 완수하기 위해 어떠한 솔루션을 제시하는지 지켜보기 바란다.

차례

1부

과정중심평가,
너를 혁명가로 임명한다

01

왜 과정중심평가인가?

평가 관점의 변화

비교하는 평가에서 키우는 평가로, '체'가 아닌 '거름'이 되는 평가로

2016년 3월 교육부는 '모든 교과를 수행평가로 평가할 수 있다.'라는 제목의 보도자료를 배포하였다. 부산시교육청은 초등학교의 객관식 평가 완전 폐지정책을 발표했으며, 수능도 절대평가제로 바뀌려 하고 있다. 과연 무엇 때문에 여기저기서 평가에 대한 변화의 이야기가 나오는 것일까? 그 이유는 평가에 대한 철학이 바뀌고 있기 때문이다.

과거에는 선발적 평가관에 의해 평가가 이루어졌다. 선발적 평가관에서는 평가자의 점수와 등수가 가장 중요하다. 채점 과정에서 객관성이 확보되는 객관식 문항과 성적을 비교하기 위하여 모든 학생을 같은 문항으로 평가하는 일제식 평가가 선발적 평가관의 대표적 평가방법이다.

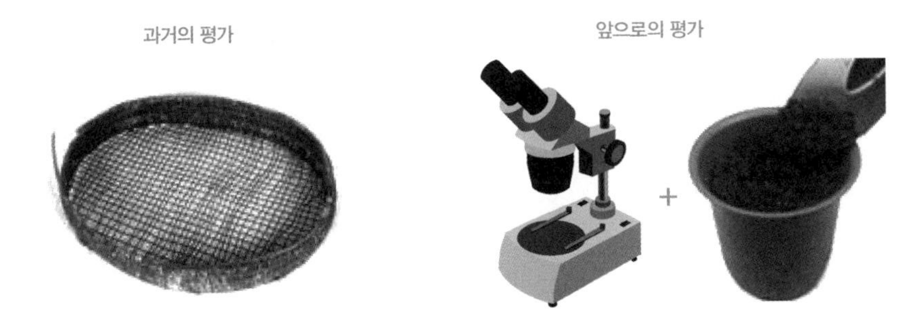

그러나 최근에는 발달적 평가관으로 평가의 관점이 전환하고 있다. 발달적 평가관은 학생 간 비교와 서열화가 아닌 개개인의 성장과 발달이 평가의 목적이다. 평가의 목적이 발달적 평가관으로 전환하며 교육부는 과정중심평가를 새로운 평가의 관점으로 제시하였다. 과정중심평가에서는 평가를 학습의 도구이자 학생의 성장과 발달을 위한 수단으로 사용한다. 비유하자면 과거의 평가가 일정한 기준에 맞춰 학생들을 걸러내는 '체'의 역할을 했다면 앞으로의 평가는 학생들의 잠재적 가능성을 들여다보고, 성장할 수 있도록 자양분을 주는 '현미경과 거름'의 역할을 해야하는 것이다.

미래교육에서의 평가

과정중심평가는 미래교육을 위한 평가이다.

인공지능, 로봇 기술, 사물인터넷, 빅 데이터의 축적과 활용, 생명과학기술 등 과학 기술이 발달하며 4차 산업혁명 시대가 시작되었다고 한다. 이러한 4차 산업혁명 시대에 발맞추어 교육도 미래교육이라는 패러다임을 제시하였다. 미래교육은 6가지 핵심 역량으로 자기관리 역량, 지식 정보 처리 역량, 창의적 사고 역량, 심미적 감성 역량, 의사소통 역량, 공동체 역량을 갖추어야 한다고 설명한다.

그러나 우리 학교 현장은 아직도 지식의 이해 수준이나 암기력 등을 평가하고 있다. 그 단적인 예로 평가도구를 확인하면 된다. 객관식, 단답형 평가도구와 사실상 암기력을 테스트하는 이름반 서술형, 논술형인 평가도구를 사용하고 있다. 또한 대부분의 학교에서는 평가도구뿐만 아니라 과거의 평가시스템인 일제식 평가와 총괄평가 위주로 평가를 하고 있다. 과연 이러한 평가시스템과 평가도구로 미래사회에 필요한 핵심 역량을 제대로 평가할 수 있을까?

교육부는 이런 문제를 해결하기 위해 2015 개정 교육과정부터 평가의 방향을 새롭게 제시하였다. 과정중심평가는 기존의 평가도구와 평가시스템 등 평가와 관련된 모든 것을 바꾸어 우리 학생들이 미래를 위하여 갖추어야 할 역량들을 키울 수 있도록 한다.

평가로 수업과 교육과정을 바꾸다

과정중심평가로 수업과 교육과정을 바꿀 수 있다.

"엄마! 수업시간에 배우지 않은게 시험문제에 나왔어요~!" 이런 말이 나오는 것을 각오하고 수업에서 다루지 않은 내용을 평가로 출제하는 교사는 없다. 즉, 교사가 출제한 평가 문항은 반드시 그 문항과 관련된 내용을 수업에서 다루었다는 의미이다. 이는 교사와 학생, 학부모 사이에 이루어진 무언의 약속이다. 여기에서 평가가 수업을 바꿀 수 있다는 전제가 성립된다.

예를 들어 A라는 교사가 다음과 같은 방법으로 수업을 했다고 가정하자.

A 교사 : 얘들아! 원의 넓이 구하는 공식은 반지름×반지름×3.14야!

원의 넓이를 모두 외워!

원의 넓이를 모두 외웠으면 이제 문제를 풀어 봐!

반지름이 3cm야. 자, 그럼 원의 넓이는 어떻게 구하니?

반지름이 3cm이니까, 3cm×3cm×3.14 =28.26cm^2 가 되는 거야.

그럼 반지름이 7cm, 10cm인 경우 원의 넓이가 얼마인지 구해 봐.

그리고 다음의 수행평가로 평가를 실시한다고 가정해 보자.

다음 그림을 참고하여 원의 넓이가 반지름×반지름×3.14임을 설명하고, 넓이를 구하시오.

수행과제

- 원의 반지름의 길이는 5cm입니다.
- 원 색종이를 이용하여 원의 넓이 구하는 방법을 설명하시오.
- 각각 원의 넓이 구하는 방법을 탐구하고 모둠 친구들에게 설명하시오.

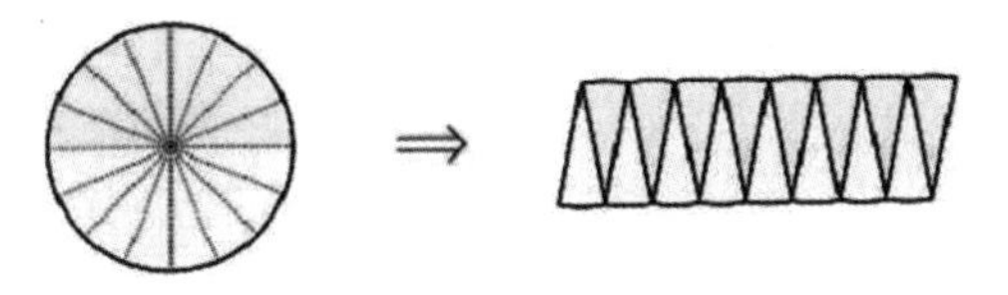

A교사의 강의식 수업을 들은 학생들이 위의 수행평가 문항처럼 원리를 탐

구하는 평가 문항을 제대로 해결할 수 있을까? 머리가 아주 좋거나, 사교육을 통해서 위와 같은 원리를 탐구하는 문제의 유형을 공부하지 않은 이상 위의 문제를 해결하기는 쉽지 않다.

위의 예에서 확인할 수 있듯이 교육에서 평가 문항의 힘은 어마어마하다. 수능시험의 출제 방향에 따라 사교육 시장의 트렌드가 바뀐다고 할 정도니 짐작할 수 있을 것이다. 창의성, 고등정신능력을 요구하는 방향으로 평가가 바뀐다면 교육과정과 수업도 함께 변화할 수밖에 없다. 따라서 창의성과 고등정신능력, 미래교육의 핵심 역량에 대한 평가를 강조하는 과정중심평가가 우리 교육 현장에 정착한다면 수업과 평가도 함께 변화할 것이라 기대한다.

공교육을 살리는 과정중심평가

과정중심평가는 공교육의 새로운 전환점이다.

'공교육이 문제다', '공교육을 살리자' 이런 말은 지겹도록 듣고 있지만 영원히 풀지 못하는 숙제로 남아 있다. 하지만 과정중심평가는 이러한 문제를 해결할 수 있는 단초를 제시할 수 있다.

그 이유는 첫째, 과정중심평가로의 전환은 학교에서의 배움을 학생들의 삶과 연결시킬 수 있게 한다. 공교육이 죽는 근본적인 원인은 학교에서 삶과 연계되지 않는 죽은 지식을 배우기 때문이다. 그러나 과정중심평가는 학생의 삶과 연계되는 핵심 역량의 평가를 강조하며, 이를 수업 속에서 평가하기 때문에 학교에서의 배움이 삶과 연계될 수 있도록 한다.

둘째, 과정중심평가로 기초학습 부진 학생, 학업을 중도에 포기하는 학생들을 예방할 수 있다. 과정중심평가는 평가를 통하여 학생의 수준과 특성을 진단하고, 평가가 이루어지는 수업에서 즉각적인 맞춤형 피드백을 제공하여 학생의 학습 부진 발생을 예방할 수 있다.

셋째, 과정중심평가는 학생들의 진로지도에 있어서도 효과를 발휘할 수 있다. 그 이유는 과정중심평가의 주 평가도구인 수행평가의 성격에서 찾을 수 있다. 수행평가는 성취기준과 관련된 인지적 능력뿐만 아니라 정의적 능력, 핵심 역량 등 학생의 다양한 부분을 들여다볼 수 있는 평가 방법이다. 따라서 객관식 평가에서는 볼 수 없는 학생의 다양한 면을 볼 수 있으며, 이러한 평가 기록을 학생의 진로지도에 참고자료로 활용할 수 있다.

넷째, 과정중심평가는 학생들의 인성 발달에도 효과적이다. 과정중심평가는 인지적인 부분만이 아닌 정의적 영역의 평가 또한 중요시하고 있다. 예를 들어, 토론에서 상대방에 대한 배려, 협동학습 과정에서 봉사정신, 책임감 등의 정의적 요소를 함께 평가하고, 피드백하는 과정에서 인성에 대한 지도가 이루어질 수 있기 때문이다.

다섯째, 과정중심평가는 학부모의 사교육 의존도를 낮출 수 있다. 그 이유는 수업시간에 이루어지는 활동 자체를 평가로 실시하는 과정중심평가의 특징에서 찾을 수 있다. 수업 시간의 활동에서 평가를 함께 실시하는데 어떤 학생, 학부모가 수업에 집중하지 않을 수 있을까? 수많은 수업 속 평가 장면이 학생의 기록을 위한 누적 데이터가 되기 때문에 수업에 집중하고 참여하는 태도를 보일 수밖에 없다.

물론 이러한 과정중심평가의 순기능을 기대하기 위해서는 입시제도에서 내신성적 비중을 확대하고, 내신에서 수행평가 같은 질적 평가의 비율을 확대하는 등 제도가 뒷받침되어야 한다. 이러한 제도적 뒷받침이 이루어진다면 과학고, 외국어고, 자사고 등에 소외 받는 일반고 문제 또한 해결이 가능해진다. 입시 제도가 뒷받침 된다면 학생들이 일반고를 선호하는 경향이 훨씬 높아질 수 있기 때문이다. 이렇듯 과정중심평가는 학교교육의 다양한 문제를 해결하여 공교육의 새로운 전환점을 제시할 수 있다.

과정중심평가로 인한 나비효과

과정중심평가는 미래교육으로 전환하기 위한 나비효과이다.

앞의 내용을 정리하면 과정중심평가는 그동안의 평가도구와 평가시스템을 확 바꾸어야 한다. 과정중심평가를 도입함으로써 교사는 교육과정 문해력을 신장시킬 수 있고, 이로 인해 수업과 평가가 바뀔 수 있으며, 교육과정의 재구성과 교육과정-수업-평가(기록)의 일체화가 가능해질 수 있다. 즉, 과정중심평가는 학교에서 삶과 연계된 핵심 역량을 중심으로 교육할 수 있도록 전환하는 시발점이 될 수 있다. 이런 변화로 공교육의 다양한 문제를 해결할 수 있을 거란 기대도 해 볼 수 있다.

과정중심평가의 도입은 작은 날개짓으로 교육 시스템 전반에 변화를 가져올 수 있는 나비효과에 빗대어 표현할 수 있다. 과정중심평가로 전환하여 학교교육 전반에 긍정적 변화를 만들고, 이로 인해 우리의 교육이 미래교육에 조금 더 가까워질 수 있을 것이다.

• 미래교육으로 전환하는 과정중심평가 •

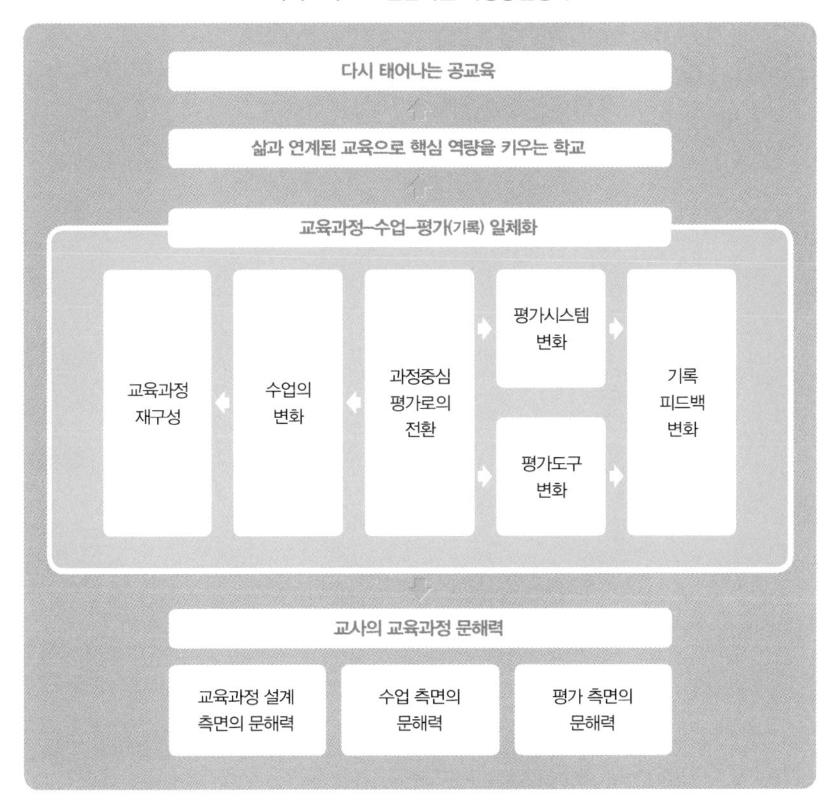

02

과정중심평가란?

과정중심평가, 너는 누구니?

과정중심평가는 교육학 개념이 아닌,
평가와 관련된 모든 것에 대한 새로운 관점을 제시하는 교육정책이다.

과정중심평가의 의미

과정중심평가는 2015 개정 교육과정이 도입되면서 새로운 평가의 방향으로 제시되었다. 즉 학문적 개념이 아닌 정책적 성격을 지닌 용어이다. 평가라는 단어로 그 의미가 한정되어 보이지만, 평가와 연계된 교육과정에 대한 새로운 관점과 방향을 제시하는 넓은 의미의 용어이다.

한국교육과정평가원 연구자료에 따르면 과정중심평가는 '교육과정 성취기준에 기반한 평가계획에 따라 교수 · 학습 과정에서 학생의 변화와 성장에 대한 자료를 다각적으로 수집하여 적절한 피드백을 제공하는 평가로 평가 패러다임의 확장, 결과중심평가와의 대비, 교육과정-교수 · 학습-평가의 연계'로 설명할 수 있다.

여기에서 과정중심평가의 의미를 세 가지로 해석할 수 있다. 첫째, 과정중심평가는 평가의 패러다임을 확장한다. 평가 패러다임의 확장은 평가가 수업 속 활동으로 녹아들어 수업과 평가가 동시에 이루어진다는 것을 의미한다. 수업이 끝난 후 일회성으로 이루어지는 과거의 평가 방식으로는 학생의 변화와 성장에 대한 자료를 다각적으로 수집하기 어렵기 때문이다. 과정중심평가는 수업 과정에서 평가를 동시에 실시하여 학생들의 인지적, 정의적, 핵심 역량 등 다양한 특성을 확인하고 기록할 수 있다. 즉, 평가 패러다임의 확장은 수업 과정에서 평가를 교사와 학생, 학생과 학생 간의 교수 · 학습활동으로 활용할 수 있다는 것을 의미한다.

• 평가 패러다임의 확장 •

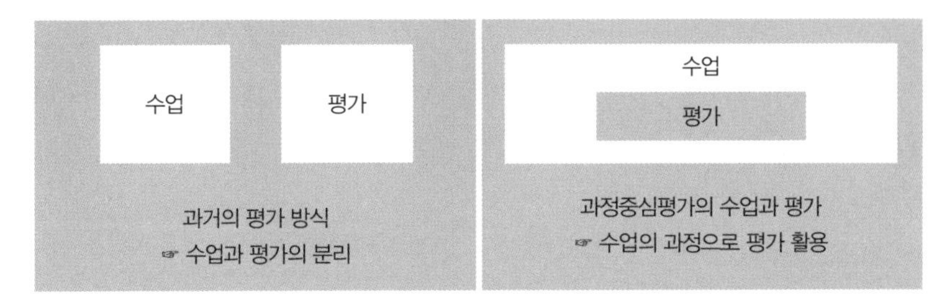

또한, 평가의 패러다임을 확장함으로써 평가 결과를 활용할 수 있는 범위도 넓어진다. 과거에는 평가의 결과를 성적을 산출하는 등 제한적으로 활용하였지만 과정중심평가에서는 평가의 결과를 학생의 성장과 발달을 위한 피드백으로 활용할 수 있다. 평가 자료로 학생의 수준과 특성을 파악하고, 이에 대한 맞춤형 피드백을 제공하여 평가 결과가 학생의 성장과 발달을 돕는 데 사용되어야 함을 의미한다.

· 평가 결과의 역할 확장 ·

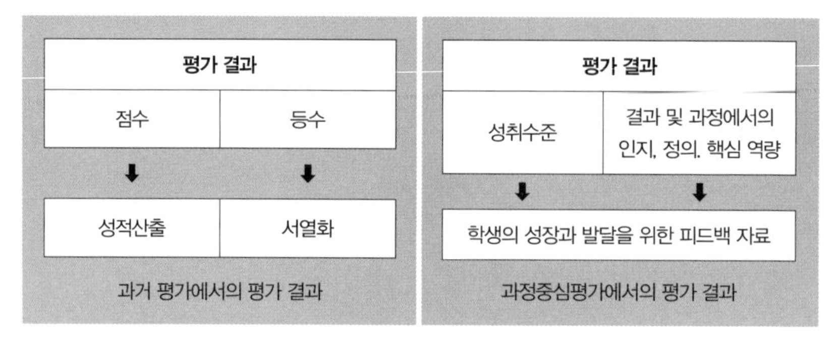

평가 패러다임과 결과의 확장은 평가가 '학습 결과에 대한 평가assessment of learning'를 위한 역할에서 학습의 주요한 도구로 사용되는 '학습으로서의 평가assessment as learning', '학습을 위한 평가assessment for learning'로 확장됨을 의미한다.

둘째, 학습의 최종 결과만을 평가하는 결과중심평가와 대비되는 개념으로 학생의 문제해결과정에 중점을 둔다.

· 문제해결과정을 중시하는 과정중심평가 ·

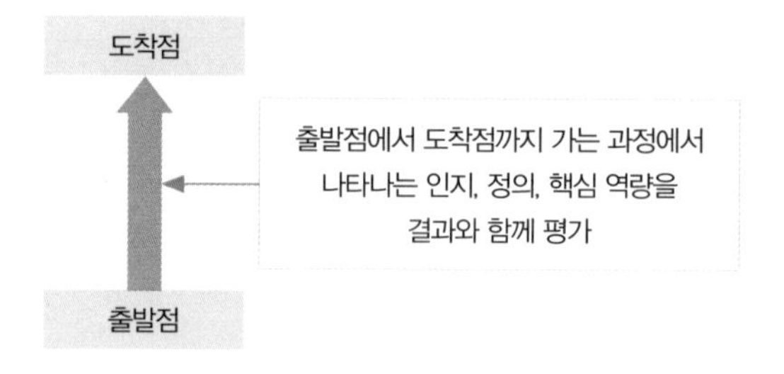

위 그림과 같이 도착점에서 정답만을 평가하는 것이 아닌 정답이 나오는 과정을 중시하고, 이 과정에서 나타나는 학생의 인지적, 정의적 능력과 핵심 역량을 모두 평가 대상으로 본다는 의미이다.

다음 문제는 학습의 과정을 중시하는 과정중심평가를 잘 보여 준다. '[수62051] 쌓기나무로 만든 입체도형을 보고 사용된 쌓기나무의 개수를 구할 수 있다.'에 대한 성취기준을 평가하기 위하여 실제 아래 그림의 쌓기나무 개수를 구하는 문제를 출제할 수 있다.

결과중심평가의 관점에서는 학생이 그림 속 쌓기나무의 전체 개수인 25개만 맞게 구한다면 정답으로 처리하며 추가로 평가하지 않는다. 하지만 과정중심평가의 관점에서는 쌓기나무의 개수를 구하는 것이 아닌 결과를 도출하기까지의 과정을 더 중요한 평가 대상으로 본다. 쌓기나무 전체 개수를 구하는 과정에서 발휘되는 창의적 해결 방법, 모둠원 간의 의사소통 과정, 과제집착력 등의 요소가 모두 평가 대상이 된다.

셋째, 교육과정-교수 · 학습-평가의 연계로 설명할 수 있다. 교수 · 학습과 평가의 연계는 시간과 내용 두 부분의 연계를 모두 의미한다.

시간적 연계는 평가를 수업의 한 부분으로 포함하여 진행한다는 의미이다. 중간 · 기말고사처럼 평가를 위한 시간을 별도로 운영하지 않고 수업 과정에서 평가가 함께 이루어진다.

내용적 연계는 수업 내용과 평가의 연계를 의미한다. 토론 수업을 예로 들면, 과거에는 수업 중에 이루어지는 토론과는 별개로 수업이 끝난 후 다음과 같은 토론에 관한 이론 평가를 실시하였다.

1. 다음 중 토론자가 지켜야 할 규칙은 무엇입니까?

① 친구가 말하는 도중에 자신의 의견을 제시한다.

② 주장을 제시할 때는 근거를 들어서 이야기한다.

③ 주제에 벗어난 이야기를 할 수 있다.

④ 자신의 의견을 끝까지 주장한다.

이는 학생들이 수업 시간에 실제로 토론을 했지만, 수업과 무관하게 토론에 대한 이론으로 평가받았음을 보여 준다. 과거에는 수업과 평가가 일치하지 않았다. 교수 · 학습과 평가의 연계라는 관점에서 토론 수업의 바람직한 평가 장면은 학생들이 수업 시간에 토론을 하는 과정에서 평가가 이루어져 수업과 평가의 내용이 일치하는 것이다.

교수 · 학습과 평가의 연계를 위해서는 먼저 교육과정과 교수 · 학습이 연계되어야 한다. 수업 과정 중에 평가하기 위해서는 차시 및 단원의 내용을 재구성할 필요가 있다. 차시 및 단원의 내용을 재구성하는 것이 교육과정 재구성이며, 이를 통하여 교육과정과 교수 · 학습의 연계가 이루어진다. 즉, 과정중심평가는 교육과정과 교수 · 학습, 평가의 연계 다시 말해 교육과정-수업-평가가 일체화될 때 가능한 것이다.

과정중심평가의 특징

과정중심평가는 학생의 성장과 발달이 목적인 발달적 평가관에 철학적 배경을 두고 있다. 따라서 선발적 평가관에 의해 학생을 상대적으로 서열화하는 지필평가 위주의 평가방법이나 중간 · 기말고사와 같은 일회성 평가시스템이 자리잡은 현장의 평가와는 차별되는 특징을 갖고 있다.

과정중심평가는 학생의 성장과 발달을 위한 도구로써 평가의 역할을 강조하며, 수업 과정에서 다양한 평가방법을 활용하여 인지적, 정의적, 핵심 역량 등을 평가해야 한다. 한국교육과정평가원 자료(ORM 2017-19-1)를 보면 과정중심평가는 다음과 같은 특징을 갖는다고 한다.

• 과정중심평가의 특징 •

성취기준에 기반을 둔 평가	수업 중에 이루어지는 평가
수행 과정의 평가	지식, 기능, 태도의 인지적, 정의적 영역까지 포함하여 종합적으로 평가
다양한 평가방법을 통한 학생의 다양한 측면 파악	학습자의 발달을 위한 평가 결과 활용

〈출처: 한국교육과정평가원 ORM 2017-19-1〉

위 자료를 종합한 과정중심평가의 특징은 다음과 같다. 첫째, 평가의 내용에서 통합적 지식 및 기능, 태도, 핵심 역량에 대한 평가를 강조하고 있다. 이는 과정중심평가가 단순히 학습자의 지식을 평가하는 것이 아니라 습득한 지식을 융합하고 활용하여 역량으로 나타낼 수 있는가를 주요한 평가 대상으로 삼는다는 것을 의미한다.

둘째, 수업 안에서 수업의 활동으로 다양한 평가방법을 활용할 것을 제시하고 있다. 또한 평가의 주체도 교사뿐만 아니라 자기평가와 동료평가도 강조하고 있다. 이는 과정중심평가의 특성상 교사가 모든 학생의 수행 과정을 100% 관찰하고 평가하는 데 물리적으로 한계가 있기 때문이다.

셋째, 성취기준에 기반을 둔 평가를 강조하고 있다. 과거에는 교과서의 내용과 차시, 단원 중심으로 평가가 이루어졌다. 이러한 평가는 학생들이 실제 갖추어야 할 것들을 제대로 평가하지 못할 우려가 있다. 과정중심평가는 학생이 갖추어야 할 지식, 기능, 태도 등을 종합한 성취기준을 준거로 평가하도록 하였다. 성취기준을 기반으로 평가할 경우 평가 내용에 대한 타당성을 확보할 수 있다는 장점이 있으며, 수업과 평가의 연계 또한 가능하다. 이를 위하여 평가 방식 또한 성취기준을 중심으로 상시적으로 이루어지는 시스템으로 전환이 필요하다.

넷째, 학생의 성장과 발달을 돕는 데 평가 결과를 활용한다. 이를 위하여 평가의 결과를 즉각적이며, 수시로 피드백할 것을 강조한다. 피드백은 가급적이면 평가가 이루어지는 수업활동 안에서 교사나 동료의 도움 및 모델링 등의 방법으로 해야 한다. 학생의 수준에 맞춰 피드백할 때 그 효과가 극대화될 수 있다.

다섯째, 수업에서 학생의 수행 과정을 평가할 것을 강조한다. 결과에 대한 평가와 더불어 과정을 함께 평가할 경우 수행 과정에서 나타나는 창의적 사고, 문제해결능력, 고등정신능력, 정의적 태도와 핵심 역량 요소를 평가할 수 있기 때문이다.

여섯째, 과정중심평가의 평가 결과는 성취평가제의 평가 결과를 강조한다. 과정중심평가는 평가가 학생의 성장과 발달을 위하여 사용되는 발달적 평가관에 의한 평가 관점이다. 따라서 학생의 서열을 비교하기 위한 상대평가 방식이 아닌 성취평가제에 의해 평가해야 한다. 중등은 이미 성취평가제를 적용하고 있지만, 초등에서는 생소한 개념이다. 그러나 초등에서도 수행평가에서 성취평가 방식의 결과를 부여하고 있기 때문에 이를 지필평가에 활용한다면 보다 쉽게 성취평가제를 도입할 수 있을 것이다.

과정중심평가, 교육학 이론과 만나다

과정중심평가는 구성주의, 역량중심 교육에서 이론적 배경을 찾을 수 있다.

구성주의와 과정중심평가

과정중심평가는 구성주의 교육철학과 맥을 같이한다. 구성주의 학습 이론에서는 학습자가 실제로 일어날 수 있는 상황에서 다양한 사회적 상호작용을 통해 문제를 해결하면서 배움을 형성해 나가는 학습 과정을 중요시한다. 과정중심평가가 실제 문제를 해결해 나가는 수행 과정과 수행 여부를 평가하는 구성주의 평가관의 특징과 일치함을 알 수 있다.

구성주의에서도 구체적으로 사회적 구성주의는 과정중심평가와 밀접한 관련이 있다. 과정중심평가에서 강조하는 결과에 이르는 과정은 비고츠키가 이야기하는 근접발달영역Zone of Proximal Development 만의 과정으로 볼 수 있다. 이 근접발달영역 안에서 비고츠키가 주장하는 스캐폴딩, 모델링, 코칭 등의 방법이 수행과제 및 피드백의 과정으로 정교하게 설계되어 수업 속 평가가 학생의 성장과 발달을 돕는 역할을 할 수 있도록 해야 한다.

• 사회적 구성주의와 과정중심평가 •

도착점
근접발달영역ZPD 스캐폴딩, 모델링, 코칭, 명료화, 성찰, 탐구가 이루어질 수 있는 수행과제로 수업과 평가 설계
출발점

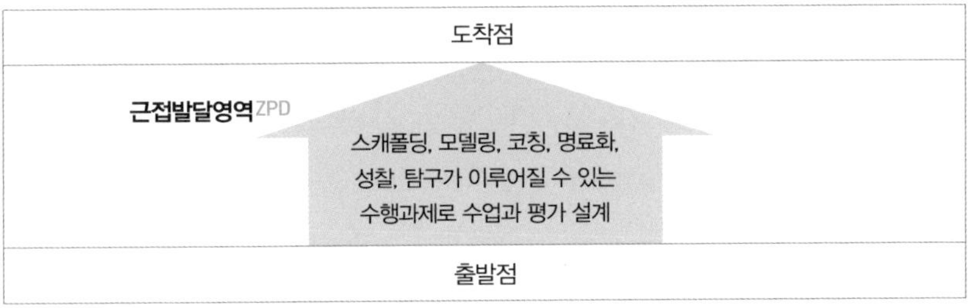

블룸의 인지적 영역과 과정중심평가

블룸은 인지적 영역의 교육목표로 지식, 이해, 적용, 분석, 종합, 평가를 제시하였다. 과거에는 지식과 이해 영역이 주요 평가의 대상이었다면, 과정중심평가는 지식과 이해를 포함하여 적용, 분석, 종합, 평가의 고차원적 사고 능력에 초점을 맞춰 평가해야 한다.

· 과정중심평가와 인지적 영역 ·

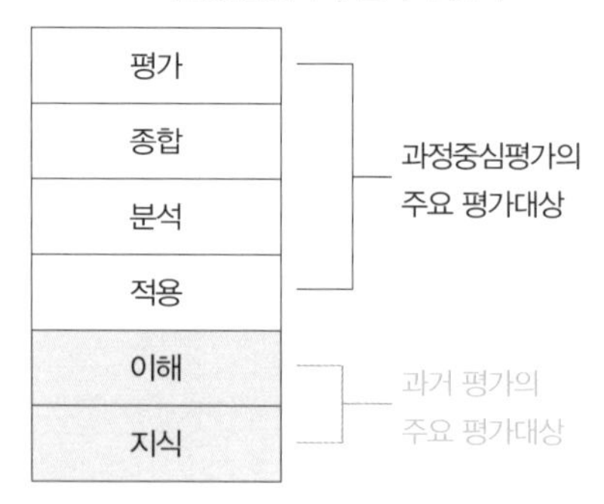

역량중심 교육과 과정중심평가

역량중심 교육은 학생들에게 물고기를 잡아주는 교육이 아닌 물고기를 잡는 능력을 갖출 수 있도록 한다. 인공지능 및 4차 산업혁명이 대두되는 미래 사회는 학생들에게 지금 사회와는 다른 능력을 갖출 것을 요구한다. 학생들이 미래 사회에서 필요한 능력을 갖추기 위해 학교는 학생의 역량을 성장시킬 수 있는 교육을 해야 한다. 학문이나 교과를 중심으로 이뤄지는 현재의 교육에서 학생의 역량을 키워 주는 역량중심 교육으로 초점이 변화하고 있으며, 이러한 흐름으로 2015 개정 교육과정에서 처음으로 핵심 역량이라는 개념이 도입되었다.

역량중심 교육에서 역량은 학생들이 습득한 지식을 실제 생활에서 활용할 수 있는 능력을 갖추는 것을 의미한다. 과거의 객관식 평가도구와 일제식 평가시스템으로는 역량을 제대로 평가할 수 없다. 이를 위하여 새롭게 제시된 평가 방향이 과정중심평가이다. 과정중심평가의 대표적인 평가방법인 수행평가로 학생들의 역량을 확인하고 평가할 수 있기 때문에 과정중심평가는 역량중심 교육의 평가 방향과 밀접한 연관이 있다.

과정중심평가는 수업활동 중에 나타나는 다양한 역량을 평가하기에 적합한 평가시스템이다. 또한 과정중심평가의 평가 대상인 지식, 기능, 태도, 고차원적 사고능력은 역량의 구성요소가 될 수 있으며, 각기 다른 특색이 있는 6가지 핵심 역량을 다양한 평가방법으로 평가한다.

• 과정중심평가와 역량중심 교육 비교 •

과정중심평가의 특징		역량중심 교육의 평가
과정을 중시하는 평가	➡	결과를 도출하기 위한 과정에서 나타나는 역량을 평가
지식, 기능, 태도의 종합평가	➡	역량의 구성요소인 지식, 기능, 태도를 평가
수업의 과정을 통한 평가	➡	수업의 활동 속에서 나타나는 다양한 역량을 평가
수행평가의 강조	➡	지식, 기능, 태도를 모두 필요로 하는 수행과제를 활용한 수행평가로 역량을 평가
다양한 평가방법 활용	➡	성격이 다른 6가지 핵심 역량을 모두 평가하기 위해 다양한 평가방법 활용

과정중심평가, 형성평가 아니에요?

형성평가인 듯 형성평가 아닌 형성평가 같은 과정중심평가

과정중심평가를 처음 접하는 교사는 '형성평가와 똑같은 거 아니에요?' 하고 묻기도 한다. 이 둘의 차이점을 모르겠다고 말하는 교사도 있다. 이는 과정중심평가와 형성평가가 상당 부분 유사한 특징을 갖고 있기 때문이다. 특징을 비교하여 정리한 표를 보자.

· 과정중심평가와 형성평가의 비교 ·

	과정중심평가	형성평가
목적	피드백을 통해 학생의 성장을 지원 교수 · 학습 진행의 적절성	교수 · 학습 진행의 적절성 교수법 개선
시기	수업 중 평가	수업 중 평가
방법	비형식적 평가 형식적 평가	비형식적 평가 형식적 평가
평가주체	교사 및 동료	교사

표에서 확인할 수 있듯이 평가가 이루어지는 시기, 방법 등이 유사하다. 하지만 엄밀하게 과정중심평가는 형성평가와는 다른 개념이다.

이 둘을 구분하는 가장 큰 이유는 첫째, 과정중심평가는 형성평가보다 큰 범위의 개념으로 평가에 대한 전체적인 패러다임을 제시한다. 과정중심평가는 발달적 평가관의 관점과 학습을 위한 평가, 학습으로서의 평가와 결과뿐만 아니라 학습의 과정을 중시하는 내용적인 측면과 통합 지식 및 핵심 역량, 인지적 · 정의적 측면까지 평가의 영역을 확대 · 요구하는 평가 전반에 대한 패러다임을 전환하는 개념이다. 그러나 형성평가는 교수 · 학습의 시기에 따른 분류 방법으로 과정중심평가보다 개념이 협소하다.

둘째, 과정중심평가와 형성평가는 학습 결과의 기록에서 차이가 있다. 형성평가는 교사가 교수 · 학습상 참고자료로 활용하기 위해 평가할 뿐 학생의 학습 결과인 성적 산출 자료로 활용하지 않는다. 그러나 과정중심평가에서 평가는 학생들의 학습 결과(나이스의 교과학습 발달 상황의 입력 근거자료)로 기록할 수 있다. 과정중심평가는 이러한 측면에서 형성평가뿐만 아닌 총괄평가의 성격도 함께 포함하고 있다. 과거에는 교사가 참고 자료로 활용하기 위해 수업 중에 형성평가를 하고, 학습의 결과를 기록하기 위해 별도로 중간 · 기말고사의 총괄평가를 실시하였다. 하지만 과정중심평가의 관점에서는 다음 그림과 같이 수업 중 이루어지는 평가자료들이 학습의 기록을 위한 자료로 쓰일 수 있다. 다음의 그림을 분석해 보면 과정중심평가의 특성을 한 눈에 볼 수 있다. 우선 수업 중간 중간에 교사의 필요에 의해 평가가 수시로 이루어지는 것을 확인할 수 있다. 이런 상시평가시스템을 통해 학생의 학습이나 수행결과를 학습 결과로 기록하는 것이 가능해진다.

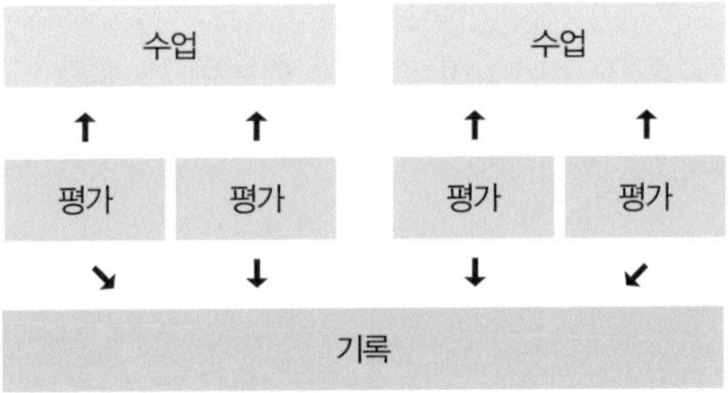

수업		수업	
↑	↑	↑	↑
평가	평가	평가	평가
↘	↓	↓	↙
기록			

4~5개월 동안 학습한 내용을 2시간 안에 평가하는 것보다 학습 결과를 누가 기록하는 것이 학생의 수준을 훨씬 정확하게 평가할 수 있다. 이점에서 과정중심평가는 학습 결과의 기록으로 쓰일 수 있기 때문에 형성평가보다 넓은 의미의 평가 개념으로 볼 수 있다.

이상의 내용을 종합해 보면 과정중심평가와 형성평가의 차이점을 확인할 수 있을 것이다. 형성평가가 진단평가와 총괄평가처럼 평가를 하는 시기상의 구분이라면 과정중심평가는 평가에 대한 관점, 목적, 방향, 시기, 내용, 방법, 교육과정 및 수업과의 연계 등 평가의 관점을 총체적으로 전환하는 개념으로 볼 수 있다.

과정중심평가는 수업과 평가의 화학적 결합이다

수업과 평가의 케미스트리로 학생의 성장을 돕는다.

과정중심평가는 평가 또한 교수 · 학습의 과정으로 수업과 동시에 진행할 것을 강조한다. 평가가 수업과 함께 이루어진다는 것은 두 가지로 해석할 수 있다. 전체 수업 시간 40분 중 30분 동안 수업을 하고 남은 시간에 쪽지시험 등을 보며 평가를 하는 수업처럼 수업과 평가가 단순히 한 공간에서 이루어지는 경우와 토의, 역할극, 조사 · 발표 등의 수업활동에서 평가가 자연스럽게 어우러지는 경우가 있다. 첫번째 경우가 수업과 평가의 물리적 결합이고, 두번째 경우가 수업과 평가의 화학적 결합이다. 과정중심평가에서 이야기하는 교수·학습 단계로서의 평가는 수업과 평가가 함께 이루어지는 화학적 결합을 의미한다.

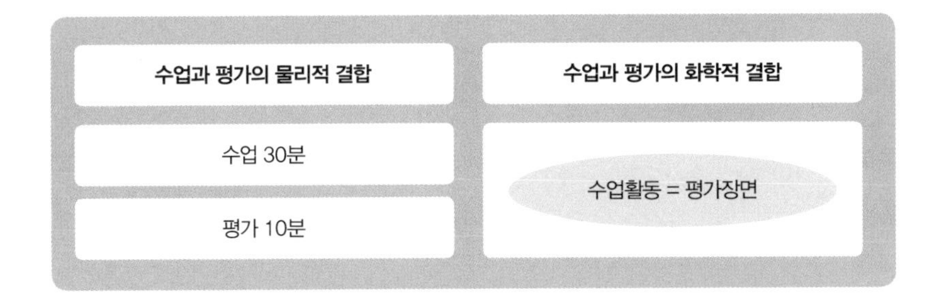

과정중심평가와 성장중심평가

교육부의 과정중심평가와 경기도의 성장중심평가는 일란성 쌍둥이다.

필자가 근무하는 경기도는 혁신교육의 물결 아래 타시도 보다 평가에 대한 변화가 먼저 시작되었다. 경기도교육청은 그동안 평가혁신이라는 취지 하에 교사별 상시평가 도입, 논술형 평가 시행, 협력적 문제해결능력 및 정의적 능력 평가 시행, 초등학교의 일제식 고사 전면 폐지 등 다양한 정책을 펼쳐왔다. 최근에는 그동안의 평가와 관련한 혁신 정책을 모아 '성장중심평가'라는 경기도교육청 고유의 브랜드를 만들었다. 필자 또한 2011년 창의 · 서술형 평가 출제위원부터 논술형 평가, 정의적 능력 평가, 협력적 문제해결능력 평가, 수행평가 개발위원 등 경기도의 평가 정책에 참여해 왔다. 또한 이 기간 동안 혁신학교와 교육과정 관련 연구학교의 연구부장을 맡으며 현장에서 평가 관련 정책을 실천해 왔다. 교육부의 과정중심평가라는 정책을 접했을 때 이제 평가의 변화는 경기도만의 이야기가 아닌 국가적 흐름이 되고 있다고 느꼈다.

교육부의 과정중심평가와 경기도의 성장중심평가는 발달적 평가관의 관점에서 맥을 같이한다. 출발점이 동일한 덕분에 두 평가관은 상당 부분 유사한 특성을 갖고 있다. 과정중심평가와 성장중심평가를 비교하기 위해 경기도교육청의 성장중심평가 기본문서를 요약한 표를 구체적으로 살펴보자.

	성장중심평가
목적	참된 학력 신장, 경기도 핵심 역량 신장
의미	경쟁을 유발하거나 교수 · 학습과 분리된 것이 아니라 교사가 재구성한 교육과정 속에서 협력적 배움으로 성취기준에 도달하도록 돕는 평가
특징	– 결과와 더불어 과정 중시 – 양적 평가 → 질적 평가 – 이론적 지식 평가 → 실천적 지식 평가 – 정량적 평가뿐만 아닌 정성적 평가를 함께 실시하여 고등사고능력과 문제해결능력을 균형적으로 평가 – 평가를 통하여 교수 · 학습 전반을 개선하는데 유용한 정보를 얻어 수업의 질을 지속적으로 개선
평가가 이루어지는 시기	수업과정에서 교사별 평가가 이루어져야 하고, 성취기준 단위의 마무리 단계에서 학생의 성장을 이끌어 내기 위한 평가 실시
평가영역	성취기준과 핵심 역량을 고려하여 단순 지식만이 아닌 정의적, 심동적 능력과 역량을 균형적으로 평가
평가체제	교사별 평가, 상시평가
중점 평가도구	논술형 평가, 정의적 능력 평가, 협력적 문제해결능력 평가
운영방향	– 개인별 성장 촉진 평가로 참된 학력 신장 – 교육과정–수업–평가(기록) 일체화 실현 – 평가 내용의 균형으로 학생의 전인적 성장 지원

〈출처: 경기도교육청 성장중심평가 기본문서〉

위의 내용을 종합해 보면 평가의 목적이 더 이상 학생의 서열과 분류를 위한 것이 아니라 성장과 발달을 돕는 데 있다는 것을 알 수 있다.

결국 과정중심평가와 성장중심평가 모두 발달적 평가관의 관점에서 출발한 정책으로 한국교육개발원 이슈 페이퍼(CP-2016-02-04)에 의하면 '학습결과에 대한 평가assessment of learning'에서 '학습을 위한 평가assessment for learning', '학습으로서의 평가assessment as learning'로의 전환을 강조하고 있다. 결국 과정중심평가와 성장중심평가는 실천을 위한 디테일에서 차이가 있을 뿐 학생의 성장과 발달을 위하여 평가를 실시한다는 관점에서 동일한 평가 정책이라고 볼 수 있다.

과정중심평가는 교육의 총체적 변화이다

과정중심평가는 미래교육으로 변화하기 위해
평가와 연계된 총체적 변화를 필요로 한다.

과정중심평가는 평가라는 얼굴을 갖고 있지만, 평가와 연계된 총체적 변화를 요구하는 파급이 큰 정책의 성격을 갖고 있다.

과정중심평가를 위하여 첫째, 평가도구 및 운영 방법의 변화가 필요하다. 기존의 객관식 평가도구와 일제식 평가시스템으로는 과정중심평가를 적용할 수 없기 때문에 학생의 역량과 고등정신능력, 정의적 능력 등을 평가할 수 있는 수행평가와 논술형 평가 같은 평가도구가 필요하다. 또한 교사별 평가와 성취기준 중심의 상시평가시스템으로 전환되어야 한다.

둘째, 수업 방식의 변화가 필요하다. 강의식, 전달식 수업으로는 학생의 역량과 정의적 능력을 평가하는 과정중심평가를 적용하기 어렵기 때문에 수행과제를 활용하여 실제 삶과 연계된 수업, 학생의 활동으로 인한 배움이 일어나는 배움중심 수업으로 변화해야 한다.

셋째, 수업 안에서 평가와 피드백이 동시에 이루어질 수 있도록 수업을 설계하기 위하여 교육과정을 재구성해야 한다. 교육과정에 대한 고민 없이 교과서 진도 나가기식으로 교육과정을 운영하면 수업과 평가가 어우러지는 수업을 디자인할 수 없다. 과정중심평가에 맞춰 교육과정을 재구성하고, 수업과 평가가 이루어질 때 교육과정-수업-평가는 자연스럽게 일체화될 수 있다.

넷째, 교사의 교육과정 문해력이 필요하다. 수많은 성취기준을 각자의 특성에 맞게 올바르게 해석하고, 이를 자유자재로 활용하여 교육과정을 재구성하며, 수업을 디자인하고 성취기준별 최적화된 평가도구를 선택하기 위해 교사의 교육과정 문해력이 필요하며 이는 과정중심평가의 실천 과정에서 자연스럽게 신장될 수 있다.

다섯째, 평가 결과를 기록하는 방법에 변화가 필요하다. 과거에는 중간·기말고사 및 총괄평가 성격의 수행평가를 통해 일회성으로 기록하는 경향이 있었다. 이는 학생의 학습활동 전반과 학력에 대한 다양한 영역을 충분히 반영한 것이 아닌 학습과 이해에 대한 단편적인 부분만을 기록한다. 이러한 평가와 기록의 불일치를 해결하기 위하여 과정중심평가에서는 수업에서 상시적으로 기록하는 평가의 결과를 중요시한다. 평상시 수업에서 이루어지는 활동 및 평가 기록이 누적될 때 학생의 특성을 잘 반영한 진정한 기록이 될 수 있기 때문이다.

여섯째, 과정중심평가는 미래교육으로의 전환을 의미한다. 교육과정 재구성, 삶과 연계된 역량을 키우는 수업디자인, 핵심 역량을 평가하는 평가시스템과 평가도구로의 전환과 이를 위한 교사들의 교육과정 문해력이 신장될 때 우리학교의 교육은 미래교육에 좀더 가까운 모습으로 변화할 수 있을 것이다.

	과거 평가 체제		과정중심평가 체제
교육과정 운영	교과서 진도 나가기	➡	교육과정 재구성
수업	강의식, 전달식 수업		배움중심수업 맥락, 실제적 삶과 연계된 수업
평가시스템	일제식 평가 총괄평가 위주 평가 단원중심평가		교사별 평가 상시평가 성취기준 중심 평가
평가도구	객관식 평가		수행평가, 논술형 평가
기록	수업과 별개로 총괄평가의 결과만을 기록		수업 과정에서 진행한 평가 결과를 종합한 기록
교사의 역량	교육과정, 평가, 수업에 대한 개별적 능력에 대한 고민		교육과정 문해력의 신장과 이를 위한 전문적 학습공동체의 필요
학력	지식, 이해 위주의 인지적 능력		인지적, 정의적, 핵심 역량 등의 참된 학력
교육과정, 수업, 평가 연계	연계를 고려하지 않은 운영		교육과정, 수업, 평가의 일체화 필수

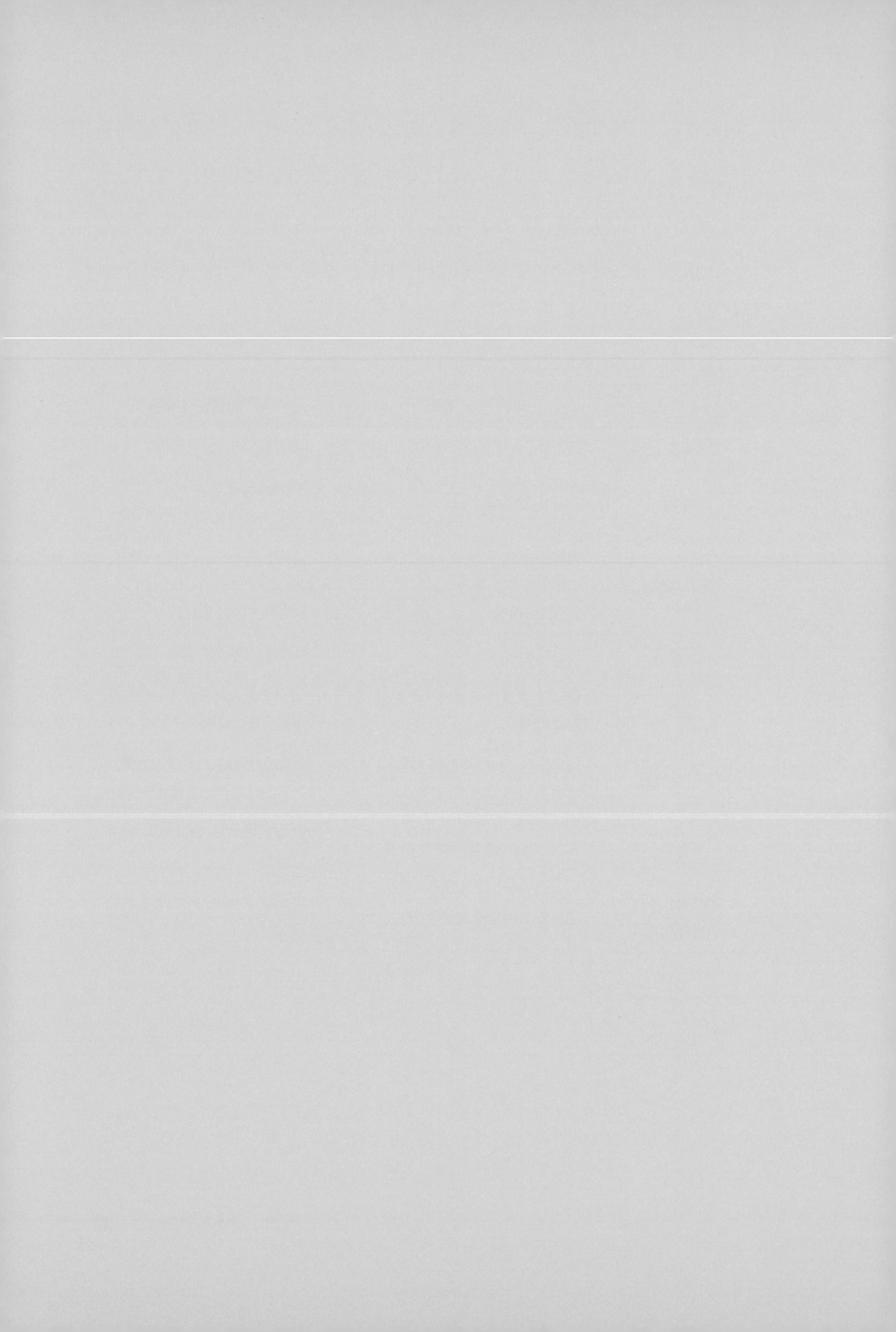

2부

과정중심평가로 혁명하라

Revolution 01

과정중심평가로 교육과정 문해력을 키운다

과정중심평가를 위한 교육과정 문해력

과정중심평가를 성공적으로 실천하기 위해 교사의 '교육과정 문해력'이 필요하다.

과정중심평가는 수업 안에서 평가가 이루어질 때 학생의 활동을 효율적으로 평가할 수 있으며, 이를 위해서는 교육과정 재구성이 함께 이루어져야 한다. 따라서 과정중심평가는 평가뿐만 아니라 교육과정과 수업에 대한 전문성이 필요로 하며, 이를 위하여 교사의 교육과정 문해력이 요구된다.

교사는 교육과정을 잘 이해하기 위하여 국가 및 지역 수준의 교육과정을 올바르게 해석하고, 설계하는 능력을 갖추어야 한다. 여기서의 설계는 국가 및 지역(학교) 수준의 교육과정을 해석(목표, 핵심 역량 등에 대한 이해)하고 이를 효율적으로 구현할 수 있는 성취기준에 대한 바른 이해를 바탕으로 적재적소에 활용할 수 있는 능력을 의미한다. 이에 덧붙여 나는 교육과정을 설계할 때에 성취기준을 중심으로 교육과정과 수업, 평가가 상호 연계되어 효율적으로 운영되는지 조망할 수 있는 능력 또한 필요하다고 본다. 성취기준에 효율적으로 도달하기 위해서는 성취기준을 올바르게 해석하고, 수업내용을 선정하고 조직하는 능력, 성취수준을 파악하기 위한 최적의 평가시스템 및 도구를 선정하는 능력도 필요하기 때문이다. 이를 위하여 수업과 평가의 관점에서 필요한 교육과정 문해력은 다음과 같다.

수업의 측면에서 교육과정 문해력을 갖추기 위하여 교사는 성취기준과 수업의 관계를 올바르게 이해해야 한다. 교사는 성취기준에서 요구하는 포인트를 콕 찍어 볼 수 있는 안목과 이를 수업에서 구현해 내기 위한 최적의 활동을 선정 · 조직할 수 있어야 한다. 또한 과정중심평가의 관점을 반영하기 위하여 수업 속에 평가를 녹여 내고, 평가 결과를 피드백하는 사항들까지 고려하여 수업을 설계할 수 있어야 한다.

평가의 측면에서 교육과정 문해력을 갖추기 위하여 교사는 성취기준에서 요구하는 평가요소를 분석해 낼 수 있어야 하며, 이를 효과적으로 평가하기 위한 최적의 평가도구와 평가시기를 선정할 수 있는 능력을 갖추어야 한다.

종합하면 교육과정 문해력은 국가 및 지역(학교) 수준의 교육과정을 올바르게 해석하고, 이를 바탕으로 교육과정을 설계하는 능력(교육과정 재구성)과 성취기준의 효율적 달성(수업), 확인(평가)을 위한 성취기준을 해석하고 활용할 수 있는 능력을 의미한다.

과정중심평가를 위한 교육과정 문해력

교사의 교육과정 문해력		
교육과정 설계 문해력	수업 문해력	평가 문해력
• 국가, 지역, 학교교육과정에 대한 해석 • 국가, 지역, 학교교육과정을 반영한 재구성 방향 설정 • 성취기준 분석 및 재배치 • 교육과정-수업-평가 연계 조망	• 성취기준과 수업의 관계 이해(성취기준을 보고 수업에서 키워야 할 것을 짚어내고 이를 수업 속에 구현) • 성취기준 도달을 위한 수업 내용 선정 · 조직 • 평가와 연계한 수업을 위한 수행과제 선정 • 피드백을 위한 수업 내용 선정 · 조직	• 성취기준에 대한 성취수준 확인을 위한 평가요소 선정 • 평가방법 및 평가도구, 평가시기의 선정 • 평가기준안 수립

교육과정 설계 측면의 교육과정 문해력

교육과정 설계 측면의 교육과정 문해력은 성취기준이라는 퍼즐조각을 이용하여 학생들에게 꼭 필요한 그림(맞춤형 교육과정)을 만들 수 있는 능력이다.

과정중심평가의 교육과정 설계는 교과서 순서 그대로 교육과정을 운영하는 것이 아닌 성취기준을 중심으로 차시의 내용을 재구성 · 재배치한다. 때문에 교육과정 설계 시 다음과 같은 교사의 교육과정 문해력이 요구된다.

우선, 국가 수준 교육과정에서 추구하는 인간상, 핵심 역량 등을 분석하여 이를 학급 교육과정 운영에 어떻게 반영할지에 대해 고민해야 한다. 교육목표에 대한 고민 없이 교육과정을 설계하면 교육의 철학과 방향성을 상실할 우려가 있기 때문이다. 국가 수준뿐만 아니라 해당 지역의 특색을 반영한 지역(시 · 도교육청 교육과정)과 학교교육과정에 대한 분석 또한 필요하다. 지역 및 학교교육과정에는 지역의 실태를 반영한 특화된 목표가 제시되어 있다. 국가수준과 지역, 학교의 교육목표를 조화롭게 반영하여 학급의 교육과정을 설계해 맞춤형 교육을 할 수 있어야 한다.

다음으로, 교육과정 설계 및 재구성 방향에 맞춰 성취기준을 활용할 수 있는 능력이 요구된다. 국가 수준 교육과정의 6가지 핵심 역량과 관련이 있는 성취기준을 선별하여 이를 중심으로 교육과정을 재구성할 수 있으며, 학생의 실태를 반영할 수 있는 성취기준을 선별하여 주제를 중심으로 교육과정을 재구성하여 운영할 수 있어야 한다.

이를 위하여 교사는 성취기준의 특성을 분석하여 동일한 단원이나 주제로 함께 구성할 수 있는 성취기준들을 재조직하고, 재조직한 성취기준이 상호 시너지 효과를 발휘하여 교육 효과를 극대화할 수 있도록 해야 한다. 이는 성취기준이라는 퍼즐 조각을 활용하여 정해진 그림이 아닌 새로운 그림을 만들어 내는 과정에 비유할 수 있으며, 그런 능력이 바로 교육과정 설계측면의 교육과정 문해력인 것이다.

• 성취기준을 조합하여 새로운 교육과정 설계 •

성취기준A
성취기준B
성취기준C
성취기준D
성취기준E
성취기준F

또한, 교육과정을 설계할 때 교육목표와 핵심 역량, 학생의 특성을 반영한 주제를 중심으로 수업 내용을 선정 · 조직하고, 이러한 수업 속에서 평가가 함께 이루어지도록 교육과정-수업-평가의 연계도 고려하여야 한다.

· 교육과정 설계 시 요구되는 교육과정 문해력 ·

국가, 지역, 학교교육과정에 대한 해석

- 국가 수준 교육과정에 대한 해석: 2015 개정 교육과정의 목표, 핵심 역량, 교과별 세부목표 분석
- 지역(학교) 수준 교육과정에 대한 해석: 각 지역 교육과정 및 지역 학생 실태를 반영한 학교교육목표 분석
- 국가 및 지역 수준의 교육과정을 조화롭게 반영한 교육과정 설계

교육과정 설계

- 교육과정 재구성 방향 설정
  ㉮ 국가 교육과정을 반영한 핵심 역량을 중심으로 교육과정 재구성과 다문화 학생 다수 학교 지역 실태를 반영한 '다문화' 주제중심 교육과정 재구성 운영
- 재구성 방향을 고려한 교과별 편제(시수) 재배분
- 이해중심 교육과정(백워드 설계)에 의한 수행과제를 기준으로 성취기준 재배열
- 성취기준 분석 및 재배열: 동일 주제로 묶을 수 있는 성취기준 분석 및 재배열(순서의 재배치 및 교과의 경계가 아닌 주제를 중심으로 재배열)

교육과정, 수업, 평가 연계 조망

- 교육과정 설계와 수업, 평가가 성취기준 및 교육목표를 중심으로 연계될 수 있는가에 대한 분석

수업 측면의 교육과정 문해력

성취기준을 정확히 짚어낼 수 있는 눈과, 이를 위한 수업과 관련된 모든 것들을 재료로
맛있는 음식을 만들어 낼 수 있는 교사만의 수업 레시피

수업 측면의 교육과정 문해력을 갖추기 위해서 교사는 성취기준의 포인트를 제대로 짚어 내고, 이를 수업 속에서 구현해 낼 수 있는 내용을 선정하고 조직하는 능력이 필요하다. 이러한 수업 측면의 교육과정 문해력은 다음의 일반적인 수업 상황에서 잘 드러난다. 예를 들어 '여러 가지 방법으로 삼각형과 사각형의 내각 크기의 합을 추론하고, 자신의 추론과정을 설명할 수 있다'라는 성취기준을 보고 수업 측면의 교육과정 문해력 수준이 높은 교사는 이 수업에서 학생들이 추론의 과정을 통해 도형의 내각 크기를 이해하는 것이 포인트임을 알아챈다. 교사는 성취기준의 포인트와 관련된 교구를 선정하여, 학생들이 구체적으로 조작해 보고 모둠별로 협력하여 추론하는 과정을 통해 도형의 내각 크기를 이해할 수 있도록 수업을 설계한다. 그러나 교육과정 문해력 수준이 낮은 교사는 추론이라는 과정보다는 내각 크기의 합이라는 결과에만 포인트를 맞추어 수업을 구상한다. 그래서 도형의 내각 크기의 합을 알려 주고, 이와 관련된 문제를 풀어 보는 형태의 수업을 운영한다.

이와 같이 수업 측면의 교육과정 문해력은 성취기준에서 요구하는 포인트와 지식, 기능, 태도를 정확하게 짚어낼 수 있는 눈과 이를 수업에서 제대로 구현해 낼 수 있는 수업디자인 능력이 요구된다. 그러나 과정중심평가의 관점에서는 이러한 수업디자인 능력에 다음의 사항이 추가로 요구된다.

우선, 평가를 수업의 활동으로 녹여 낼 수 있는 역량이 필요하다. 이는 수업을 하면서 동시에 평가할 수 있는 최적화된 활동(예: 토의토론법학습, 프로젝트 학습, 조사발표 학습 등)을 활용하여 수업과 평가가 함께 이루어지도록 수업을 디자인하는 역량이다. 이를 위해 교사는 수업과 평가를 함께할 수 있는 적절한 수행과제를 선정할 수 있어야 한다. 수행과제는 학생의 인지적인 부분과 정의적인 특성을 확인할 수 있어야 하며, 성취기준 또한 실생활에서 활용할 수 있는 역량으로 평가할 수 있어야 한다.

또한 수업에서 평가 결과를 언제 어떤 방법으로 효율적으로 피드백할 것인가도 고려해야 한다. 평가와 피드백이 즉각적으로 이루어져야 학생의 성장과 발달 효과를 극대화할 수 있고, 교사는 다음 수업을 위한 정보를 얻을 수 있기 때문에 교사는 평가에 대한 피드백도 포함하여 수업을 설계하여야 한다.

이상의 내용을 종합하면 다음 그림과 같다.

· 과정중심평가를 위한 수업 측면의 교육과정 문해력 ·

성취기준을 보고 수업에서 키워야 할 지식, 기능, 태도를 분석

⬇

성취기준 도달을 위한 최적화된 학습활동 선정

⬇

학습활동을 수업이면서 동시에 평가로 설계
〈학습활동에 대한 평가기준 설정〉

⬇

평가에 대한 피드백 내용 및 방법, 시기 선정

평가 측면의 교육과정 문해력

평가 측면의 교육과정 문해력은 성취기준에 대한 성취수준 파악을 위한 최적의 평가방법과 도구, 시기의 선정 능력이다.

평가 측면의 교육과정 문해력은 성취기준의 평가요소를 제대로 찾아내고, 이를 위한 최적의 평가도구와 시기를 선정할 수 있는 능력을 의미한다. 평가 측면의 교육과정 문해력이 드러나는 예로 '절차와 규칙을 지키고 근거를 제시하며 토론한다'라는 성취기준을 평가하는 장면을 설정해 보자. 문해력이 높은 교사는 성취기준의 평가요소가 토론 능력임을 파악하고, 실제 토론 수업을 통해 수행평가(토론법) 방법으로 평가를 한다. 그러나 문해력이 낮은 교사는 토론에 대한 이론을 수업하고, 수업이 끝난 한참 뒤 별도의 지필평가로 평가한다. 평가 측면의 교육과정 문해력이 있는 교사라면 평가도구와 시기의 선정이 잘못되었다는 것을 알고, 교사로서 양심의 가책을 느낄 것이다. 그러나 이러한 평가가 잘못된 것인지도 모르고 계속 수업과 평가를 운영하는 교사도 있을 것이다.

과정중심평가의 관련성을 평가 측면에서 살펴보면 다음과 같다. 만약 교사가 A라는 성취기준을 평가하고자 한다고 가정해 보자. 교사는 A라는 성취기준을 평가하기 위하여 다음과 같은 고민에 빠질 것이다. 지필평가가 효율적일까? 수행평가가 효율적일까? 수행평가가 효율적이라면 수행평가의 방법 중 포트폴리오 방법을 이용할까? 연구보고서법을 이용할까? 연구보고서법을 사용한다고 정했으면 연구보고서법은 교육과정 운영 중 어느 시기에 투입해야 효과가 있을까?

위의 예에서 교사는 A라는 성취기준을 평가하기 위하여 평가방법, 평가도구, 평가시기를 선정하기 위해 고민에 빠져 있음을 알 수 있다. 바로 이러한 고민의 과정에서 학생의 성취기준 평가요소를 정확히 파악하고 이를 위한 최적의 평가방법, 평가도구, 평가시기를 선정할 수 있는 능력이 평가 측면의 교육과정 문해력이다.

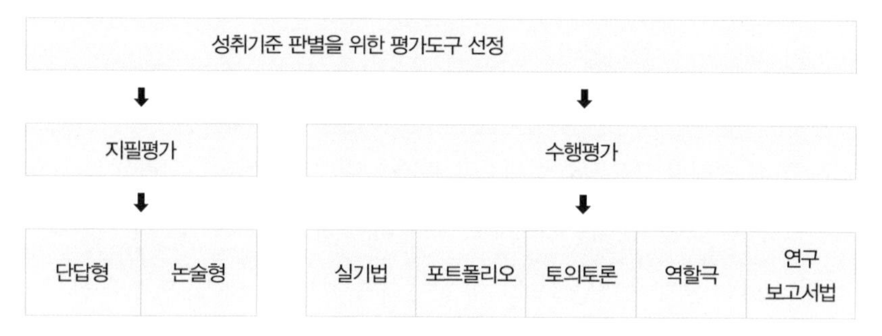

Revolution 02

과정중심평가로 교육과정-수업-평가 일체화하기

교육과정-수업-평가의 실태

캐비닛 속 잠든 교육과정, 교과서 진도 나가기 클릭 수업, 일제식 평가

학교교육의 핵심은 교육과정과 수업 그리고 평가이다. 현행 학교에서 운영하는 교육과정과 수업, 평가의 실태는 다음과 같다.

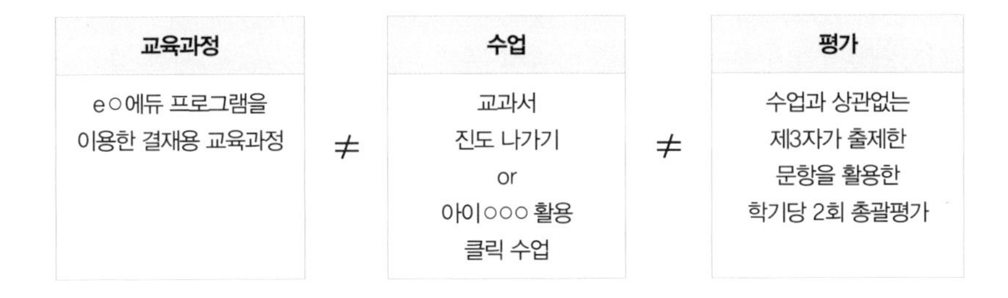

3월 학기 시작 전후에 시수표, 진도표, 연간시간표 등을 결재를 받기 위해

서 e○에듀 프로그램을 이용하여 학급교육과정이라는 문서를 만든다. 학급교육과정은 여기서 생명을 다하고 다음 그림과 같이 교실 한구석 캐비넷에서 동면한다. 가끔 교사가 수업하고 있는 교과서의 진도가 진도표 상의 진도와 맞는지 확인하기 위해 다시 꺼내 보는 경우도 있다.

학급교육과정을 만들지 않는 학교에서는 나이스에 학급의 기본시간표를 입력하고 교과별 기준 시수에 의하여 시수 짜맞추기를 하여 반별시간표에 의한 교육과정을 세팅한다. 이 경우에도 교육과정은 여기서 역할을 다하고 잊혀진다. 가끔 나이스에 접속하여 편차가 0이 아닌지 확인하는 것이 교육과정을 고민하는 마지막 절차이다. 대부분의 교실 현장에서 교육과정은 수업과 평가 운영을 위한 설계도로서의 역할을 하지 못하고 있다. 단지 결재용 혹은 시수 짜맞추기 용도로 그 역할이 한정되어 수업을 위한 설계도로서의 역할은 기대할 수 없다. 수업은 수업 별개의 일이 된다.

그럼 수업은 어떻게 운영될까? 아직도 많은 선생님들이 교과서를 신성시하여 교과서의 학습활동, 연습문제 등에 전적으로 의지하여 수업을 운영한다. 그래도 교과서대로 수업하는 선생님은 양반이다.

실시간 급상승 DataLab. 급상승 트래킹 >

1~10위 11~20위

1 필독
2 신성일
3 보라
4 황재균
5 임시완
6 at자격시험
7 초등아 크림
8 아파트투유
9 영화
10 올트 아웃

학교 수업이 시작한 평일 오전 9시경 인터넷 포털사이트 실시간 검색어 순위에 선생님들이 수업에 많이 이용하는 아이○○○ 사이트가 올라왔다. 이는 선생님들이 자신의 수업을 얼마나 외부 사이트에 의존하고 있는지를 보여 주는 단편적이고도 웃지 못할 장면이다.

위에서 말한 교과서 진도 나가기식 수업, 인터넷 클릭 수업은 교사가 교육과정을 계획하여 수업을 운영한다고 할 수 없다. 단순히 수업을 책 넘기기, 클릭 순서에 맞춰 운영하고 있다고 말할 수 있다. 이런 현상은 교육과정과 수업의 불일치를 의미한다.

평가는 어떤 식으로 이루어질까? 1반 선생님은 그 학년의 국어 문제를 책임지고, 2반 선생님은 수학을 맡는 등 과목 분배식으로 문제를 출제한다. 1반 선생님이 토론식 수업을 하든, 2반 선생님이 조사발표식 수업을 하든 상관없이 평가 문항은 또 다른 선생님이 공유한 문항 사이트를 참고하여 출제한다. 평가 문항은 객관식과 논술형 혹은 서술형이라는 탈을 쓴 암기 확인용 주관식이 대부분이다. 소규모 학교는 수업을 한 교사가 문제를 출제하는 교사별 평가를 하기도 한다. 그러나 안타깝게 이 경우도 수업을 한 교사와 평가 문항을 제출한 교사가 같을 뿐 수업과 평가가 일치하는 것은 아니다. 앞의 경우와 마찬가지로 수업과 평가가 이루어진 시기가 다르고 수업과 상관없는 단편적인 지식 이해와 암기를 묻는 평가 문항을 출제하기 때문이다.

여기서 끝이 아니다. 학생의 평가 결과는 어떻게 기록될까? 수업 중에 하는 실험 · 실습, 토론 활동, 조사 · 발표 학습은 그 활동으로 끝난다. 나이스에 기록하기 위한 평가는 따로 한다. 만약 어떤 학생이 조사 · 발표 및 토론 활동을 훌륭히 하여도, 조사 내용과 관련된 이론을 묻는 객관식 평가에서 좋은 점수를 받지 못하면 기록은 좋지 못할 수 있다. 수업시간에 벌어지는 학생들의 모든 교육활동을 충실하게 기록하지 못하는, 수업과 평가 그리고 기록의 불일치를 의미한다.

이처럼 교육과정과 수업, 평가, 기록이 일치하지 않을 때 학교교육의 효과는 반감될 수밖에 없다. 교육과정의 문제를 해결하기 위하여 평가의 역할이 중요하다. 과정중심평가에서 이야기하는 것들을 충실히 구현해 낸다면 교육과정과 수업, 평가는 일체화될 수 있다.

교육과정-수업-평가 일체화란?

평가가 수업의 활동으로 이루어지며, 이를 위하여 교육과정이 재구성된 상태

경기도교육청은 교육과정-수업-평가의 일체화를 '교사가 재구성한 교육과정을 기반으로 배움중심의 철학과 가치를 반영한 학생중심의 수업과 과정중심의 평가를 통해 학생의 전인적 성장을 돕는 일련의 과정이다'라고 정의하였다. 경기도교육청의 일체화 의미에서도 과정중심의 평가가 강조됨을 확인할 수 있다. 즉, 교육과정-수업-평가의 일체화는 수업과 평가의 일치가 핵심이다. 시간과 내용이 모두 일치해야 한다. 내용만 일치할 경우 수업시간에 다룬 내용을 수업이 끝난 한참 뒤 총괄평가 형태로 평가할 수 있기 때문이다. 시간의 일치는 과정중심평가에서 이야기하는 수업 중에 평가가 함께 이루어지는 것을 의미한다. 즉 수업과 평가의 일치는 시간과 내용이 일치하여 평가가 교수 · 학습의 한 과정으로 들어오는 것을 의미한다.

앞의 내용을 종합하여 필자는 교육과정-수업-평가 일체화를 '평가가 수업

의 활동으로 이루어지며, 이를 위하여 교육과정이 재구성된 상태'라고 새롭게 정의하였다.

이해중심 교육과정(백워드 설계)으로 교육과정-수업-평가 일체화

이해중심 교육과정의 백워드 설계는 과정중심평가와 교육과정-수업-평가 일체화를 위한 최적화된 매커니즘이다.

이해중심 교육과정이란?

이해중심 교육과정은 학생들의 '이해'를 중요시한다. 여기서 이해란 단순히 머리로 알고 끝나는 것이 아니라 학습을 통해 형성한 지식과 기능, 태도를 실제 활용할 수 있는 역량으로 볼 수 있다. 따라서 교육과정을 설계할 때에도 학생이 '이해'를 했는지 확인할 수 있는 수행평가를 중심으로 교육과정과 수업을 설계해야 한다. 즉 이해중심 교육과정은 평가로부터 교육과정 설계가 이루어지는 '백워드Backward 설계'로 볼 수 있다.

• 이해중심 교육과정의 백워드 설계 •

이해	수행과제				
지식, 기능, 태도를 종합한 역량	'이해' 확인을 위한 수행평가	➡	학습내용 선정	➡	학습내용 조직

이해중심 교육과정은 Tyler의 합리적 교육과정 개발모형과 비교하면 좀 더

명확하게 이해할 수 있다. Tyler의 합리적 교육과정 개발모형은 교육목표를 정하고, 목표를 달성하기 위하여 필요한 학습경험을 선정하여 이를 조직한 후 최종단계에서 평가를 설계한다. 즉 목표 선정 → 학습내용 선정 · 조직 → 평가 설계의 Forward 방식으로 이루어지기 때문에, 평가를 준거로 교육과정을 설계하는 이해중심 교육과정의 백워드 방식과는 반대 개념으로 볼 수 있다.

위의 특징을 갖고 있는 이해중심 교육과정은 과정중심평가와 교육과정-수업-평가 일체화를 모두 실현할 수 있는 중요한 학문적 배경이 될 수 있다. 이해중심 교육과정은 앎에서 끝나는 학습이 아닌 학생들이 무언가를 할 수 있는 역량으로서의 이해를 중시한다. 학생들의 역량으로서의 이해를 평가하기 위하여 수행평가를 중요한 평가도구로 사용하여 과정중심평가를 실천할 수 있다. 또한, 평가를 중심으로 수업을 재설계하는 교육과정 재구성이 일어나도록 하여, 교육과정-수업-평가의 일체화가 가능하도록 한다.

이해중심 교육과정과 과정중심평가

과정중심평가를 적용하기 위한 교육과정 설계 방법은 Tyler에 의한 전통적 교육과정 설계보다 이해중심 교육과정에 의한 백워드 설계 방법이 적합하다. 즉, 이해중심 교육과정은 과정중심평가의 실현 가능성을 높여줄 수 있는 교육과정 운영 방법이라 볼 수 있으며, 그 이유는 다음과 같다.

첫째, 수업 중에 평가를 할 수 있다. 이해중심 교육과정의 백워드 설계는 학생들의 이해를 확인하기 위해 수행과제를 선정하고 이를 바탕으로 수업 내용을 선정 · 재조직한다. 이 과정에서 자연스럽게 학습으로서 평가가 가능해질 수 있다.

둘째, 결과뿐만이 아니라 과정에 대한 평가가 가능하다. 수행능력을 평가하기 위한 수업활동에서 문제해결과정, 의사소통 능력, 태도 등 결과가 나오기까지의 과정도 함께 평가하여 과정중심평가를 할 수 있다.

셋째, 지식, 기능, 태도, 역량을 종합적으로 평가할 수 있다. 실생활에 적용할 수 있는 교육과정에 대한 수행평가는 배운 내용을 적용하고 활용하는 과정에서 지식, 기능, 태도, 역량에 대한 종합적 평가를 할 수 있다.

넷째, 수업 안에서 평가와 피드백을 함께 실시하며 학생의 성장을 돕는 과정중심평가를 할 수 있다. 이해중심 교육과정은 수행과제를 통해 성취기준에 도달했는지 여부를 확인한다. 이때 수업 중에 수행평가를 하며 즉각적으로 학생들에게 피드백을 할 수 있으며, 이는 학생들의 성장을 위한 평가의 역할을 강조하는 과정중심평가의 실천을 의미한다.

• 이해중심 교육과정을 통한 과정중심평가 실천 •

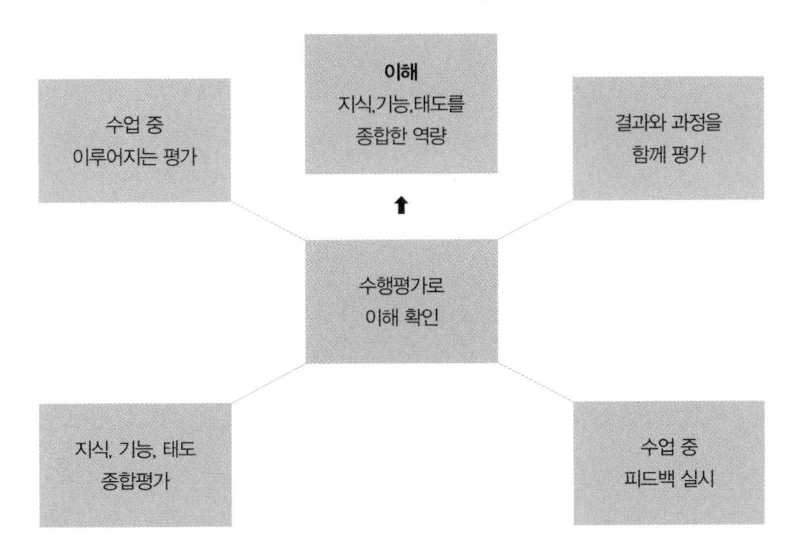

이해중심 교육과정에 의한 교육과정-수업-평가 일체화 방안

이해중심 교육과정은 무엇을 이해했고, 어떻게 실천할 수 있는지 확인할 수 있도록 교육과정을 설계한다. 즉 평가할 내용을 중심으로 수업 내용을 선정하고 재조직하여 교육과정과 수업이 일체화될 수 있도록 한다. 이를 그림으로 표현하면 다음과 같다.

• 이해중심 교육과정에 의한 교육과정-수업-평가 일체화 •

위와 같이 이해중심 교육과정에 의하여 교육과정-수업-평가의 일체화가 이루어지는 절차는 기존 김경자, 온정덕 저자의 책『이해중심 교육과정』백워드 설계 방식에 일체화와 관련된 내용을 추가하여 다음과 같이 제시할 수 있다.

· 백워드 설계에 의한 교육과정-수업-평가 일체화 절차 ·

백워드 단계	일체화를 위한 절차
바라는 결과 확인 (목표 선정)	– 단원 및 성취기준 선정 – 빅아이디어 선정: 핵심 기능 등을 연결할 수 있는 문장으로 선정, 단원과 연계된 성취기준 등을 종합하여 만드는 것이 효율적임 – 핵심질문, 영속적인 이해 선정 *핵심질문: 이해에 이르게 하는 본질적 질문으로, 수행과제를 선정할 때 근거가 됨 *영속적 이해: 학습자의 인지구조에 남아 있는 일반화된 개념 – 이해를 위한 지식(개념, 사실)과 기능 선정
⬇	
수용 가능 증거 결정 (평가계획)	– GRASPS를 준거로 수행과제 만들기 – 이해의 확인을 위한 지식, 기능, 태도, 핵심 역량에 대한 평가준거 설정
⬇	
수업 내용 선정 및 조직	– 수행과제 달성을 위한 학습활동 선정 – 수행과제를 효율적으로 달성하기 위한 학습활동 조직 – WHERETO 원리에 의한 수업내용 선정 · 조직
⬇	
수업, 평가 및 피드백 실시	– 수행과제와 관련된 수업 및 평가 실시 – 평가 결과에 대한 수업 중 피드백 실시

이해중심 교육과정으로 교육과정-수업-평가 일체화 실제

이해중심 교육과정은 백워드 설계를 통해 교육과정-수업-평가가 자동으로 일체화될 수 있도록 한다. 이해중심 교육과정은 과정중심평가와 교육과정-수업-평가 일체화의 실천을 위하여 최적화된 교육과정 설계 방법이라고 할 수 있으나 현장 선생님들은 이해중심 교육과정을 상당히 어려워한다. 그 이유는 백워드를 설계할 때 필요한 다양한 용어(GRASPS, WHERETO, 빅아이디어, 영속적 이해 등)를 이해하기 쉽지 않으며, 이 용어를 모두 사용하여 교육과정–수업–평가를 일체화하는 절차가 만만치 않기 때문이다.

그러나 필자는 이런 다양한 용어를 모두 반영하여 교육과정을 설계하지 않아도, 이해중심 교육과정의 장점을 충분히 살리면서 과정중심평가와 교육과정–수업–평가 일체화를 실천할 수 있다고 생각한다.

이해중심 교육과정의 '이해'와 '백워드 설계'라는 두 가지 핵심 개념을 살리면서 현장의 선생님들이 쉽게 사용할 수 있는 방안을 다음과 같이 제시한다.

◆ **1단계: 바라는 결과 확인(목표 선정)**

백워드 설계 1단계를 성취기준 및 핵심질문, 이해를 위한 세부요소로 구성하였다. 핵심질문은 성취기준을 평가하기 위한 평가요소로 구성하였으며, 이해를 위한 4가지 하위요소로 지식, 기능, 태도, 핵심 역량을 분류하여 단원의 목표를 설정하였다. 기존 백워드 설계의 1단계 구성요소 중 영속적 이해와 빅아이디어는 아래의 요소에 녹아들어 있기 때문에 따로 제시하지 않았다.

기대하는 학습결과 확인을 위한 구성요소

성취기준	[6수05-03] 주어진 자료를 띠그래프와 원그래프로 나타낼 수 있다. [6수05-04] 자료를 수집, 분류, 정리하여 목적에 맞는 그래프로 나타내고, 그래프를 해석할 수 있다.
핵심질문	1. 주어진 자료를 띠그래프로 나타낼 수 있는가? 2. 주어진 자료를 원그래프로 나타낼 수 있는가? 3. 자료를 수집, 분류, 정리하여 목적에 맞는 그래프로 나타내고, 그래프를 해석할 수 있는가?

이해를 위한 세부요소	지식	사실 개념	- 띠그래프와 원그래프의 의미 - 띠그래프와 원그래프를 그리기 위한 구성요소
		절차 과정	- 자료를 띠그래프와 원그래프로 나타내기 - 띠그래프와 원그래프 해석하기 - 그래프 제작을 위한 자료 수집, 분류, 정리하기
	기능		- 그래프와 통계적 해석을 바탕으로 신문 제작하기 - 그래프 및 신문제작을 위한 모둠 토의하기
	태도		- 과제집착력 - 흥미도 - 수학적 유용성
	핵심 역량		- 의사소통 역량 - 지식정보처리 역량 - 창의적 사고 역량

◆ 2단계: 수용가능 증거 결정(평가계획)

이해중심 교육과정의 두 번째 단계에서는 이해의 형성과 확인을 위해 평가계획을 수립한다. 평가계획을 수립할 때는 이해를 확인할 수 있는 지식, 기능, 태도, 핵심 역량을 종합적으로 평가할 수 있으며, 수업과 평가를 연계한 수행과제를 선정하는 것이 중요하다. 김경자, 온정덕 저자의 책『이해중심 교육과정』에 따르면 수행과제는 GRASPS의 원리: 목표Goal, 학생 역할Role, 과제와 관계된 대상Audience, 실제 상황Situation, 결과물Product, 수행기준Standards의 요소들을 준거로 설정해야 한다고 설명한다. 다음 예시자료는 앞의 2가지 성취기준 중 [6수05-04]에 대한 평가계획이다.

수행과제: 그래프를 활용한 모둠 신문 만들기

모둠 신문 만들기(G)

여러분들은 기자가 되어 모둠 신문(P)을 만들어야 합니다(S). 신문은 우리반 학생들을 대상(A)으로 조사할 주제를 정하고, 자료를 수집하고, 그래프로 나타내고, 이를 해석하는 내용이어야 합니다(R).

수행평가 채점기준(지식, 기능)

채점기준		배점
주제와 그래프의 관련	그래프와 주제의 관련성이 적합한 경우	1
	그래프와 주제의 관련성이 적합하지 않은 경우	0
그래프 나타내기	자료를 표로 정리하였으며, 이를 그래프로 정확하게 표현한 경우	2
	자료를 표로 정리하였으나, 이를 그래프로 정확하게 표현하지 못한 경우	1
	자료를 안내한 절차에 따라 표로 정리하지 못하였으며, 이를 그래프로도 표현하지 못한 경우	0
그래프 해석	통계 사실을 3가지 이상 찾은 경우	2
	통계 사실을 1~2가지 이상 찾은 경우	1
	그래프에 숨어 있는 통계 사실을 찾지 못한 경우	0

평가기준(지식, 기능)

점수	평가기준	
4점 이상	실생활 자료를 수집, 분류, 정리하여 목적에 맞는 그래프로 나타내고, 여러 가지 사실을 찾을 수 있다.	상
2~3점	자료를 수집, 분류, 정리하여 목적에 맞는 그래프로 나타낼 수 있다.	중
0~1점	수집, 분류한 자료를 보고, 목적에 맞는 그래프를 선택할 수 있다.	하

평가기준(태도)

과제집착력 흥미도	**신문 만들기 활동에 흥미를 갖고 적극적으로 참여하였는가?**			
	매우그렇다	그렇다	보통이다	아니다
수학적 유용성	**그래프를 실제 생활에 이용하려는 태도를 갖고 있는가?**			
	매우그렇다	그렇다	보통이다	아니다

평가기준(핵심 역량)

<table>
<tr><td rowspan="3">의사소통 역량</td><td colspan="4">신문 만들기 활동 시 모둠원과 활발히 의사소통을 하여 신문을 제작하였는가?</td></tr>
<tr><td>매우그렇다</td><td>그렇다</td><td>보통이다</td><td>아니다</td></tr>
<tr><td></td><td></td><td></td><td></td></tr>
<tr><td rowspan="3">창의적 사고 역량</td><td colspan="4">창의적인 방법으로 모둠 신문을 제작하였는가?</td></tr>
<tr><td>매우그렇다</td><td>그렇다</td><td>보통이다</td><td>아니다</td></tr>
<tr><td></td><td></td><td></td><td></td></tr>
</table>

태도와 핵심 역량은 자기평가 및 동료평가, 교사의 관찰 평가 등의 방법을 활용하면 효율적이다.

◆ 3단계: 수업 내용 선정 및 조직

이해중심 교육과정의 3단계는 평가계획을 준거로 수업 내용을 선정 · 조직하는 단계로 수업 중에 수행과제로 평가를 함께할 수 있기 때문에 과정중심평가와 교육과정–수업–평가의 일체화가 가능하다. 3단계에서는 다음 요소들을 고려해야 한다.

W where, why	학생들이 단원의 궁극적인 목표와 방향이 무엇인지, 왜 그것을 배우는지 알 수 있도록 안내해야 한다.
H hook	단원에 대한 동기유발을 할 수 있는 내용이 필요하다.
E equip, enable	과제 수행에 필요한 지식과 경험, 도구, 노하우 등을 갖추게 해야 한다.
R rethink	핵심 아이디어들을 다시 생각해 보고, 반성하고, 재점검하게 해야 한다.
E evaluate	스스로의 진보를 평가할 수 있는 기회를 제공한다.
T tailored	학생 개개인의 강점, 재능, 흥미에 적합한 방식으로 다양화하여 수업 내용을 구성한다.
O organize	깊이 있는 이해를 최적화할 수 있도록 조직한다.

〈출처: 『이해중심 교육과정』, 김경자, 온정덕, 교육아카데미〉

수업의 내용과 조직에 위의 7가지 요소(WHERETO)를 자연스럽게 녹여 수업을 구성하면 이해중심 교육과정을 쉽게 적용할 수 있다.

성취기준 [6수05-03], [6수05-04]에 대한 수업 내용 선정 및 조직의 예는 다음과 같다.

백워드 설계에 의한 교육과정-수업-평가 일체화

핵심질문	차시	수업활동	평가
주어진 자료를 띠그래프로 나타낼 수 있는가?	1	띠그래프가 들어간 신문기사로 띠그래프의 의미와 장점 알아보기	
	2	띠그래프 그리고 해석하기	〈수행평가1〉 논술, 구술평가
주어진 자료를 원그래프로 나타낼 수 있는가?	3	원그래프가 들어간 신문기사로 원그래프의 의미와 장점 알아보기	
	4	원그래프 그리고 해석하기	〈수행평가2〉 논술, 구술평가
자료를 수집, 분류, 정리하여 목적에 맞는 그래프로 나타내고, 그래프를 해석할 수 있는가?	5	- 모둠 신문 제작 계획 세우기 - 조사할 주제, 내용과 그래프 정하기 - 조사하기	〈수행평가3〉 신문만들기 프로젝트 평가
	6	- 조사 내용을 표와 그래프로 만들기 - 그래프 해석하기	
	7, 8	- 신문 제작하고 발표하기	

교육과정-수업-평가-기록 일체화 사례

성취기준을 중심으로 과정중심평가가 이루어지며 교육과정과 수업, 평가, 기록의 일체화까지 함께할 수 있는 구체적 사례는 다음과 같다.

※ 교육과정-수업-평가 일체화 계획

<table>
<tr><th>성취기준</th><th>수업계획</th><th>평가계획</th></tr>
<tr><td>[6사08-05]
지구촌의 주요 환경 문제를 조사하여 해결 방안을 탐색하고, 환경 문제 해결에 협력하는 세계시민의 자세를 기른다.</td><td>〈1~2차시〉 지구촌 환경 문제 조사발표
- 각 모둠이 조사해 온 지구촌 환경 문제 발표하기
- 각 모둠이 조사해 온 환경 문제에 대한 모둠별 해결 방안 토의하기
- 환경 문제 해결을 위한 세계시민선언문 작성하기</td><td>과정중심평가 1
수행평가(토의토론법, 관찰법)
지구촌 환경 문제 해결을 위한 모둠 토의 및 세계시민 선언문 작성</td></tr>
<tr><td rowspan="3">[6사08-06]
지속가능한 미래를 건설하기 위한 과제(친환경적 생산과 소비 방식 확산, 빈곤과 기아 퇴치, 문화적 편견과 차별 해소 등)를 조사하고, 세계시민으로서 이에 적극 참여하는 방안을 모색한다.</td><td>〈3차시〉 지속가능한 발전의 의미 탐구
- 신문기사를 통한 지속적 발전 가능 사례 소개
- 사례를 통한 지속적 발전 가능 사례의 의미 만들기</td><td></td></tr>
<tr><td>〈4~5차시〉 지속가능한 발전의 의미 탐구
- 컴퓨터실을 활용한 모둠 인터넷 조사 학습</td><td rowspan="2">과정중심평가 2
수행평가(조사보고서)
지속가능한 미래 건설을 위한 과제와 이를 위한 나와 우리가족이 할 일 작성</td></tr>
<tr><td>〈5차시〉 지구촌 지킴이
- 지속가능한 발전을 위한 친환경 실천방법 알아보기(모둠 토의활동)
- 모둠 토의 및 인터넷조사를 통한 조사보고서 완성하기</td></tr>
</table>

※ 과정중심평가를 위한 수업디자인(1~2차시)

학습 목표	지구촌 환경 문제를 해결하려는 세계시민의 자세를 기를 수 있다.	
성취기준	[6사08-05] 지구촌의 주요 환경 문제를 조사하여 해결 방안을 탐색하고, 환경 문제 해결에 협력하는 세계시민의 자세를 기른다.	
학습 단계	교수 · 학습활동	평가활동
도입 (10분)	• '우리나라 미세먼지 문제' 뉴스 시청 지구촌 환경 문제를 해결하려는 세계시민의 자세를 기를 수 있다.	
배움1 (20분)	– 미세먼지의 발생 원인에 대한 신문기사 읽어 보기 활동을 통한 미세먼지의 원인 찾기 – 미세먼지 해결을 위한 우리나라, 우리가족이 할 수 있는 일 생각하기	
배움2 (40분)	• 모둠별 조사해 온 지구촌 환경 문제 발표 – 사전 조사해 온 지구촌 환경 문제의 사례를 모둠별로 발표한다. • 지구촌 환경 문제 모둠 토의 활동 과정중심평가 • 수행과제 제시하기 수행과제) 각 모둠에서 조사해온 지구촌의 환경 문제에 대한 해결 방안에 대하여 모둠 토의를 하시오. • 지구촌 환경 문제 해결을 위한 나의 다짐표 만들기	**토의토론법** 지구촌의 환경 문제에 대한 해결 방안 모둠 토의 **관찰법** 지구촌 환경 문제 해결을 위한 학생의 '나의 다짐표' 체크리스트 분석
정리 (10분)	• 공부한 내용 정리하기 – 지구촌 환경 문제 해결을 위한 나의 다짐표 발표하기	

※ **과정중심 수행평가 문항(예시: 5차시 수행평가)**

1. 수행평가 문항 설계

교과	학년-학기	수행평가 유형	내용/행동
사회	6-2	**토의토론, 관찰법**	지속가능한 지구촌/적용, 종합

성취 기준	[6사08-05] 지구촌의 주요 환경 문제를 조사하여 해결 방안을 탐색하고, 환경 문제 해결에 협력하는 세계시민의 자세를 기른다.
평가 요소	지구촌 환경 문제의 해결을 위한 모둠 토의 및 세계시민 다짐문 쓰기

2. 수행평가 과제(문항)

1. 다른 모둠에서 발표한 지구촌 문제에 대한 해결 방안을 토의하고, 토의기록표를 작성하시오.

토의기록표 작성방법

- 다른 모둠이 발표한 지구촌의 환경 문제에 대한 자신의 해결 방안을 포스트잇에 자신의 이름과 함께 작성한 후 붙이시오.
- 모둠 토의를 통하여 채택되었으면 계속 붙이고, 채택이 되지 않으면 떼어 내시오(미 채택된 포스트잇도 함께 제출합니다).

토의기록표

모둠	1모둠	2모둠	3모둠	4모둠
해결책				

2. 지구촌 환경 문제 해결을 위한 다짐문 쓰기

나는 세계시민 선언문

※ 지구촌 문제 해결이 필요한 이유와 이를 위한 나의 다짐 쓰기

3. 채점기준안

평가기준		배점
지구촌 문제 해결 방안	모둠 토의 시 지구촌 문제의 해결 방안을 3가지 이상 제시한 경우	3
	모둠 토의 시 지구촌 문제의 해결 방안을 1~2가지 제시한 경우	2
	모둠 토의 시 의견을 제시하지 못하였지만, 토의 후 지구촌 문제의 해결 방안을 1~2가지 제시한 경우	1
세계시민 다짐	지구촌 문제 해결이 필요한 이유와 이를 위한 다짐을 모두 작성한 경우	3
	지구촌 문제 해결이 필요한 이유나 다짐 중 1가지만 작성한 경우	2
	교사가 안내한 절차에 따라 나의 다짐을 작성한 경우	1

4. 평가기준

점수	평가기준	
5~6점	지구촌의 주요 환경 문제에 대한 다양한 해결 방안을 제시하고, 환경 문제 해결을 위해 협력하는 세계시민의 자세를 갖고 있다.	상
3~4점	지구촌의 환경 문제에 대한 해결 방안을 제시하고, 환경 문제 해결에 협력하는 세계시민으로서의 자세를 보이려 한다.	중
2점	지구촌의 주요 환경 문제와 그 문제 해결을 위한 세계시민의 자세가 중요함을 인식할 수 있다.	하

5. 평가 결과 피드백

1) 학생 성취수준

성취기준	도달			미도달
	상	중	하	
지구촌의 주요 환경 문제를 조사하여 해결 방안을 탐색하고, 환경 문제 해결에 협력하는 세계시민의 자세를 기른다.	√			

2) 성취수준별 기록 내용

성취수준	기록사항
상	지구촌의 주요 환경 문제에 대한 조사자료를 바탕으로 모둠 토론에서 합리적인 해결 방안을 다양하게 제시하였으며, 세계시민 다짐문에서 지속가능한 지구촌을 위하여 환경 문제해결이 필요한 이유와 이를 위한 세계시민으로서의 자세를 갖고 있다.
중	지구촌의 주요 환경 문제에 대한 조사자료를 바탕으로 모둠 토론에서 해결 방안을 제시하였으며, 세계시민 다짐문에서 지속가능한 지구촌을 위한 세계시민으로서의 자세를 갖고 있다.
하	지구촌의 주요 환경 문제에 대한 조사자료를 바탕으로 모둠 토론에 참여하여 해결 방안을 알게 되었으며, 세계시민 다짐문에서 지속가능한 지구촌을 위한 자세를 보이려 하고 있다.

3) 수준별 피드백

성취수준	맞춤형 피드백 내용
상	미세문제 발생에 대한 해결책 탐구하기
중	그린피스 등 지구촌 환경 문제 해결을 위한 세계NGO 단체 자료 제시
하	다양한 지구촌의 환경 문제와 이를 해결한 사례가 있는 신문 자료 제시

4) 가정통지자료(예시)

성취기준	도달			미도달
	상	중	하	
지구촌의 주요 환경 문제를 조사하여 해결 방안을 탐색하고, 환경 문제 해결에 협력하는 세계시민의 자세를 기른다.	√			

이렇게 공부했어요 (인지적)	○○이는 지구촌의 주요 환경 문제에 대한 조사자료를 모둠 친구들이 알기 쉽게 발표하였으며, 지구촌의 주요 환경 문제에 대한 모둠 토론에서 지구촌의 가뭄 문제 해결을 위하여 수돗물을 아껴써야 한다는 의견과 비가 많이 내릴 수 있도록 인공 강우방법을 개발해야 한다는 합리적인 해결 방안을 다양하게 제시하였습니다. 세계시민 다짐문에서는 지속가능한 지구촌을 위하여 환경 문제 해결이 필요한 이유로 우리나라의 환경 문제가 다른 나라에 피해를 주기 때문에 지구촌이 병들지 않기 위해 나부터 환경을 지켜야 한다는 의견을 제시하였고, 물 낭비를 하지 않고, 가까운 거리는 걸어서 다녀야 한다는 의견에서 세계시민으로서의 자세를 엿볼 수 있었습니다.

<table>
<tr><td rowspan="2">이런 면도 있었어요</td><td>정의적</td><td>지구촌의 주요 환경 문제에 대한 모둠 토의 시 해결책을 제시하지 못하는 학생이 해결책을 제시할 수 있도록 도우미의 역할을 충실히 수행하는 면에서 책임감과 봉사정신(태도)을 볼 수 있었습니다.</td></tr>
<tr><td>핵심 역량</td><td>모둠 토론 시 자신의 의견을 논리적으로 제시하고, ○○이와 입장이 다른 친구들의 의견을 존중하는 훌륭한 의사소통 능력(핵심 역량)을 보여 주었습니다.</td></tr>
<tr><td colspan="2">가정에서도 함께지도해요</td><td>○○이와 함께 뉴스나 신문을 보면서 미세문제 발생에 대한 기사가 나올 시 이에 대한 해결책을 가족끼리 함께 이야기하고, 가족이 지킬 수 있는 것들을 함께 이야기해 보세요.</td></tr>
</table>

Revolution 03

과정중심평가와 교육과정-수업-평가 일체화를 위한 교육과정 재구성

교육과정 재구성의 필요성

교육과정 재구성은 수업과 평가라는 소프트웨어를 잘 돌아가게 하기 위해 하드웨어를 업그레이드하는 것이다.

과정중심평가를 하기 위해서 교육과정을 재구성할 필요가 있다. 재구성해야 하는 이유는 첫째, 교수·학습의 과정으로 수업에서 평가가 이루어지려면 교과 순서 및 내용을 재조직화해야 하기 때문이다. 둘째, 과정중심평가는 성취기준을 준거로 학습 내용을 재조직하기 때문이다. 셋째, 평가의 결과뿐만 아니라 결과가 나오는 과정을 중시하는 평가가 이루어지기 위해서는 과정을 평가하는데 유리한 프로젝트식 수업이 필요하며, 이를 위한 주제중심 교육과정 재구성이 필요하다. 넷째, 평가 결과를 바탕으로 후속수업을 설계하는 과정중심평가의 특성상 학생의 수준에 따른 피드백을 위한 수업 설계가 필요하며 이때 교육과정 재구성이 자연스럽게 이루어진다. 예를 들어 학생이 수학개념을 이해하지 못해 구체물을 준비하여 시각적으로 이해시키는 후속 수업을 새로 설계했다면 이 과정에서 교육과정 재구성이 일어난다. 이처럼 수업 과정에서 평가를 함께 하기 위해서는 교과서 진도 나가기식으로 교육과정을 운영할 수 없다. 이 장에서는 과정중심평가와 교육과정-수업-평가 일체화를 위한 교육과정 재구성의 다양한 방법에 대하여 알아보도록 하겠다.

과정중심평가를 위한 교육과정 재구성 방법

과정중심평가를 위하여 차시, 단원, 교과 간의 벽을 허물어야 한다.

과정중심평가를 위한 교과 내 재구성

과정중심평가를 위하여 가장 기본적이며, 일반적으로 교과 내 재구성을 한다. 교과 내 재구성은 주로 단원 안에서 학습 순서나 내용을 재조직화하는 것으로 이루어진다. 과정중심평가를 위하여 교과 내 재구성이 이루어지는 경우는 다음 2가지 경우로 볼 수 있다.

첫째, 교수·학습 과정으로 평가를 운영하기 위해 교과 내 재구성이 필요하다. 기존의 일제식 평가 체제에서 교육과정은 다음과 같이 수업을 진행하고 평가는 별도의 교육과정 시수를 부여 받아 운영했다. 아래 그림과 같이 수업은 교과서 순서대로 하고 평가만 수업이 끝난 다음에 따로 운영하는 방식이었다.

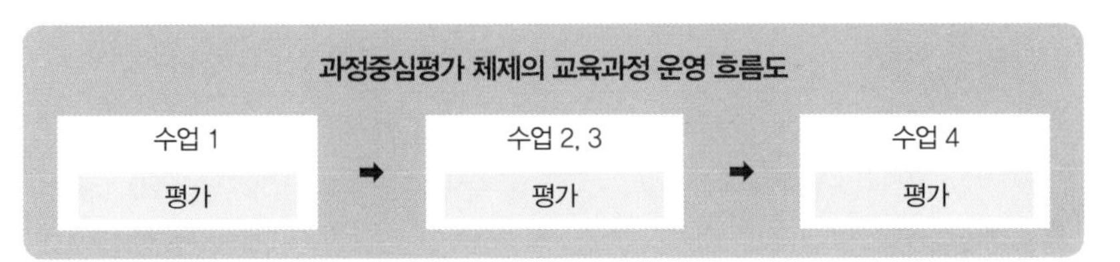

그러나 과정중심평가를 적용한 교육과정 운영은 수업의 과정으로 평가를 구현하기 때문에 교육과정에서 제시한 교과서 순서대로 수업이 이루어지지 않는다.

· 수업 중 평가를 위한 단원 재구성 사례 ·

단원	4-2-수-1. 소수의 덧셈과 뺄셈
성취기준	※ 로 표시한 성취기준은 과정중심평가를 적용한 성취기준임
[수41072] 자릿값의 원리를 바탕으로 소수 두 자리 수와 소수 세 자리 수를 이해하고, 읽고 쓸 수 있다.	
[수41073] 소수 두 자리 수, 소수 세 자리 수의 크기를 비교할 수 있다.	
[수41082] 소수 두 자리 수의 범위에서 소수의 덧셈과 뺄셈의 계산 원리를 이해하고 그 계산을 할 수 있다.	

재구성 계획			
기존 학습 주제		재구성 학습 주제	
1차시	소수의 덧셈과 뺄셈 단원도입	1차시	소수의 덧셈과 뺄셈 단원도입
2~3차시	소수 두 자리 수를 알 수 있어요	2~3차시	소수 두 자리 수를 알 수 있어요
4차시	소수 세 자리 수를 알 수 있어요	4차시	소수 세 자리 수를 알 수 있어요
5차시	소수 사이의 관계를 알 수 있어요	5차시	소수 사이의 관계를 알 수 있어요

6차시	소수의 크기를 비교할 수 있어요	6차시	소수의 크기를 비교할 수 있어요
7차시	소수의 덧셈을 할 수 있어요(1)	7차시	소수의 크기를 비교할 수 있어요
8차시	소수의 덧셈을 할 수 있어요(2)	8차시	소수의 덧셈을 할 수 있어요(1)(2)

13차시	소수의 계산을 활용할 수 있어요	13차시	소수의 계산을 활용할 수 있어요
14차시	공부를 잘했는지 알아봅시다	14차시	공부를 잘했는지 알아봅시다
15차시	문제 해결–진열대의 길이	15차시	문제 해결–진열대의 길이
16차시	체험 마당–소수 막대를 알아볼까요	16차시	체험 마당–소수 막대를 알아볼까요

- 소수의 크기를 비교하는 차시에서 교과서 문제가 아닌 다른 문제 상황을 교사가 제시, 학생들이 그 문제를 해결하고 해결 방법을 서로 이야기 나누는 과정을 통해 소수의 크기 비교를 하는 일반적인 방법을 학생들끼리 토의를 통해 이끌어 낼 수 있도록 구성하였으며 교사는 반례에 해당하는 실마리 질문을 던지고 관찰하는 역할을 한다.
- 학생들끼리 충분히 의사소통을 할 수 있도록 기존 1차시 수업을 2차시 수업으로 증배하였으며 각 3차시의 소수의 덧셈, 소수의 뺄셈 차시를 각 2차시로 감축하였다.
- 수학 수업 중 말하기 활동을 통해 학생들의 이해도를 확인하며 학생들 스스로도 자신의 생각을 조정하고 공고히 할 수 있다.

〈출처: 서울시교육청 2016 초등 과정중심평가 장학자료〉

과정중심평가 체제의 교육과정 운영 흐름도는 앞의 총괄평가 체제의 교육과정 운영과 달리 수업의 재조직화가 이루어지면서 자연스럽게 단원의 학습 내용이 재구성된다. 위의 서울시교육청 〈2016 초등 과정중심평가 장학자료〉와 같이 수업 속 평가장면에 따라 1차 수업 분량이 2차시의 블록 수업으로 운영되기도 하고, 2차시 주제가 1차시로 통합 운영되기도 한다.

둘째, 교수 · 학습 과정에서 피드백을 위해 후속 차시 학습의 재구성이 이루어지는 경우에도 교과 내 재구성이 필요하다.

· 피드백을 위한 후속 차시 수업의 재구성 ·

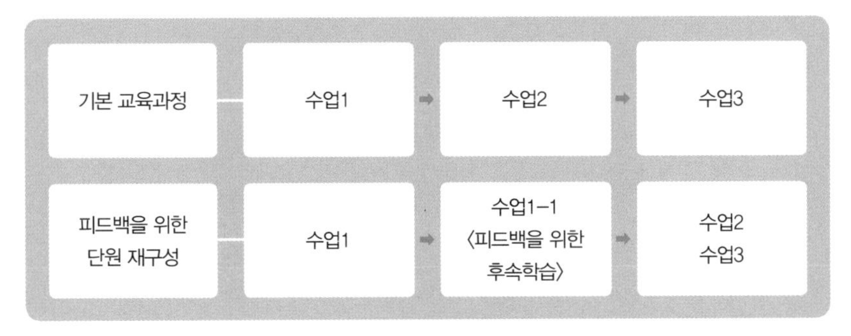

위의 그림처럼 피드백을 위해 단원의 재구성이 일어나는 실례로 수업 중 평가를 통하여 곱셈에 대한 성취수준이 하에 해당하는 학생이 많은 경우 수업1에 대한 추가학습으로 구체물을 이용하여 곱셈을 추가 학습하는 교과 내 재구성이 이루어질 수 있다.

과정중심평가를 위한 성취기준 중심 재구성

과정중심평가는 성취기준을 기반으로 교육과정을 재구성해야 한다. 성취기준은 가르쳐야 할 내용과 평가해야 할 내용을 제시해준다. 따라서 과정중심평가는 수업과 평가가 같은 내용으로 연계될 수 있다는 것을 의미한다. 성취기준을 중심으로 교육과정이 재구성되는 과정은 다음 그림과 같다.

위 그림은 기존 교육과정의 7차시 수업 분량으로 이루어진 7가지의 수업 주제가 성취기준을 중심으로 재조직된 것을 의미한다. 재조직하는 과정에서 7차시 주제는 생략되었으며, 2차시 분량의 수업 내용을 1차시 분량으로 통합하여 운영할 수 있다. 그리고 성취기준과 관련된 토론학습, 미니 역할극, 보고서 작성 학습이 추가되었고 새롭게 추가된 활동은 수업이면서 동시에 평가가 될 수 있다.

성취기준을 중심으로 교육과정을 재구성할 경우 먼저 성취기준의 평가요소를 선정하고 수업 내용을 조직하는 것이 효율적이다. 성취기준을 달성하기 위한 평가요소가 한 가지이며, 내용이 간단한 경우 수업을 1차시 정도의 분량으로 비교적 간단하게 조직할 수 있다. 반대로 성취기준 달성을 위한 평가요소가 2~3가지이거나, 평가를 위해 수행과제를 동반한 다소 복잡한 수업활동이 필요할 경우 성취기준이 한 개라도 수업은 3~4차시 분량으로 해야할 수 있다. 따라서 성취기준 중심으로 교육과정을 재구성할 때는 우선 성취기준과 평가기준을 분석하여, 성취기준을 달성하기 위한 평가요소를 선정하고 이와 관련하여 수업을 재구성할 필요가 있다.

성취기준을 분석할 때 교육부에서 제시한 평가기준을 비교해서 보면, 그 성취기준과 관련된 구체적 평가내용이 제시된 경우가 많아서 평가요소를 추출하는데 도움이 된다. 또한 성취기준을 중심으로 교육과정을 재구성할 때 교과 내용이 성취기준을 달성하는 데 큰 도움이 되지 않을 경우 교사가 새롭게 선정한 자료로 대체할 수 있다. 경기도교육청의 〈2015 교육과정-수업-평가의 행복한 만남〉에 실린 성취기준을 중심으로 교육과정을 재구성한 실제 사례는 다음과 같다.

• 성취기준 중심 교육과정 재구성 사례 •

성취기준	평가계획	수업계획
[사4041] 조상들의 옛날 생활 모습을 알 수 있는 자료(예: 사진, 그림, 책, 지도 등)를 찾아 오늘날 생활 모습과의 차이점을 비교하여 이해할 수 있다.	**수행평가1** 옛날과 오늘날의 생활 모습 차이점 이해하기	**〈1-2차시〉 옛날과 오늘날의 생활 모습 비교하기** - 그림에서 옛날과 오늘날의 생활 모습 구별하여 찾고 비교하여 이야기하기 - 타임머신 타고 과거 여행 일기쓰기
[사4042] 옛날과 오늘날 생활 도구의 모양과 쓰임이 변화하였음을 이해하고, 생활 도구가 오늘날까지 계승되고 발전된 모습을 설명할 수 있다.	**수행평가2** 옛날과 오늘날 의식주 모습 비교하는 모둠 토의하기	**〈3-5차시〉 옛날과 오늘날의 의식주생활 비교하기** - 옛날 생활 도구 살펴보기(광명문화원 주관 3학년 광명 관내 답사 프로그램) - 옛날과 오늘날 의식주생활의 장점과 단점, 인상 깊은 점 비교하기 - PMI기법

[사4043] 김치, 한복, 온돌 등에 담긴 조상들의 멋과 슬기를 찾아 오늘날의 의식주와 비교해 설명할 수 있다.		**〈6차시〉 조상의 멋과 슬기 알아보기** – 한복, 김치, 온돌의 멋과 슬기 알아보기 **〈7–8차시〉 옛날 생활도구와 오늘날 생활도구의 관계 알기** – 옛날 생활도구와 오늘날의 생활도구와의 관련성 모둠 토의하기
[사4044] 옛날과 오늘날의 놀이를 비교하여 그 변화 모습을 살펴보고 달라진 놀이 문화를 이해할 수 있다.	**수행평가3** 옛날놀이를 하고 변화모습 모둠 생각만들기	**〈9–10차시〉 옛날 어린이 놀이 알고 새롭게 만들기** – 옛날 어린이 놀이 발표하고 놀이하는 방법 알아보기(3학년 민속놀이 한마당 놀이를 중심으로) – 모둠별로 옛날 놀이 중 1가지를 골라 새롭게 바꿔 보기 – 모둠별로 새롭게 바꾼 놀이 진행 계획하기

〈출처: 경기도교육청 2015 교육과정–수업–평가의 행복한 만남〉

과정중심평가를 위한 교과 간 재구성

두 교과 이상의 성취기준에 대한 평가가 동시에 가능한 경우 교과 간 교육과정 재구성을 할 수 있다. 교과 간 재구성 방법은 주제를 중심으로 교육과정을 재구성하는 방법과 주요 교과에 타 교과의 성취기준을 도구요소로 활용하는 방법으로 나눌 수 있다. 이중 주제중심 교육과정 재구성은 범위가 큰 주제를 하나 선정하고 이 주제와 관련된 여러 교과를 통합하여 운영하는 방법이다. 주제중심 교육과정 재구성에서도 과정중심평가를 중심으로 교육과정을 재구성할 수 있다. 하나의 프로젝트를 수행하기 위해 대주제를 설정하고, 이와 관련된 토론, 조사발표, 작품 제작 활동의 수행평가 방법들을 세부 수업의 주제로 구성하여 교육과정을 재구성할 수 있다.

• 주제중심 교육과정 재구성의 평가 예시 •

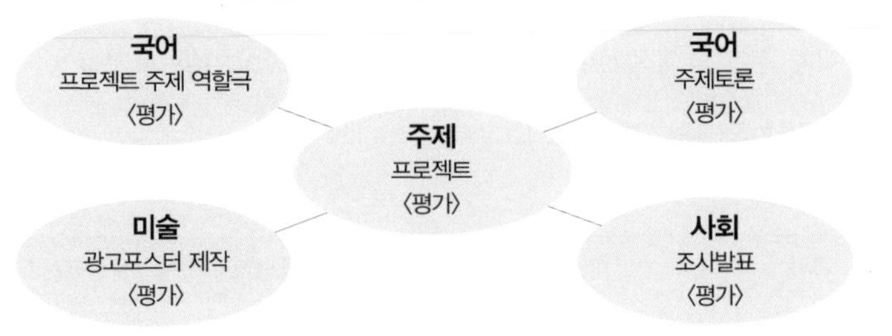

주제를 중심으로 교육과정을 재구성할 때 학생과 학부모의 요구와 지역 실태분석이 중요하다. 실태분석을 통한 꼭 필요한 주제를 설정하지 않는다면 '재구성을 위한 억지 재구성'이 되는 사례가 많기 때문이다.

교과 간 재구성의 두 번째 방법으로 타 교과의 성취기준을 도구요소로 활용하는 방법이 있다. 이는 A교과를 운영할 때 B교과의 성취기준 한두 가지를 포함하여 교과 간 재구성하는 방법으로 한 번의 평가로 두 교과의 성취기준을 동시에 평가할 수 있는 효율적인 방법이다. 예를 들어 수학과의 꺾은선 그래프 단원에 과학과의 하루 온도의 변화와 관련된 성취기준을 함께 평가할 수 있다는 것이다.

• 타 교과의 성취기준을 도구요소로 활용하는 교과 간 재구성 •

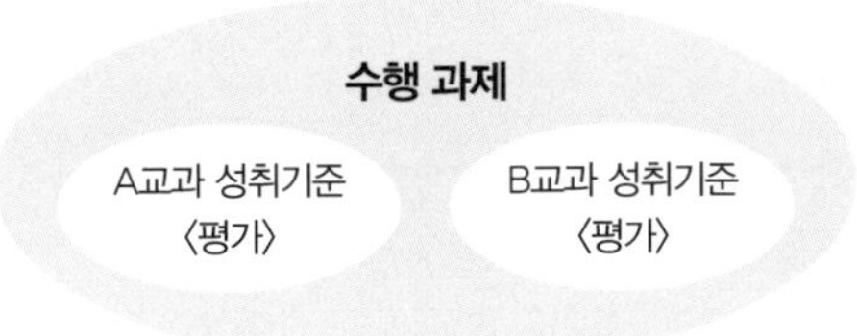

이와 같은 방식은 현장에서 쉽게 적용할 수 있으며, 수행 과제를 중시하는 과정중심평가의 관점에서 유용하게 쓰일 수 있다. 이러한 관점에 의하여 개발된 수행평가의 예는 다음과 같다.

교과	학년-학기	내용 / 행동영역	수행평가 유형
수학	6-1	규칙성 / 적용	실기형
체육		도전 / 기능	

관련단원	수학-4. 비와 비율/체육-2. 도전 활동
성취기준	[수64012-2] 비율을 분수, 소수, 백분율로 나타낼 수 있다. [체6222] 표적/투기 도전의 기본 기능을 익혀 도전 상황에서 수행할 수 있다. [체6223] 표적/투기 도전의 과정과 결과에 대한 측정 및 평가를 통해 자신의 수행 과정을 반성할 수 있다.
평가요소	표적 맞추기 활동을 분수, 소수, 백분율로 나타내기

※ 다음의 표적 맞추기 게임을 실시하고 물음에 답하시오.

1. 자신의 시도 횟수에 대한 성공 횟수를 분수, 소수, 백분율로 나타내시오.

(단, 각 점수당 5회만 시도할 것)

		분수	소수	백분율
1점	시도 횟수(　　): 성공 횟수(　　)			
2점	시도 횟수(　　): 성공 횟수(　　)			
3점	시도 횟수(　　): 성공 횟수(　　)			

과정중심평가에서 교육과정 재구성의 의미

교육과정 재구성은 수업과 평가가 함께 어울릴 수 있도록 새로운 틀을 제공하는 역할을 한다. 국가수준 교육과정에서 제시한 교과서 차시별 내용이 기존의 틀이라면 수업 속 평가를 위한 교과서 밖 내용과 활동으로 새롭게 디자인한 수업, 이를 위한 새로운 차시 구성이 '새로운 틀'인 것이다.

기존의 틀	교육과정 ⇒ 재구성	새로운 틀
1차시 주제 2차시 주제		1,2차시 통합 블록 수업 **〈평가〉 토론을 통한 활동 추가**
3차시 주제 4차시 주제		3, 4차시 통합 블록 수업 **〈평가〉 조사 · 발표 활동 추가**
5차시 주제 6차시 주제 7차시 주제		5, 6차시 주제 통합 및 7차시 삭제 **〈평가〉 역할극 활동 추가**

결국 과정중심평가를 실천하기 위해서 수업과 평가는 소프트웨어인 셈이며, 교육과정은 이러한 소프트웨어가 잘 돌아가도록 도와주는 하드웨어의 역할을 한다. 여기에서 교육과정 재구성은 수업과 평가를 같은 공간에 어울리게 하기 위한 기존 하드웨어를 리모델링을 하는 과정이라 비유할 수 있다.

Revolution 04

과정중심평가와 교육과정-수업-평가 일체화를 위한 수업디자인

과정중심평가를 위한 배움중심 수업

과정중심평가와 배움중심 수업은 '구성주의 철학'과 맥을 같이한다.

과정중심평가에서 수업은 어떻게 해야 할까? 과정중심평가가 이루어지는 수업은 수업에서 평가가 배움의 한 과정이며, 교사가 학생에게 일방적으로 지식이나 기능을 전달하는 수업이 아닌 학생에게 배움이 일어나는 수업이어야 한다. 이러한 수업의 방향을 가장 잘 반영한 것이 배움중심 수업이다. 경기도교육청은 배움중심 수업을 아래 표와 같이 정의하였다.

정의	배움중심 수업은 삶에 필요한 역량을 기르기 위한 자발적 배움이 일어나는 수업이다.
주체	학생은 배움의 주체이며, 교사는 가르침의 주체이다.
성격	배움중심 수업은 지향이고, 전략이며, 변화의 과정이다.
지향	배움중심 수업은 역량 신장을 통한 행복한 배움을 지향한다.

배움과 성장	학생은 배움을 삶과의 맥락에서 경험함으로써 성장한다. 교사는 성찰과 가르침 그리고 나눔으로 성장한다.

〈출처: 경기도교육청 배움중심 수업 2.0 기본문서〉

배움중심 수업은 정의하는 주체에 따라 조금씩 차이는 있지만 공통적으로 학생에게 배움이 일어나는 수업을 의미한다. 이때 배움은 단순히 지식과 기능을 습득하는 것이 아닌 인지적 능력(교과지식, 창의력, 융합력)과 실행 능력(문제해결 능력, 자기관리 능력, 협업 능력), 정의적 능력(성취동기, 호기심) 등 종합적인 것을 의미한다. 그리고 이렇게 일어난 배움을 확인하는 과정이 바로 배움중심 수업에서 이루어지는 과정중심평가이다. 이를 도식화하면 다음과 같다.

• 배움중심 수업에서의 과정중심평가 •

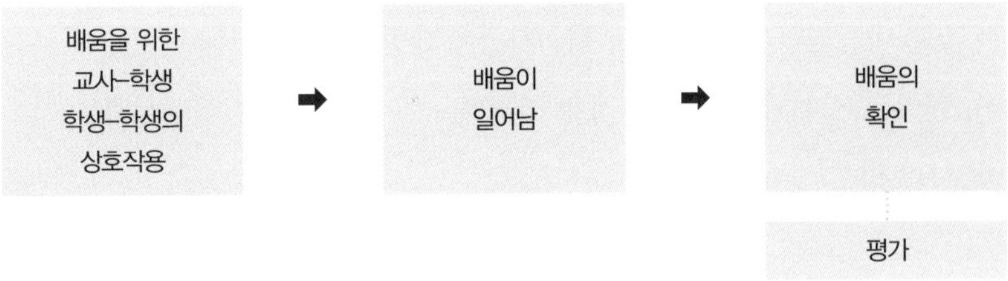

배움을 위한
교사–학생
학생–학생의
상호작용

➡

배움이
일어남

➡

배움의
확인

평가

평가가 수업 속에서 이루어진다고 모두 과정중심평가라고 할 수는 없다. 예를 들어 기존의 지식전달식 수업, 강의식 수업, 학습사이트 활용 클릭 수업에서 이루어지는 평가는 단순히 지식의 암기나 이해 여부만을 확인하는 쪽지 시험 같은 평가밖에 될 수 없으며, 이를 과정중심평가라 할 수 없다.

과정중심평가에서 강조하는 고등정신능력, 문제해결능력, 창의성, 핵심역량 등을 수업에서 평가하기 위해서는 배움중심 수업을 하여야 한다. 과정중심평가와 배움중심 수업은 구성주의 철학이라는 학문적 배경을 갖고 있기 때문에 수업과 평가, 배움의 관점이 상호 일치한다고 볼 수 있다.

과정중심평가를 위한 수업 설계

교수 · 학습 과정에서 평가를 어떻게 녹여 내느냐가 관건이다.

과정중심평가의 수업 구성 원리

과정중심평가는 수업에 평가를 어떻게 녹여 내느냐가 관건이다. 평가가 수업에서 자연스럽게 이루어질 수 있기 위한 조건은 다음과 같다.

수업활동과 평가를 단계형으로 구성하여 유기적으로 연결될 수 있도록 하는 것이 바람직하다. 수업에서 성취기준에 대한 탐색 및 이해 단계를 다룬다면, 평가는 성취기준에 대한 적용 및 활용, 일반화의 단계로 구성하는 것이 바람직하다.

• 과정중심평가에서 수업과 평가의 단계형 구성 •

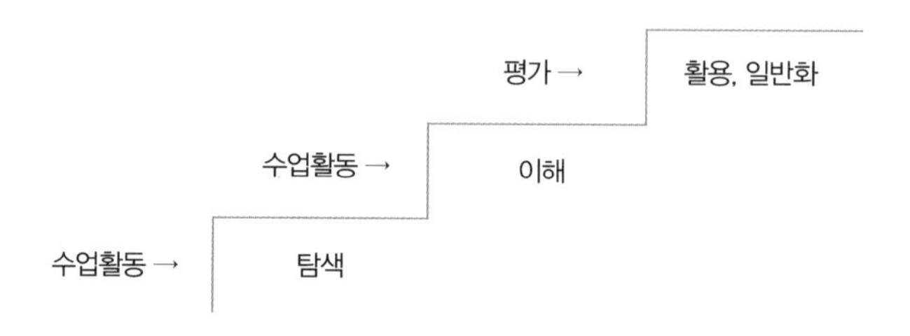

위의 그림과 같이 과정중심평가에서는 성취기준을 탐색하고, 이해하는 수

업활동을 진행하고, 이를 일반화하는 단계에 평가를 배치하여 수업활동과 평가가 유기적으로 연결될 수 있도록 해야 한다.

실제 수업을 예로 들면 토론에 대한 수업을 한다고 가정하면 토론에 대한 탐색 활동을 한 후 토론의 절차에 대하여 알아보는 활동을 진행한다. 마지막으로 실제 토론을 해 보는 장면으로 수업과 평가를 구성하는 것이다.

과정중심평가의 수업 유형

과정중심평가 관점의 수업을 하기 위해서는 우선 성취기준에 대한 분석이 이루어져야 한다. 학생들이 성취기준에 도달하기 위하여 1차시의 시간이 필요한 경우가 있고, 2차시 이상이 필요한 경우가 있다. 성취기준과 이를 위한 수업의 분량에 따라 평가도 달라질 수 있다. 과정중심평가의 수업을 다음과 같이 유형화할 수 있다.

① 수업정리 단계에 평가가 이루어지는 경우

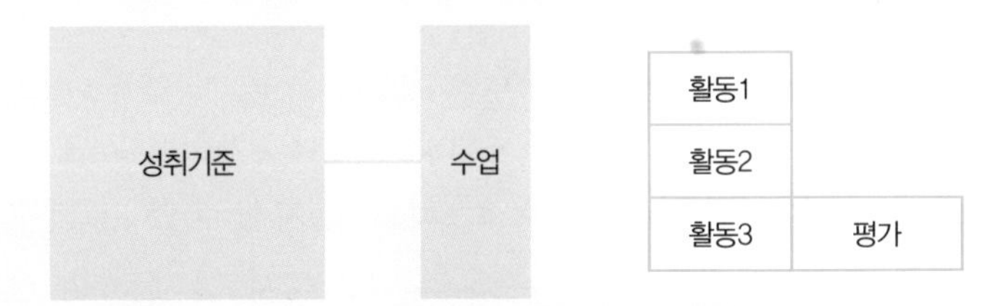

위 그림과 같이 1차시로 성취기준을 이수할 수 있는 수업에서는 수업의 정리 단계인 마지막 활동에 평가를 배치하는 것이 일반적이다. 앞의 활동에서 학습한 내용을 바탕으로 마지막 활동에서는 성취기준을 실제 맥락에 활용하거나 일반화하는 활동을 한다. 아래는 정리 단계에서 평가하는 수업을 성취기준 [6국01-03]으로 제시하고 있다.

수업의 정리단계에 평가가 사용되는 수업 예시

성취기준	[6국01-03] 절차와 규칙을 지키고 근거를 제시하며 토론한다.	
학습 목표	토론 규칙을 알고, 토론을 할 수 있다.	
	수업활동	평가활동
활동1	- 토론 동영상을 분석하며 모둠별 토론 시 지켜야 할 절차와 규칙 탐구하기 - 모둠 탐구결과 발표하기	
활동2	- 토론 시 지켜야 할 규칙과 절차 정하기	
활동3	- 소그룹별 미니 토론하기 - 토론 시 동료평가 및 자기평가 실시	수행평가
정리	- 토론 결과 발표하기	

교사는 마지막 활동에서 평가를 통하여 학생에게 배움이 일어났는지 확인하며, 후속 차시 수업을 설계하기 위한 정보를 얻을 수 있어야 한다. 이때 확인한 정보로 학생 개개인의 성취기준에 대한 성취수준을 분석하여 다음 차시 수업의 난이도, 흥미 있어 하는 활동 등을 결정한다. 이때 평가로 확인한 학생 개개인의 성취수준은 평가 결과의 기록(나이스 교과학습발달상황 입력)을 위해 참고자료로 활용한다.

② 수업 중간단계에서 평가가 이루어지는 경우

수업활동 중간에 평가하는 경우도 가능하다. 수업활동 중간에 평가를 배치하면 성취기준에 대한 학생의 성취수준 여부를 파악하여 피드백을 빠르게 할 수 있다는 장점이 있다. 학생의 성취수준에 따라 활동3에서는 수준에 맞춘 피드백 자료를 제공하여 맞춤형 배움이 일어나도록 수업을 구성할 수 있다. 수준별 자료뿐만 아니라 학생의 학습 성향 및 흥미, 관심에 따라 원하는 학습 내용을 추가로 학습할 수 있도록 수업을 구성할 수도 있다.

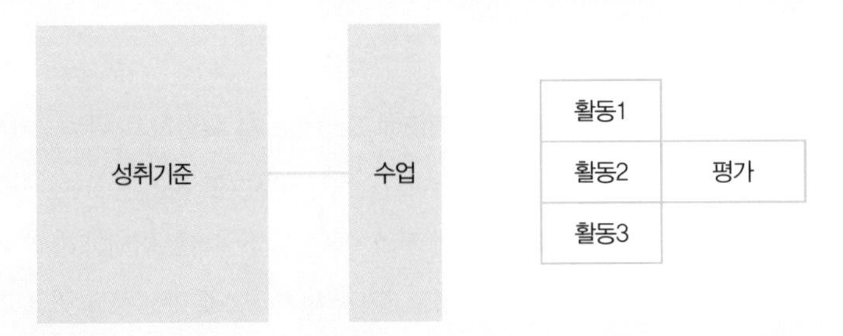

성취기준	[수63014-2] 삼각형의 넓이를 구하는 방법을 다양하게 추론하고, 이와 관련된 문제를 해결할 수 있다.			
학습 목표	삼각형의 넓이 구하는 방법을 이해하고 이를 구할 수 있다.			
	수업활동			평가활동
활동1	– 삼각형을 반으로 잘라서 사각형을 만들고 넓이 구하기 – 삼각형 두 개를 붙여서 넓이 구하기 – 삼각형의 넓이를 구하는 방법 탐구하기			
활동2	– 삼각형 조각을 활용하여 넓이 구하는 원리 설명하기			수행평가
	☞ 평가 결과를 성취수준 상, 중, 하로 분류하여 수준별 피드백 및 맞춤형 학습자료 제공			
활동3	성취수준-상	성취수준-중	성취수준-하	
	사각형을 이용한 삼각형 넓이 구하는 원리 탐구	생활 속 삼각형 모양 물건 넓이 구하기	교사의 안내에 의한 삼각형 넓이 구하기	
	※ 동질집단 모둠 재구성 후 수준별 수업활동 실시			
정리	나만의 삼각형 넓이 구하는 방법 발표			

활동3에서는 재평가의 기회를 부여할 수 있다. 재평가에서 학생의 평가기준이 높아졌다면, 이 결과를 기록에 남긴다.

③ 평가가 2회 이상 이루어지는 경우

평가를 2회 이상 하는 경우는 보통 성취기준에 도달했는지 확인하기 위해 2가지 이상의 평가장면이 필요한 경우이다. 예를 들어 '[2수01-06] (한 자리 수)+(한 자리 수)=(두 자리 수), (두 자리 수)-(한 자리 수)=(한 자리 수)의 계산 원리를 이해하고, 그 계산을 할 수 있다'는 성취기준의 경우 덧셈과 뺄셈 2가지 평가 요소를 포함하고 있고, 교과서도 덧셈과 뺄셈을 각각 다른 차시에서 학습하도록 구성되어 있다. 이 경우 수업과 평가가 이루어지는 구조는 다음과 같다.

앞의 그림과 같이 하나의 성취기준에 평가요소가 2가지 이상인 경우 각 평가요소와 연관된 수업 주제에 평가를 분리하여 배치한다. 다음은 수업 중간단계에 2가지 서로 다른 평가를 분리하여 사용한 수업을 성취기준 [2수01-06]으로 제시하였다.

성취기준	[2수01-06] (한 자리 수)+(한 자리 수)=(두 자리 수), (두 자리 수)-(한 자리 수)=(한 자리 수)의 계산 원리를 이해하고, 그 계산을 할 수 있다	
	수업활동	**평가활동**
수업1 〈1차시〉	- 구체물의 조작 활동을 통한 (한 자리 수)+(한 자리 수)=(두 자리 수) 알아보기 - 그림 그리기, 식 만들기를 활용한 덧셈 - 모둠 학생을 활용한 덧셈 ☜ 평가	모둠 학생을 활용한 덧셈하기
수업2 〈2차시〉	- 구체물의 조작 활동을 통한 (두 자리 수)-(한 자리 수)=(한 자리 수)알아보기 - 그림 그리기, 식 만들기를 활용한 뺄셈 - 물건을 활용한 뺄셈 ☜ 평가	물건 개수를 활용한 뺄셈하기

과정중심평가의 수업지도안 작성 방법

수업에서 과정중심평가를 실천하기 위해서 교사는 수업지도안을 작성할 때부터 수업에서 평가를 어떻게 반영할 것인지 고려하여야 한다. 교사가 수업지도안을 작성할 때 설정하는 수업활동 중 한 가지에서 평가가 이루어질 수 있도록 지도안을 작성해야 한다. 즉, 지도안에는 수업에서 언제, 어떠한 내용의 평가를 하겠다는 내용이 제시되어 있어야 한다.

과거 과정중심평가의 관점이 반영되지 않은 지도안에는 평가와 관련한 내용이 지도안의 다른 부분에 제시되어 있었다. 즉, 지도안에는 수업이 끝난 후에 평가를 하는 내용으로 제시된 경우가 대부분이었다. 그러나 과정중심평가의 관점을 반영한 수업지도안은 평가를 수업활동 안에 제시하여야 한다. 이를 반영하여 개발된 실제 지도안의 사례는 다음과 같다.

과정중심평가의 수업지도안 예1

학습 주제	화재 대처 요령			
학습 목표	1. 화재 발생의 주요 원인을 설명할 수 있다. 2. 화재가 발생하였을 때의 대처 요령을 설명할 수 있다.			
학습 단계	**교수·학습활동**	**평가활동**	**시간**	**자료 및 유의점**
도입	• (동기 유발) 최근 발생한 화재 뉴스 동영상 감상 • (학습 목표 안내) 화재의 원인을 알고, 화재 발생 시 대처 요령을 논리적으로 설명하기		10분	• 화재 동영상 자료
전개	• 화재 발생 시 대처 방법에 대해 조사한 내용 발표 • 화재 발생의 주요 원인 탐색 • 장소에 따른 화재 대처 방법 알아보기	• 조사 여부 및 발표 태도에 대한 교사의 관찰 평가	25분	• 체크리스트 • 평가활동지
	• 화재 발생의 원인과 화재 발생 시 대처 방법에 대한 과학 글쓰기 • 화재 원인과 화재 발생 시 대처 방법에 대한 피드백 – 상, 중, 하 수준의 글쓰기 1~2편 발표 – 수준별 피드백 제공	• 과학 글쓰기 태도에 대한 교사의 관찰 평가	35분	• 체크리스트
정리	• 다음 차시에 평가 결과와 피드백 예고	• 글쓰기 사후 평가	10분	

〈출처 : 교육부 수행평가 지원포털〉

과정중심평가의 수업지도안 예2

학습 목표	1. 유적과 유물을 통하여 구석기 시대의 생활 모습을 설명할 수 있다. 2. 구석기 시대의 유물과 유적에 대해 설명할 수 있다.			
학습 내용	• 선사 시대의 의미를 알고 유적과 유물을 사용하여 당시 생활 모습 알아보기 • 뗀석기의 쓰임새와 모양이 다름을 알고 설명하기 • 구석기 시대의 유물과 유적 살펴보기 • 구석기 시대 사람들의 하루 일과 상상하여 일기 쓰기			
학습 단계	교수·학습활동	평가활동	시간	자료 및 유의점
도입	• 생각 열기 – 박물관 견학한 경험 이야기하기 • 학습 목표 확인하기 • 학습 과정 안내하기		5분	
전개	• 구석기 시대 유물과 유적 살펴보기 – 도구의 특징, 불, 동굴, 바늘 등 구석기 시대 특징적인 물건을 바탕으로 당시 생활 모습 추측하기 • 장소의 특징 탐색하기 – 사람들이 하는 일, 도구를 통해 생활 모습 유추하기		10분	• 교과서 삽화 13쪽
	• 구석기 시대 사람들의 하루 일과를 상상하여 일기쓰기 • 옛날 옛적에는 사람들이 어떻게 살았을까? – 구석기 의식주 생활 모습을 전체적으로 표현한 그림을 보고 사람들이 살고 있는 장소의 특징 설명하기 – 사람들이 하는 일 설명하기 – 그림 속의 도구에 대해 용도 설명하기 – 포스트잇에 정리하여 모둠별로 돌아가며 발표하기	• 평가방법: 서술법 구석기 하루 일과 중 아침, 점심, 저녁의 시간성이 드러나게 상상 일기 쓰기	20분	• 컬러 그림 • 컬러 구석기 시대 사람들의 생활 모습 삽화 또는 사회과 부도 80쪽 참고
정리	• 다음 차시 안내: 신석기 시대 생활모습 알아보기 • 과제 안내		5분	

〈출처 : 서울시교육청 2016 초등 과정 중심 평가 장학자료〉

교육부와 서울시교육청에서 개발한 과정중심평가를 위한 수업지도안 모두 지도안 양식에 평가활동 부분이 추가되었다. 즉, 과거의 수업지도안 양식에 평가 형식이 새롭게 추가된 것이다. 따라서 앞으로 과정중심평가의 관점을 반영하여 수업지도안을 작성할 때 예시처럼 평가 영역을 함께 제시할 필요가 있다.

위의 실제 수업지도안에 대한 부분 외에 수업 중 평가를 위한 단원재구성 절차, 평가기준 및 성취수준별 피드백 내용 또한 제시하여 교육과정-수업-평가의 연계 사항을 지도안에서 확인할 수 있도록 한다.

과정중심평가를 위한 수업모형

과정중심평가가 일어나는 '맞춤형 수업모형'이 있다.

과정중심평가 맞춤형 수업모형

과정중심평가가 현장에 정착하려면 현장의 선생님들이 이를 반영한 수업을 쉽게 할 수 있어야 한다. 이 장에서는 선생님들이 과정중심평가에 맞는 수업을 쉽게 적용할 수 있도록 직접 개발한 수업모형을 소개하려 한다.

필자는 교직생활을 시작할 때부터 수업모형에 관심이 많았다. 관심을 갖게 된 계기는 연구학교 대표로 수업을 맡아서 수업지도안을 계획하는데, 기존 수업모형을 실제 수업에서 적용하는 데 어려움을 겪었다. 학문적인 성격이 강한 기존의 수업모형들이 급변하는 교실과 학생 실태에 맞지 않았던 것 같다. 고민 끝에 평소에 즐겨했던 수업활동을 조합하여 나만의 수업모형을 만들었다. 그러나 박사 이상의 학문적 배경이 없는 사람이 만든 수업모형은 위험하며, 인정하기 힘들다고 말하는 분들이 있다. 물론 검증된 학문적 배경이 필요하지만 나는 교사 신분으로서 그런 말을 하는 분들에게 되묻고 싶다. 교실에서 학생들과 수많은 임상경험이 없는 사람이 만든 수업모형이 얼마나 현실성 있다고 할 수 있을까? 흔히 신약을 개발할 때 약의 효능을 검사하기 위해 임상실험을 세 차례나 거친다고 한다. 수업도 마찬가지이다. 실제 수업에서 학생들과 끊임없는 시행착오 과정을 거치며 교사만의 수업 노하우를 쌓아 만든 수업모형이 진짜 수업을 위한 수업모형으로서 가치가 있다고 생각했다.

그런 계기로 교직생활 초창기부터 실제 수업에서 쓸 수 있는 나만의 수업모형을 고민했고, 마침 경기도에서 수업실기대회인 일명 수업우수교사 인증제라는 대회가 있어 참여하게 되었다. 이 대회는 수천 명의 교사들이 자신의 수업 실력을 검증 받고자 참여하는 규모가 제법 큰 대회였다. 승진가산점을 받기 위해서 참여한 교사도 다수 있었지만, 수업 실력과 자신만의 수업 노하우를 검증받고자 참여하는 교사도 적지 않았다. 필자 또한 교직 경력 5년 차에 직접 만든 수업모형으로 유명한 학자들이 만든 이론을 주제로 수업하는 선생님들과 겨뤄보고 싶어 수업실기대회에 참여하였다.

직접 만든 수업모형으로 수업실기대회에 3번 참여하여 3번 모두 운좋게 1등급으로 입상하여 경기도교육청 교과 수업명인으로 인정을 받았다. 또한, 수천 명이 출전하는 대회에서 1등급으로 뽑힌 수업을 대상으로 다시 검증을 해 1등급 중에서도 우수 수업으로 인정받아 배움중심 수업 우수 실천 자료로 선정되었다. 경기도 그리고 수업실기대회뿐만 아니라 내가 만든 수업모형의 학문적 가치를 알아보고 싶어서 전국현장교육연구대회에도 참여했다. 전국현장교육연구대회는 가장 권위 있는 연구대회로 교과 교육 전문가인 교수님들이 보고서와 발표, 연구자와 면접을 통해 1등급을 가려냈다. 이 연구대회에서 필자가 만든 수업모형으로 연구한 주제가 1등급(푸른기장)으로 인정받았다.

필자가 만든 수업모형은 과정중심평가의 평가관을 그대로 담고 있다. 많은 선생님들이 학생에게 배움이 일어나게 하는 자신만의 수업 노하우를 만들어 가는 과정도 의미가 있지만, 효율적인 수업모형으로 수업의 방향성을 제시하는 것도 배움의 가능성을 높이는데 의의가 있다고 생각한다. 그리고 수업 안에서 수업활동과 평가가 함께 어우러질 수 있는 즉, 과정중심평가가 가능한 수업의 방향을 보여드리고 싶었다. 이 장에서는 필자가 개발한 수업모형에 대해서 소개하고자 한다.

과정중심평가가 일어나는 수업: VIGU 수업모형

◆ VIGU 수업모형이란?

과정중심평가는 수업에서 평가가 어떻게 이루어지는지가 중요하다. 평가만 생각해서는 과정중심평가를 실천할 수 없기 때문에 수업에서 평가가 조화롭게 이루어지는 VIGU 수업모형에 대해 알아보도록 하겠다. VIGU 수업모형은 수학과에서 과정중심평가가 이루어지는 실제 수업의 사례로 다음과 같은 단계로 구성되어 있다.

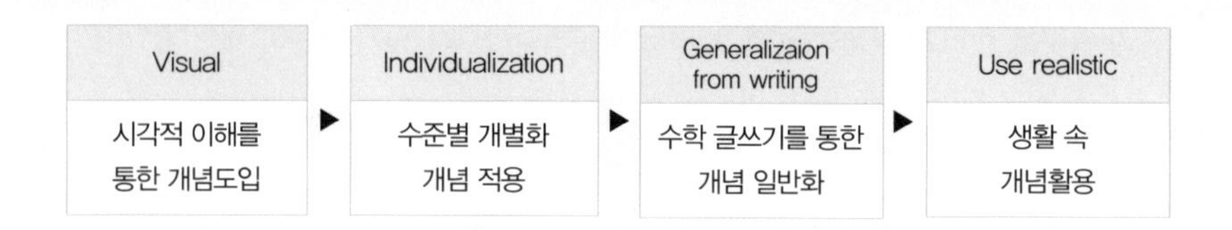

VIGU 수업모형은 학생과 학생, 교사와 학생이 협력하여 수학을 쉽고 재미있게 학습하며, 학생의 수준과 흥미를 고려하며 수업에서 평가가 함께 이루어질 수 있도록 하기 위하여 개발하였다. 총 4단계로 수업을 구안하였고 각 단계의 핵심단어 앞 글자를 따서 VIGU 수업모형이라 이름 붙였다. 각 단계는 다음과 같다.

- V단계, 개념을 시각적으로 이해하게 하여 모든 학습자가 쉽게 수학 개념을 이해할 수 있는 시각화 개념 도입
- I단계, 학습한 개념을 수준별로 개별화하여 적용하는 개별화 개념 적용
- G단계, 수학 글쓰기를 통하여 학습한 개념을 자신의 언어로 표현하여 내면화하는 개념의 일반화
- U단계, 학습한 개념을 일상 생활에 활용해 보는 개념의 실생활 활용

◆ VIGU 수업모형의 이론적 배경

VIGU 수업모형은 현직 교사인 필자가 만든 수업모형이다. 현장성은 잘 반영되어 있지만, 이와 관련한 학문적(이론적) 배경에 대한 비판을 대비하여 각 단계별 이론적 배경을 찾아 구성에 반영하였다. 각 단계의 이론적 배경 구성은 다음과 같다.

이론적 배경	수학적 시각화	개별화 학습	수학 글쓰기	생활 속 수학
배움 단계	Visual	Individualization	Generalizaion from writing	Use realistic
	시각적 이해를 통한 개념도입	수준별 개별화 개념 적용	수학 글쓰기를 통한 개념 일반화	생활 속 개념 활용

◆ V 단계 적용이론: 수학적 시각화

– 정의: 전달하고자 하는 수학 개념을 우리 눈으로 인식할 수 있는 그림, 모형, 영상 등을 이용하여 나타내는 것이다.

– 적용방법: 수업 주제의 학습 개념을 학생들이 눈으로 보고 이해할 수 있도록 구체물, 그림, 기호 등으로 변형하여 준비한다. 개념도입 단계 시 학생들에게 준비한 활동자료를 투입하여 학생들이 수학 개념을 눈으로 확인하고 이해할 수 있도록 한다.

◆ I 단계 적용이론: 개별화 학습

– 정의: 학생의 출발점 행동, 인지능력, 학습성향 등에 따라 학생을 분류하고 각각의 특성에 맞게 개별화한 학습자료 및 학습방법을 제공하여 학생의 특성에 따라 수업을 하는 방법이다.

– 적용방법: 개념도입, 개념적용, 개념활용 시 다양한 수준의 학습자 특성을 고려한 학습교구 제작, 수준별 카드를 제공하여 개별화된 배움의 기회를 제공한다.

◆ G 단계 적용이론: 수학 글쓰기

- 정의: 문제해결과정을 글로 나타내어 보는 활동으로 단순공식 암기 및 기계적 알고리즘에 의한 문제해결이 아닌 인지갈등 문제를 해결하는 과정을 글로 표현하면서 학습개념을 일반화시키고 상위 인지를 형성할 수 있는 활동이다.
- 적용방법: 성취기준과 관련하여 학습한 내용을 다른 친구가 알 수 있도록 알려 주는 수학 글쓰기 활동을 한다. 수학 글쓰기 활동은 논술형 평가로 대체할 수 있으며, 교사는 수학 글쓰기 자료를 통하여 학생에 대한 자세한 정보를 얻어서 맞춤형 피드백을 제공할 수 있다.

◆ U 단계 적용이론: 생활 수학

- 정의: 학습 주제와 관련된 일상 생활 소재를 수업에 활용하여 수학이 실생활에 이용되는 것을 체험하는 학습을 하도록 한다.
- 적용방법: 성취기준과 관련된 실생활 소재를 선정한 후 해당 실생활 소재에서 수학개념을 찾는 활동을 한다. 수학이 학습으로만 끝나는 것이 아닌 우리 생활에 어떻게 쓰이는지 체험할 수 있도록 수업을 구성하며, 실생활 소재에서 수학을 찾는 장면을 수행평가의 장면으로 활용할 수 있도록 한다. 예를 들어 사각형의 넓이에 대하여 학습한 후 간단한 실생활 도구의 넓이를 재어 보는 활동 등을 통하여 수업에서 평가가 이루어질 수 있도록 설계한다.

◆ VIGU 수업모형과 과정중심평가

위와 같은 이론적 배경에 의하여 만들어진 VIGU 수업모형이 과정중심평가와 어떠한 관련이 있는지 살펴보도록 하겠다.

◆ V 단계와 과정중심평가

V단계는 구체물을 통한 조작 활동으로 학생들이 수학을 시각적으로 이해할 수 있도

록 구성하였다. 조작 활동을 통해 교사와 학생, 학생과 학생 간에 상호작용 후 정리 단계에서 개념을 설명하는 활동을 수행평가로 활용할 수 있다.

즉, 기존의 공식 암기 및 알고리즘에 의한 기계식 문제풀이가 아닌 구체물과 시각 자료를 활용하여 배움을 표현하는 장면을 수행평가할 수 있다.

◆ I 단계와 과정중심평가

I단계에서는 V단계 학습 후 학생들이 배운 개념을 문제카드라는 도구로 적용해 본다. 문제카드라는 방법적 요소를 도입하여, 수업 중에 학생 수준별로 피드백할 수 있도록 하였다. 문제카드 한 장에 한 문제로 구성되어 있어서, 문제카드를 뽑는 경우의 수에 따라 학생별로 다양한 수준으로 문제 구성이 가능해진다. 학습자의 부족한 점을 채워주고, 우수한 점을 심화 · 발전시키는데 도움이 되는 수업 단계이다. 또한 모둠 점수를 부여하는 STAD 협동학습으로 수업을 설계하여 상위수준 학생이 하위수준 학생의 학습을 도우면서 학생 상호 간에 피드백을 즉각적으로 주고 받을 수 있도록 하였다. 이 단계에서는 학생 상호 간의 협력, 의사소통, 과제집착력, 태도 등 정의적 능력에 대한 평가도 함께 실시할 수 있다.

◆ G단계와 과정중심평가

G단계에서는 수업에서 배운 내용을 다른 친구에게 알려 주기 위해 편지에 간단하게 글쓰기를 한다. 여기서 편지는 해당 수업의 성취기준에 대하여 학생 개개인이 자기 생각 만들기를 한 내용을 수학 글쓰기 형식으로 쓸 수 있도록 하여 창의성, 고등정신능력, 문제해결능력 등을 평가할 수 있는 논술형 평가로 활용이 가능하도록 하였다. 물론 수학교과의 특성상 성취기준에 대한 학생 개개인의 이해 여부가 글에 드러날 수 있도록 학생과 사전 약속이 필요하다. 학생들의 글쓰기 자료를 평가 근거자료로 활용할 수 있으며, 학기초부터 수업에 꾸준히 적용하면 학생마다 해당 교과에 대한 포트폴리오 자료를 모을 수 있다.

또한 모든 학생의 글쓰기 자료를 교실에 게시하여 다른 친구들과 공유할 수 있도록 한다. 우수학생의 글쓰기를 통해 동료 간의 피드백도 가능하다. 이와 같이 성취기준에 대한 수학 글쓰기는 수업의 과정 중에 평가가 가능하며, 글쓰기 자료를 통해 교사의 학생 수준별 맞춤형 피드백과 동료 간의 피드백 또한 가능해 과정중심평가의 평가관을 충실히 구현할 수 있다.

◆ U단계와 과정중심평가

U단계에서는 수업에서 배운 내용을 실생활에 활용할 수 있다. 예를 들어 앞의 활동에서 학습한 직사각형의 넓이 구하는 방법을 활용하여 실제 물건의 넓이를 구하고, 평면도를 통해 우리 교실, 내 방의 넓이를 구해 보는 활동들을 할 수 있다. 이와 같이 수학을 교과서나 교실 안에서 문제풀이로 배우는 것에 한정하지 않고 생활에 어떻게 활용할 수 있는지, 또 우리 생활 어디에 수학이 숨어 있는지를 체험할 수 있도록 하는 단계이다. 필자는 학습한 내용을 실제 생활에 활용하는 활동에서 평가가 가능하도록 하였다. 학생들이 실제 물건의 넓이를 구하고, 원기둥의 부피를 활용하여 음료수의 부피를 구하는 활동을 충분히 수행평가로 활용할 수 있다. 평가를 위한 수행평가가 아닌 실제 성취기준에 대한 도달도를 충실히 측정할 수 있는 내용타당도가 높은 평가가 될 수 있다. 학생들도 시험시간이 아닌 실제 생활에서 사용하는 도구를 활용하여 수업활동에서 평가가 이루어지니 평가에 대한 두려움과 거부감이 훨씬 줄어들 수 있다. 수업을 정리하는 단계에서 그동안 배운 내용을 생활 속에서 활용할 수 있도록 활동을 설계하여, 수업과 평가 두 마리 토끼를 한 번에 잡을 수 있다. 이상의 내용을 정리하면 다음 표와 같다.

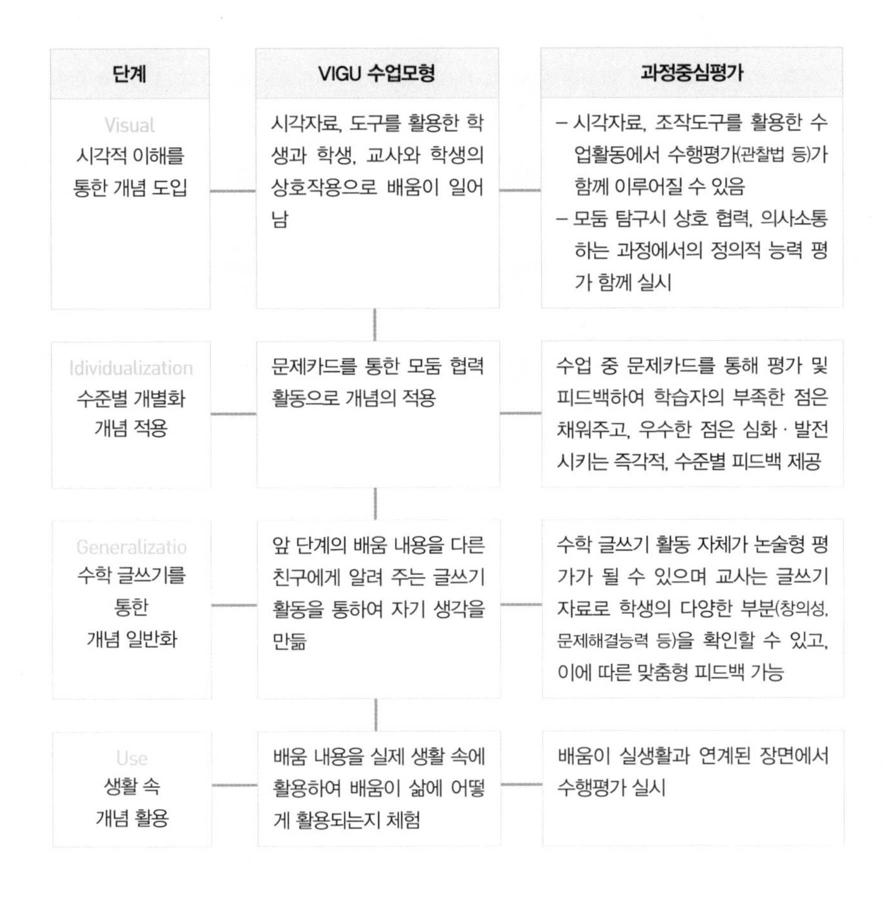

단계	VIGU 수업모형	과정중심평가
Visual 시각적 이해를 통한 개념 도입	시각자료, 도구를 활용한 학생과 학생, 교사와 학생의 상호작용으로 배움이 일어남	– 시각자료, 조작도구를 활용한 수업활동에서 수행평가(관찰법 등)가 함께 이루어질 수 있음 – 모둠 탐구시 상호 협력, 의사소통하는 과정에서의 정의적 능력 평가 함께 실시
Idividualization 수준별 개별화 개념 적용	문제카드를 통한 모둠 협력 활동으로 개념의 적용	수업 중 문제카드를 통해 평가 및 피드백하여 학습자의 부족한 점은 채워주고, 우수한 점은 심화 · 발전시키는 즉각적, 수준별 피드백 제공
Generalizatio 수학 글쓰기를 통한 개념 일반화	앞 단계의 배움 내용을 다른 친구에게 알려 주는 글쓰기 활동을 통하여 자기 생각을 만듦	수학 글쓰기 활동 자체가 논술형 평가가 될 수 있으며 교사는 글쓰기 자료로 학생의 다양한 부분(창의성, 문제해결능력 등)을 확인할 수 있고, 이에 따른 맞춤형 피드백 가능
Use 생활 속 개념 활용	배움 내용을 실제 생활 속에 활용하여 배움이 삶에 어떻게 활용되는지 체험	배움이 실생활과 연계된 장면에서 수행평가 실시

위와 같이 과정중심평가가 일어날 수 있는 수업이 실제로 가능할까? 의심하는 분들도 있을 것이다. 하지만 필자는 수업실기대회 같은 특별한 수업이 아닌 평소 수학시간에도 VIGU 수업모형의 활동들로 수업을 했다. 새로운 수업모형에 익숙하지 않아 시작단계에서는 교사와 학생의 노력이 필요하지만, 이 수업모형에 적응한 학생들은 한 달만 지나도 능숙하게 수학 글쓰기를 쓰고, 생활 속 도구를 활용하여 수학을 찾는 활동을 했다. 또한 40분 동안 한두 가지 활동으로 수업하는 것보다 위에서 소개한 다양한 활동으로 수업을 하는 것이 학생들의 수업에 대한 몰입도와 흥미 면에서 훨씬 긍정적이었다.

물론 40분 안에 위의 활동을 모두 다 해야 하는 것은 아니다. 성취기준 특성, 학생의 수준 및 성향에 따라서 4가지 활동 중 2~3가지 조합으로 수업을 구성할 수도 있다. 예를 들어 조작도구를 활용한 시각자료로 학습하고 배운 내용에 대한 글쓰기를 하고, 글쓰기 과정에서 성취기준 도달도가 떨어질 경우 다시 조작 도구를 활용하여 수업 중에 피드백을 즉시 제공하여 성취기준 도달도를 높일 수도 있다. V(시각 활동)단계에서 학생들의 성취기준 도달도가 높을 경우 글쓰기 단계 없이 U(실생활 활용)단계를 바로 적용하여 성취기준을 실생활에 활용하는 평가장면으로 수업을 구성할 수도 있다. 단원을 재구성하여 블록수업에서 이 수업모형을 활용하기도 하였다. 1차시에서는 V(시각 활동)단계, I(수준별활동)단계로 수업을 하고 같은 성취기준을 2차시에서는 G(글쓰기)단계, U(실생활 활용)단계로 수업하기도 하였다.

위 수업모형은 수학교과만이 아닌 타교과에서도 효과적으로 활용할 수 있다. 첫 단계에서는 각 교과만의 활동을 중심으로 개념을 도입한 후 해당 성취기준에 대한 자기 생각 글쓰기, 배운 내용을 실생활에 활용해 보는 활동들로 충분히 활용할 수 있다. 예를 들어 국어 '[6국01-03] 절차와 규칙을 지키고 근거를 제시하며 토론한다.' 성취기준을 위의 수업모형으로 수업하면 토론 장면을 시청하며 토론 시 지켜야 할 규칙 탐구(V단계) → 모둠별로 토론 시 지킬 규칙 글쓰기(G단계) → 생활 속 주제를 활용하여 실제 토론하기(U단계)와 같이 활용할 수 있다. 과정중심평가의 관점을 살려 실제 토론 장면에 대한 수행평가, 수업 중 평가가 가능하다. 이렇듯 VIGU 수업모형은 교사와 학생, 학생과 학생 간의 상호작용으로 새로운 지식을 만들어가는 수업이다.

VIGU 수업의 4가지 활동은 모두 과정중심평가에서 이야기하는 인지적, 정의적 능력에 대한 평가, 핵심 역량 및 고등정신능력, 문제해결능력에 대한 평가가 가능하다. 또한 수업에서 즉각적으로 피드백하여 학생의 성장을 도울 수 있는 평가의 역할을 할 수 있다. 위의 내용을 정리하여 책 첫 부분에서 이야기한 과정중심평가의 특징이 VIGU 수업모형에서 어떻게 구현되는지 다음과 같이 정리해 보았다.

과정중심평가와 VIGU 수업모형

과정중심평가의 특징1
성취기준에 기반을 둔 평가

VIGU 수업모형을 통한 실천	
실천 사항	V단계의 성취기준 관련 구체물을 통한 시각적 이해 활동 I단계의 성취기준에 대한 수준별 문제카드 활동 G단계의 성취기준에 대한 수학 글쓰기 활동 U단계의 성취기준 관련 개념을 실생활에 활용해 보는 평가활동을 통하여 성취기준에 기반을 둔 평가 가능

과정중심평가의 특징2
수업 중에 이루어지는 평가

VIGU 수업모형을 통한 실천	
실천 사항	V단계의 구체물을 통한 시각적 이해 활동을 통한 수행평가 I단계의 문제카드를 통한 협력적 평가 G단계의 수학 글쓰기를 통한 논술형 평가 U단계의 수학을 실생활에 활용해 보는 수행평가로 수업 중 활동으로 평가가 함께 이루어 짐

과정중심평가의 특징3
수행 과정의 평가

VIGU 수업모형을 통한 실천	
실천 사항	V단계의 구체물을 통한 시각적 이해 과정을 평가 G단계의 수학 글쓰기 활동을 통한 지식 형성의 과정, 배움형성 여부에 대한 평가 U단계의 생활 속에서 활용하는 과정에 대한 평가

과정중심평가의 특징4
지식, 기능, 태도를 아우르는 종합적인 평가

VIGU 수업모형을 통한 실천	
실천 사항	V단계의 구체물을 통한 개념 탐구 과정 및 G단계의 수학 글쓰기 과정에서의 창의적인 생각 I단계의 문제카드를 통한 모둠 활동 과정에서의 협력적 태도 U단계의 생활 속 활용 과정에서의 과제 집착도, 문제해결능력 등 지식뿐만이 아닌 기능과 태도를 모두 평가할 수 있는 수업

과정중심평가의 특징5
다양한 평가방법의 활용

VIGU 수업모형을 통한 실천	
실천 사항	V단계의 구체물 조작 활동을 통한 실기형, 관찰형 평가, 동료 상호평가 실시 I단계의 모둠 점수를 위한 성취과제 분담학습에서의 협력적 문제해결능력 평가 실시 G단계의 수학 글쓰기 과정에서의 논술형 평가 실시 U단계의 생활 속 수학 찾기 과정

과정중심평가의 특징6
학습자의 발달을 위한 평가 결과의 활용

VIGU 수업모형을 통한 실천	
실천 사항	G단계의 학생 개개인에 대한 수학 글쓰기 자료는 학생의 인지구조, 창의성, 문제해결능력, 선수학습과 결손 여부 등에 대한 세밀한 파악을 통한 맞춤형 지도로 학습자의 발달과 성장이 가능하게 하는 평가자료이다. G단계의 학생 개인별 수학 글쓰기가 누적되면 학생의 질적학습 이력과 발달을 위해 활용할 수 있는 중요한 개인 포트폴리오 자료가 될 수 있다.

◆ VIGU 수업모형 수업지도안

수업활동에서 평가가 이루어질 수 있도록 다음과 같이 수업을 설계하였다.

VIGU 수업모형을 적용한 성취기준[6수03-05]의 수업지도안

<table>
<tr><th>단원명</th><td colspan="2">5. 다각형의 넓이</td></tr>
<tr><th>수업 주제</th><td colspan="2">직사각형과 정사각형의 넓이</td></tr>
<tr><th>학습 목표</th><td colspan="2">직사각형과 정사각형의 넓이 구하는 방법을 이해하고 구할 수 있다.</td></tr>
<tr><th>성취기준</th><td colspan="2">[6수03-05] 직사각형의 넓이를 구하는 방법을 이해하고, 이를 통하여 직사각형과 정사각형의 넓이를 구할 수 있다.</td></tr>
<tr><th>단계</th><th>평가 연계 교수 · 학습활동 (5분)</th><th>자료(◆)및 유의점(♠)</th></tr>
<tr><th rowspan="2">학습
문제
확인</th><td>⊙ 전시학습 상기
⊙ 동기유발
T: UCC를 보고 오늘 어떤 공부를 할지 생각해 보세요.
☞ 과정중심평가로 활용
UCC에 나오는 친구에게 편지 쓰기 활동(G단계)로 활용

UCC 내용 – 초콜릿 형제 이야기
두 가지 초콜릿(직사각형과 정사각형 모양) 중 양이 많은 초콜릿을 먹고 싶은데 눈으로 양이 많은 초콜릿을 구별하기 어려워서 두 초콜릿(직사각형과 정사각형 모양)의 넓이를 구해서 정확히 비교해야 하는 상황

T: 두 초콜릿의 크기를 정확하게 비교하려면 어떻게 해야 할까요?</td><td>◆ UCC 동영상
♠ 학생들에게 넓이를 구해야 하는 필요성을 느끼게 하는 UCC</td></tr>
<tr><td>⊙ 학습 목표 제시
T: 앞의 UCC를 생각해 보면서, 오늘은 어떤 공부를 할지 여러분 스스로 자기 학습목표판에 적어 보세요.
※ 자기 학습목표판에 학습 목표 작성
T: 오늘은 여러분이 공부하기로 한 직사각형과 정사각형의 넓이 구하는 방법에 대해서 알아보겠습니다.

⊙ 학습 안내
T: 오늘은 직사각형과 정사각형의 넓이를 구하기 위한 공부를 하겠습니다.</td><td>◆ 자기 학습목표판

♠ 학생 개개인별 학습 목표를 확인 후 공통의 학습 목표를 제시하여 준다.
♠ 모든 차시 VIGU모형으로 수업하여 학생들 스스로 학습 단계 답변 가능</td></tr>
</table>

<table>
<tr><th colspan="7">V단계 – 시각적 이해를 통한 배움 도입 단계</th></tr>
<tr><td rowspan="4">과정
중심
평가</td><td>평가방법</td><td>수행평가</td><td>평가유형</td><td>관찰</td><td>평가시기</td><td>V단계 중</td></tr>
<tr><td>평가요소</td><td colspan="5">• 자석사각형, 지오보드, 선긋기를 활용하여 직(정)사각형의 넓이 구하는 방법을 설명할 수 있는가?</td></tr>
<tr><td rowspan="2">인지적</td><td colspan="2">평가기준 – 상</td><td colspan="2">평가기준 – 중</td><td>평가기준 – 하</td></tr>
<tr><td colspan="2">1~3단계의 모든 교구를 활용하여 직(정)사각형의 넓이 구하는 방법을 설명하는 경우</td><td colspan="2">1~2가지 교구를 활용하여 직(정)사각형의 넓이 구하는 방법을 설명하는 경우</td><td>교사가 안내한 절차에 따라 넓이 구하는 방법을 설명한 경우</td></tr>
</table>

<table>
<tr><th>단계</th><th>평가 연계 교수 · 학습활동(12분)</th><th>자료(◆)및 유의점(♠)</th></tr>
<tr><td>visualization

시각적
이해를
통한
개념도입
단계</td><td>V단계: 시각적 이해활동을 통한 직사각형과 정사각형의 넓이 발견
T: 자신의 수준에 맞는 시각 활동을 통해서 직(정)사각형의 넓이를 발견해 보세요.
T: 자신의 단계에 맞춰 학습하고 해결하였으면 다음 단계를 학습하세요.
T: 3단계 학습을 모두 마친 학생은 도우미가 되어서 다른 친구 학습을 도와주세요.
<table>
<tr><th>1단계</th><th>2단계</th><th>3단계</th></tr>
<tr><td>자석판으로 직(정)사각형 만들기</td><td>지오보드를 통하여 직(정)사각형 만들기</td><td>가로, 세로 1cm선으로 1cm² 만들기</td></tr>
</table>
⊙ 1단계 학습
T: 자석사각형으로 다양한 직(정)사각형을 만들어 보면서 넓이 구하는 방법을 생각해 보세요.
T: 어떠한 방법으로 직(정)사각형의 넓이를 구하였습니까?
⊙ 2단계 학습
T: 지오보드로 다양한 직(정)사각형을 만들어 보면서 넓이 구하는 방법을 생각해 보세요.
T: 어떠한 방법으로 직(정)사각형의 넓이를 구하였습니까?
⊙ 3단계 학습
T: 직사각형과 자를 이용하여 넓이 구하는 방법을 생각해 보세요.
⊙ 전체정리 학습
T: 직사각형의 넓이는 어떻게 구하면 되겠습니까?
T: 정사각형의 넓이는 어떻게 구하면 되겠습니까?</td><td>◆ 단계별 교구

♠ 학생 스스로 탐구활동을 통하여 직사각형과 정사각형의 넓이를 발견할 수 있도록 한다.

♠ 수준별 학습자료를 통하여 학생 수준에 맞게 개념을 도입할 수 있도록 한다.</td></tr>
</table>

1단계 – 수준별 개별화 배움 적용 단계						
1단계 과정 중심 평가	**평가방법**	지필평가	**평가유형**	서술	**평가시기**	1단계 중
	평가요소	• 직(정)사각형의 넓이 구하는 방법을 이해하고 구할 수 있는가?				
		평가기준 – 상		**평가기준 – 중**		**평가기준 – 하**
	개인평가	3단계 카드 모두 해결		2단계 문제카드 해결		1단계 문제카드 해결
	모둠평가	모둠 점수 12점 이상		모둠 점수 11~8점		모둠 점수 8점 이하

단계	평가 연계 교수 · 학습활동(7분)	자료(◆)및 유의점(♠)
Individual 개별화 개념 적용 우수 학생 피드백	**1단계: 수준별 개별화 개념 적용 단계** T: 미리 정한 자기 수준 문제카드를 한 장씩 풀어 보세요. T: 자기 수준 카드를 모두 풀었으면 다음 단계의 문제카드를 풀어 보세요. T: 문제를 푸는데 모르는 점이 있으면 도우미 카드를 참고하세요. T: 3단계까지의 카드를 모두 푼 학생은 도우미가 됩니다.	◆ 문제카드, 피드백카드 ♠ 3단계 카드까지 모두 해결한 학생은 모둠원의 학습 도우미로 활용 ♠ 1개의 문제카드에 1문제만 구성하여 자신의 수준에 맞는 문항구성 가능 부진 학생 피드백 (선수학습 보충 및 설명자료)

문제카드	
3단계 〈우수 학생 피드백〉	**2단계**
1. 다음 직사각형과 넓이가 같은 정사각형의 한 변의 길이는? [10cm, 8cm] (　　　　) 2. 둘레의 길이가 10cm이고 넓이가 $6cm^2$인 직사각형의 가로와 세로의 길이를 구해 보세요. (　　　　)	1. 직사각형의 넓이는 $144cm^2$입니다. 세로의 길이는 몇cm입니까? [18cm, ( )cm] 2.색칠한 도형의 넓이는 모눈종이 한 칸 넓이의 몇 배입니까?
1단계	**부진 학생 피드백카드**
1. [5cm, 3cm] ( )cm×5cm=( )cm^2 2. 정사각형의 넓이를 구하시오. [4cm]	1. 직사각형 넓이 구하는 법 (내용 생략) 2. 정사각형 넓이 구하는 법 (내용 생략) 3.직사각형과 정사각형의 정의 (내용 생략)

T: 자신이 해결한 문제를 다른 친구들에게 설명해 보세요.
T: 개인 점수와 모둠 점수를 계산해 보세요.

<table>
<tr><th colspan="7">G단계 – 수학 글쓰기를 통한 배움 일반화 단계</th></tr>
<tr><td rowspan="4">G단계
과정
중심
평가</td><td>평가방법</td><td>수행평가</td><td>평가유형</td><td>논술</td><td>평가시기</td><td>G단계 중</td></tr>
<tr><td>평가요소</td><td colspan="5">• 직(정)사각형의 넓이 구하는 방법에 대한 수학 글쓰기
※ 국어 표현을 강조한 글쓰기가 아닌 수학적 의사소통 능력에 의한 글쓰기로 성취기준에 대한 성취수준을 평가</td></tr>
<tr><td colspan="2">평가기준 – 상</td><td colspan="2">평가기준 – 중</td><td colspan="2">평가기준 – 하</td></tr>
<tr><td colspan="2">자신만의 창의적인 방법으로 직사각형과 정사각형의 넓이를 구하는 방법을 수학 글쓰기로 작성한 경우</td><td colspan="2">직사각형과 정사각형의 넓이를 구하기 위한 원리를 제시하여 수학 글쓰기를 작성한 경우</td><td colspan="2">가로×세로에 대한 내용은 언급되어 있으나, 직(정)사각형의 넓이 구하는 원리가 빠져 있는 경우</td></tr>
<tr><td>피드백</td><td colspan="6">• 교사는 궤간 순시를 통하여 이해가 부족한 학생에 대한 수학 글쓰기를 보고 학생의 부족한 부분을 파악하여 보충지도를 한다.
• 수업 종료 후 학생들의 수학 글쓰기를 교실에 게시하여 상호 수학 글쓰기 작품을 통한 학생 간의 배움이 일어날 수 있도록 한다.</td></tr>
<tr><td>단계</td><td colspan="4">평가 연계 교수 · 학습활동(7분)</td><td colspan="2">자료(◆)및 유의점(♠)</td></tr>
<tr><td>generalization
수학
글쓰기
활동</td><td colspan="4">G단계: 수학 글쓰기를 통한 개념 일반화
⊙ 직사각형과 정사각형의 넓이에 대한 수학 글쓰기
T: 세 가지 수학 글쓰기를 해 보세요.

○ 수학 글쓰기 – 문제해결 편지
T: 여러분이 선생님이 되어서 아직 직(정)사각형의 넓이를 구하지 못하는 친구에게 넓이 구하는 법을 알 수 있도록 편지를 써보세요.
예 ○○야! 직사각형의 넓이를 구하려면, 먼저 가로와 세로의 길이를 확인해 봐, 가로와 세로의 길이는 1cm가 모인 개수이기 때문에 두 수를 곱해주면 넓이가 되는거야.
☞ 학생들의 수학 글쓰기 자료를 확인하면 자주 실수하는 사항, 어려워하는 점, 창의적 생각에 대해서 글로 정확하게 파악할 수 있으며 이에 대해 자세하게 피드백해 줄 수 있다.

T: 여러분들이 수학 글쓰기 한 것은 수학 글쓰기 모음터에 모두 게시하겠습니다. 다른 친구들의 넓이 구하는 방법을 확인해 보세요.</td><td colspan="2">◆ 수학 글쓰기 학습지

♠직사각형과 정사각형의 넓이 구하는 원리를 글로 써보게 함으로써 교사는 학생의 창의적 해결 방법, 오개념 등을 파악할 수 있다.

♠수학 글쓰기 모음터에 모든 학생의 수학 글쓰기 자료를 게시하여 다른 친구들의 해결 방법을 공유할 수 있다.</td></tr>
</table>

<table>
<tr><th colspan="7">U단계 - 생활 속 수학찾기를 통한 배움 활용 단계</th></tr>
<tr><td rowspan="4">U단계
과정
중심
평가</td><td>평가방법</td><td>수행평가</td><td>평가유형</td><td>관찰</td><td>평가시기</td><td>U단계 중</td></tr>
<tr><td>평가요소</td><td colspan="5">• 직사각형과 정사각형으로 이루어진 실제 생활 속 물건 넓이 구하기</td></tr>
<tr><td colspan="2">평가기준 – 상</td><td colspan="2">평가기준 – 중</td><td colspan="2">평가기준 – 하</td></tr>
<tr><td colspan="2">평면도에서 직사각형을 찾고, 넓이를 구한 경우</td><td colspan="2">책상의 넓이를 구한 경우</td><td colspan="2">교과서와 치즈의 넓이를 구한 경우</td></tr>
<tr><td>피드백</td><td colspan="6">• 교사는 궤간 순시를 통하여 이해가 부족한 학생에 대한 수학 글쓰기를 보고 학생의 부족한 부분을 파악하여 보충지도를 한다.
• 수업 종료 후 학생들의 수학 글쓰기를 교실에 게시하여 상호 수학 글쓰기 작품을 통한 학생 간의 배움이 일어날 수 있도록 한다.</td></tr>
<tr><th>단계</th><th colspan="4">U단계 – 생활 속 개념 활용 단계 (9분)</th><th colspan="2">자료(◆)및 유의점(♠)</th></tr>
<tr><td>use
생활 속
개념 활용</td><td colspan="4">U단계: 생활 속 직사각형과 정사각형의 넓이 구하기
⊙ 오늘 배운 직사각형과 정사각형의 넓이를 생활 속에서 활용하기
T: 교과서와 치즈의 넓이를 구해 보세요(평가기준 - 중)
T: 교과서와 치즈의 넓이를 구하기 힘든 학생들은 천원짜리 지폐, 색종이의 넓이를 구해 보세요(평가기준 - 하)
T: 교과서와 치즈의 넓이를 구한 학생들은 평면도를 이용해서 집의 넓이를 구해 보세요(평가기준–상)
※ 단위를 cm로 변환한 평면도를 제시
☞ 하 수준에서 상 수준의 생활 도구를 단계형으로 구할 수 있도록 한다.</td><td colspan="2" rowspan="2">◆ 자료
A모둠
지폐, 색종이

B모둠
교과서, 치즈

C모둠
평면도</td></tr>
<tr><td>학습정리</td><td colspan="4">T: 오늘 공부한 것을 통해서 새롭게 안 것, 느낀점 등을 발표해 보세요.
o 다음 시간에는 여러 가지 도형의 넓이에 대해서 알아보겠습니다.</td></tr>
<tr><td>판서계획</td><td colspan="4">⊙ 단원: 5. 평면도형의 둘레와 넓이
⊙ 학습 목표: 직사각형과 정사각형의 넓이에 대해서 알 수 있어요.
⊙ 학습 안내
V단계: 수학이 보여요
I단계: 수준별 문제카드
G단계: 수학 글쓰기
U단계: 생활 속 수학 찾기</td><td colspan="2">V단계 단계별 학습교구
1. 자석 사각형 게시
2. 고무줄 사각형 게시
3. 자와 사각형 게시</td></tr>
</table>

※ VIGU 4단계 활동마다 제시한 평가기준은 유사한 수업에서 참고하라는 의미이며, 수업의 모든 활동마다 평가하라는 뜻은 아니다.

◆ V단계 수업에서 과정중심평가 엿보기

V단계에서는 구체물을 조작하는 활동을 할 때 과정중심평가가 이루어질 수 있도록 하였다. 성취기준 '[6수03-05] 직사각형의 넓이를 구하는 방법을 이해하고, 이를 통하여 직사각형과 정사각형의 넓이를 구할 수 있다.'를 평가하기 위하여 다음의 V단계 수업을 실시하였다.

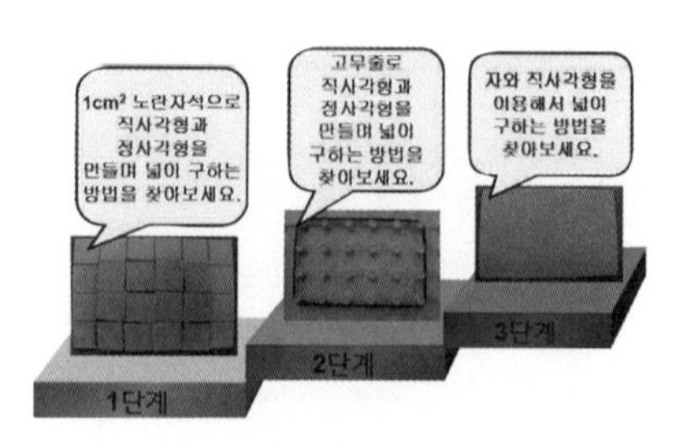

V단계 수업의 실제

위의 도구를 활용하여 학생들이 직사각형의 넓이 구하는 방법을 시각적으로 이해할 수 있도록 수업한 후, 그대로 평가 장면으로 활용하여 과정중심평가가 이루어질 수 있도록 하였다. 직사각형이나 정사각형의 넓이 구하는 방법을 학생들이 직접 조작하고, 설명하도록 하고, 학생 간의 동료평가나 교사의 관찰평가로 이해 여부를 평가할 수 있도록 하였다. 물론, V단계에서 넓이를 구하는 방법을 이해하지 못한 학생들에게는 즉각적인, 도움 피드백을 제공하여 후속 단계의 활동에서 이루어지는 평가에서 성취기준에 도달할 수 있도록 하였다.

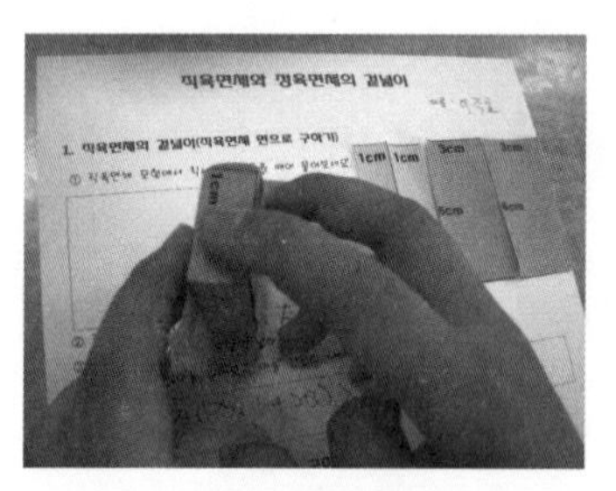

V단계 수업의 실제

또한, 성취기준 '[6수03-09] 직육면체와 정육면체의 겉넓이를 구하는 방법을 이해하고, 이를 구할 수 있다.'의 평가를 위하여 실제 수업에서 직육면체의 각 면에 옆의 사진과 같이 종이 스티커를 제작하여 붙였다. 종이 스티커를 떼어 내어 직사각형으로 나타내고 이를 활용하여 직육면체의 겉넓이를 구하는 수업을 첫 번째 활동으로 실시하였다. 학생들에게 직육면체의 겉넓이를 구하는 방법을 설명하게 하고, 이를 평가로 활용하였다.

이와 같이 V단계에서는 수업에서 학생들이 조작 도구를 활용하여 성취기준을 이해하고, 이를 자신만의 언어로 설명하도록 하여 수업 과정에서 평가가 함께 일어날 수 있도록 하였다.

◆ I단계 수업에서 과정중심평가 엿보기

I단계에서는 문제카드라는 평가도구를 활용하여 수업 중 과정중심평가가 이루어질 수 있도록 하였다. 과정중심평가의 경우 수업에서 수행평가를 활용하여 자연스럽게 평가할 수 있다. 따라서 과정중심평가에서는 주로 수행평가가 사용된다. 그러나 수학 교과의 특성상 인지를 다루는 성취기준의 경우 지필평가의 평가도구(서술형)를 사용하여 평가하는 것이 효율적일 수 있다. 따라서 I단계에서는 인지적인 요소를 측정하기 위하여 문제카드라는 평가도구를 활용하였다.

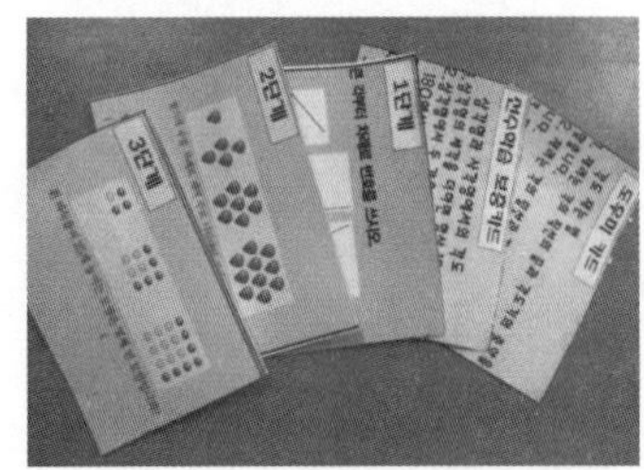

I단계 과정중심평가를 위한 문제카드

문제카드는 기존의 지필평가와 같이 시험지 한 장에 여러 가지 문제를 제시하는 것이 아니라, 한 장의 카드에 1개의 문제를 제시하여 학생이 자신의 수준별로 원하는 카드를 선택할 수 있다.

또한 문제카드를 해당 수업 시간에만 사용하고 끝나는 것이 아니라 위 사진과 같이 학생 개개인의 문제카드 자료를 누가 기록하면, 해당 학생에 대한 평가 보조자료로 활용할 수 있으며 포트폴리오 평가자료로도 활용할 수 있다.

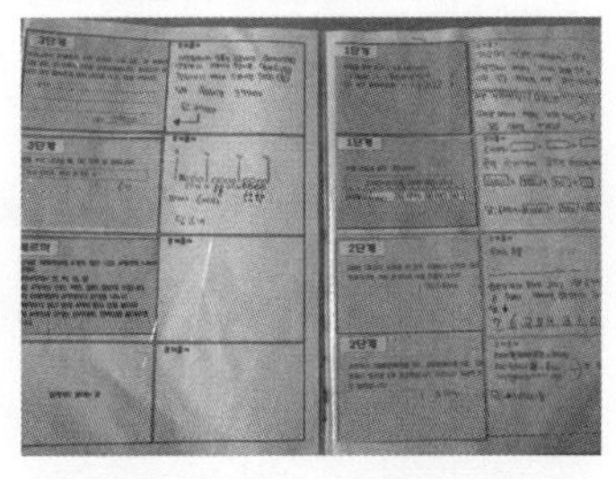
I단계 과정중심평가를 위한 문제카드 모음집

◆ G단계 수업에서 과정중심평가 엿보기

G단계에서는 수학 글쓰기라는 평가도구를 활용하여 수업에서 과정중심평가가 이루어질 수 있도록 하였다. 수학 글쓰기는 수업시간에 배운 내용을 자신의 언어로 친구에게 알려 주는 글을 쓰는 논술형 평가 유형의 평가도구이다. 수학 글쓰기를 수업 중 활동 자료로 활용할 경우, 당일 차시의 학습내용에 대한 성취기준에 도달했는지, 미도달일 경우 어떠한 부분에 결손이 있었는지 학생 개개인에 대한 정밀한 진단이 가능하다.

사진과 같이 수업 주제에 대한 자신의 생각을 편지 형식으로 쓴 수학 글쓰기를 통하여 교사는 학생이 성취기준에 도달했는지와 성취수준 등을 파악할 수 있다. 또한 교사는 편지 쓰기를 통해 성취기준과 관련된 선수학습에 대한 이해 여부, 창의적인 해결 방법 등 학생 개개인에 대한 다양한 정보를 얻을 수 있다.

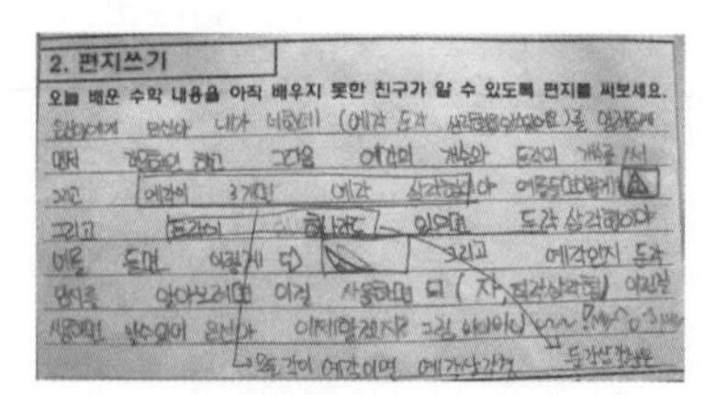

G단계 과정중심평가를 위한 수학 글쓰기

수업시간뿐만 아니라, 수업 종료 후에도 학생들의 수학 글쓰기를 아래의 사진과 같은 수학 생각나눔터에 게시하여 서로 공유할 수 있도록 하였다. 수학 생각나눔터 밑에 댓글 공간을 만들어 두어, 학생 상호 간에 서로의 생각을 공유할 수 있도록 하였다.

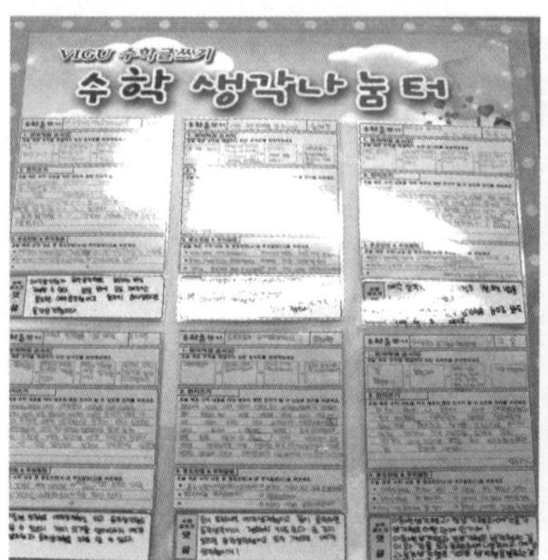

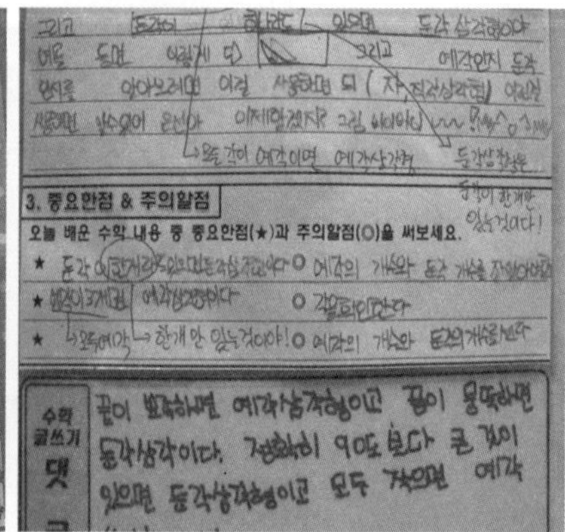

쉬어가는 코너

축구로 배우는 과정중심평가

과정중심평가의 의미를 축구를 통해서 쉽게 생각할 수 있다. 축구 시합을 할 때 경기가 다 끝난 뒤 스코어만 가지고 승패를 가른다. 예를 들어 브라질과 우리나라가 축구를 한다고 가정했을 때, 브라질이 우리나라보다 경기 내용이 훨씬 좋았어도, 실수로 골을 허용하여 1:0으로 졌다면, 브라질은 게임에서 진 것이다. 1:0이라는 결과만으로 승패를 나누는 평가 방식은 축구 경기를 진행한 90분 동안의 전 과정이 아닌 골을 넣은 몇 초의 순간에 대한 평가인 것이다. 이러한 평가 방식은 수업과는 별개로 중간고사와 기말고사 몇 시간에 학생의 모든 것을 평가하는 과거의 결과중심평가 방식에 비유할 수 있다.

그러나 과정중심평가는 1:0이라는 결과만으로 평가하는 것이 아니다. 브라질과 우리나라 축구시합 전체의 과정에서 나타나는 볼 점유율, 팀워크, 패스성공률, 유효 슈팅, 선수들의 개인기와 같은 모든 부분을 평가한다. 마찬가지로 과정중심평가는 일상 수업 중 학생의 수준과 특성이 잘 나타나는 의미 있는 장면들이 평가와 기록의 대상이 된다.

위 두 가지 평가 방식 중 어느 것이 제대로 된 평가인지는 교사가 아닌 일반인도 쉽게 대답할 수 있다.

과정중심평가는 그동안의 비정상적이고 잘못된 평가 악습을 정상적이고 제대로 된 평가로 바꿀 수 있는 평가이다.

◆ U단계 수업에서 과정중심평가 엿보기

U단계는 학습한 성취기준을 실생활에서 적용하는 모습을 과정중심평가로 활용하였다. 예를 들어 직사각형의 넓이에 대하여 수업을 할 경우 실제 직사각형 생활 소재의 넓이를 재어 보는 활동, 통계를 학습했을 경우 우리 반의 통계 조사 후 그래프를 작성해 보는 활동을 평가로 활용하였다.

성취기준 '[6수03-05] 직사각형의 넓이를 구하는 방법을 이해하고, 이를 통하여 직사각형과 정사각형의 넓이를 구할 수 있다.'를 평가하기 위하여 다음 사진과 같이 실제 생활 소재를 활용하여 직사각형과 정사각형의 넓이를 구해 보는 활동을 수업에서 활용하여 과정중심평가가 이루어질 수 있도록 하였다.

U단계 과정중심평가를 위한 생활 속 수학

'[6수03-11] 직육면체와 정육면체의 부피를 구하는 방법을 이해하고, 이를 구할 수 있다.'의 성취기준에 대한 평가를 위하여 수업 중에 직육면체 모양의 생활소재 부피를 구하는 평가를 할 수 있다. 평가기준 설계 시 단순히 생활소재의 부피를 똑같이 맞추는 것이 아니라 부피를 구하기까지의 과정도 포함하여 과정중심평가의 평가관이 구현될 수 있도록 수업을 실시하였다.

과정중심평가를 통하여 배움이 단순히 평가로 끝나는 것이 아닌 실생활에 활용해 볼 수 있는 기회를 제공하는 역할을 할 수 있다.

U단계의 과정중심평가 장면

◆ 과정중심평가를 가능하게 하는 VIGU 수업의 동기유발

좋은 동기유발이란 무엇일까? 동기유발은 학생들에게 학습에 흥미와 관심을 불러일으키는 역할을 할 수 있어야 한다. 여기에 더 욕심을 부리자면, 동기유발을 통하여 학생들이 그 수업에서 학습할 내용을 예측할 수 있어야 하며, 동기유발 자료가 수업활동과 맥을 같이할 수 있다면 금상첨화일 것이다. 반대로 동기유발이 단지 학생들의 흥미와 관심에만 집중한 나머지 수업과 연계성이 없다면 좋은 동기유발로 인정할 수 없다. 예를 들어 마술을 활용한 동기유발을 썼을 때 그 마술이 학습내용과 아무 관련이 없다면, 학생들의 주의 환기를 불러올 수는 있으나 마술을 하는 시간은 성취기준을 위하여 할애된 시간이 아닌 단순 흥미를 위한 시간이 되어버릴 수도 있다. 이러한 측면에서 필자가 VIGU 수업에서 사용한 동기유발 자료는 학생들의 흥미와 관심을 불러일으키는 역할뿐만 아니라 수업의 맥락과 연계될 수 있도록 하였다.

뿐만이 아니라 동기유발 자료로 과정중심평가를 할 수 있도록 하였다. 동기유발 자료인 UCC 내용 구성 시 성취기준에 대한 내용을 질문 형식으로 구성하여, VIGU 수업모형의 G단계인 수학 글쓰기 단계에서 동기유발 자료가 활용될 수 있도록 하였다. '[6수03-05] 직사각형의 넓이를 구하는 방법을 이해하고, 이를 통하여 직사각형과 정사각형의 넓이를 구할 수 있다.' 성취기준 수업에 동기유발로 사용한 UCC 내용을 다음과 같이 구성하였다.

• VIGU 수업모형의 동기유발 UCC 대본 •

엄마(학생1): ○○아! 간식으로 초콜릿을 두고 갈테니 둘이 나눠 먹어라!

누나(학생2): 어떻게 나눠 먹어여?

엄마 (학생1): 너가 누나니까 더 큰 초콜릿 먹어도 돼!

누나(학생2): 와! 내가 많이 먹어야지~!

누나(학생2): (초콜릿을 보며) 근데 이 두 개 중에 뭐가 더 크지?

누나(학생2): 이게 더 큰가? 아니야. 이게 더 클 수도 있는데. 아! 어떡하지? 미스터 심플님한테

물어봐야겠다. 미스터 심플님! 도와주세요.

심플님(학생3): 이 바쁜 미스터 심플님을 무슨 일로 불렀냐?

누나(학생2): 심플님 이 두 초콜릿 중에서 내가 큰 걸 먹고 싶은데 어느 것이 더 큰지 모르겠어요.

심플님(학생3): 음~ 이건 직사각형이고 이건 정사각형이네. 야~ 넌 지난 시간에 넓이도 안 배웠냐? 넓이가 넓은 것으로 먹으면 되잖아. 쯧쯧쯧~!!

누나(학생2): 아! 맞다 넓이가 넓은 초콜릿을 먹으면 되겠네! 그런데 심플님 넓이는 어떻게 구하지요?

심플님(학생3): 뭐~ 넓이를 구해? 넓이 구하는 법은 나도 아직 안 배워서 몰라~

누나(학생2): 바보! 자기도 모르면서 잘난 척하기는. 여러분 넓이를 구하려면 어떻게 해야 할까요?

위와 같은 동기유발 자료를 UCC로 제작하여 동기유발에서 누나(학생2)가 질문한 내용을 G단계의 수학 글쓰기를 통하여 간단한 편지 형식으로 누나(학생2)에게 알려 주는 글을 쓸 수 있도록 하였으며, 이 알려 주는 글이 수업 과정 중 이루어지는 논술형 평가가 될 수 있도록 하였다. 실제 UCC의 동영상은 다음과 같이 구성하였다.

• VIGU 수업모형의 동기유발 UCC •

수업모형 개발 노하우

수업모형은 수업에 관심과 열정이 있는 교사라면 누구나 만들 수 있다. 모든 선생님들은 자신만의 수업 노하우가 있다. 이러한 수업 노하우를 엮어서 수업의 흐름 속에 끼워 맞추면 자신만의 수업모형이 되는 것이다. 필자도 조작도구를 통한 수학의 시각적 이해 활동, 학습한 내용을 편지 형식의 글로 써 보는 활동, 배운 내용을 실제 생활 속에 활용해 보는 활동 등을 평소 수업에서 즐겨 사용했다. 이러한 수업 노하우를 하나의 수업에 녹여 내기 위하여 각각의 활동을 수업의 단계 흐름에 맞게 가다듬고, 구체적 수업도구를 개발하여 실제 수업에 적용할 수 있는 수업모형으로 만들었다. 또한 개발한 수업모형의 이론 배경을 구축하기 위하여 각 활동들과 관련된 이론을 찾아 그 활동의 효과성을 확인하였다. 실제로 필자가 만든 수업모형으로 교육부 주관 연수도 진행하여 많은 선생님들이 사용할 수 있도록 하였으며, 교실수업개선 실천사례 대회에서 VIGU 수업모형으로 수업 사례를 연구하여 전국대회에서 입상한 선생님도 보았다.

필자가 과정중심평가라는 주제의 책에 수업모형 이야기를 하는 이유는 앞에서도 이야기한 바와 같이 과정중심평가는 수업과 분리하여 생각할 수 없기 때문이다. 따라서 최근의 평가 추세인 과정중심평가를 위해서 교사들만의 수업 노하우를 수업모형화하여 각 학교, 지역의 학습공동체를 통하여 일반화하여 보급할 수 있어야 한다.

거꾸로수업, 하브루타, 슬로우리딩에서 과정중심평가하기

거꾸로수업, 하브루타, 슬로우리딩 등 활동 중심 수업은
과정중심평가가 자연스럽게 이루어진다.

거꾸로수업에서 과정중심평가하기

거꾸로수업은 과정중심평가에서 효율적으로 사용할 수 있는 수업방법이다. 단순 지식이나 이해, 개념을 소개할 경우 사전에 디딤 영상을 제공하고 실제 수업에서는 이에 대한 활동을 구성하여, 수업 안에서 평가가 함께 이루어질 수 있도록 한다. 거꾸로 수업의 방법을 적용한 과정중심평가 절차는 다음과 같다.

• 거꾸로 수업을 활용한 과정중심평가의 절차 •

성취기준을 위한 수업활동을 단순 지식과 이해에 대한 부분과
고등정신능력 활동이 필요한 부분으로 분리

⬇

단순 지식 이해에 대한 부분: 디딤 영상으로 제작

⬇

고등정신능력 관련 활동: 토의토론, 공동탐구활동 등으로 수업 구안

⬇

수업에서 평가기준안 설정

⬇

거꾸로 수업 실시

실제 거꾸로수업을 활용한 과정중심평가와 수업 예시는 다음과 같다.

거꾸로수업을 활용한 과정중심평가 수업 예시

성취기준	[6수03-09] 직육면체와 정육면체의 겉넓이를 구하는 방법을 이해하고, 이를 구할 수 있다.	
디딤영상	직육면체의 겉넓이는 (가로×세로)×2+(세로×높이)×2+(가로×높이)×2로 구합니다. 왜 이런 방법으로 구할지 생각해 봅시다.	
	수업활동	**평가활동**
활동1	각 면을 종이로 붙인 직육면체를 떼어 내면서 디딤영상에서 소개한 공식이 왜 나왔는지 모둠 친구들과 탐구활동	수행평가(정의적) 모둠활동에서의 과제집착력, 창의적 방법 등 정의적 능력 평가
활동2	모둠 토의를 통해 모둠 생각 정하기	
활동3	모둠 토의를 바탕으로 개인별 직육면체와 옆면 스티커를 활용하여 직육면체 겉넓이 구하는 방법 논술형 평가하기 ※ 구하는 과정과 토론은 모둠 협력활동으로 하며, 평가는 개별로 한다.	수행평가(인지적)
정리	모둠별 토론 결과 발표하기	

거꾸로 수업을 활용한 성취기준 [6수03-09]의 평가기준 예시

– 인지적 영역 평가기준

평가기준		배점
직육면체의 겉넓이 구하는 방법 설명	직육면체 각 면의 합동 관계를 이용하여 직육면체의 겉넓이 구하는 방법을 2가지 설명한 경우	3
	직육면체 각 면의 합동 관계를 이용하여 직육면체의 겉넓이 구하는 방법을 1가지 설명한 경우	2
	모듬 친구나 교사가 안내한 절차에 의하여 직육면체의 겉넓이를 구한 경우	1
직육면체 겉넓이	직육면체의 겉넓이를 옳게 구한 경우	1

점수	성취수준	
4점	직육면체 각 면의 합동 관계를 이용하여 직육면체의 겉넓이 구하는 방법을 설명하고 구할 수 있다.	상
3점	직육면체의 겉넓이 구하였으나 직육면체 겉넓이 구하는 방법을 설명하지 못하였거나, 직육면체의 겉넓이 구하는 방법을 설명할 수 있으나 겉넓이를 정확하게 구하지 못한 경우	중
1~2점	모듬 친구나 교사가 안내한 절차에 따라 직육면체의 겉넓이를 구한 경우	하

– 정의적 영역 평가기준(모둠협력)

평가기준	
– 모둠원이 협력하여 모둠의 모든 학생이 원리를 설명한 경우 – 모둠 활동 시 이해가 부족한 학생에게 적극적으로 도움 활동을 준 경우	상
– 모둠원이 협력하여 모둠의 80%이상 학생이 원리를 설명한 경우 – 모둠 토의 활동 시 의견을 제시한 경우	중
– 모둠 친구의 안내와 도움을 적극 수용한 경우	하

하브루타 수업에서 과정중심평가하기

하브루타 수업은 학생과 학생, 학생과 교사의 상호작용으로 배움이 일어날 수 있는 수업으로, 다음과 같은 수업 방법으로 과정중심평가를 함께할 수 있다.

전성수 교수님은『최고의 공부법』에서 하브루타 수업을 5가지로 분류했다. 교과 내용에 대해 질문을 만들고, 서로의 질문을 묻고 답하는 과정을 하는 질문 중심의 하브루타, 이해한 것을 짝에게 전달하는 친구 가르치기 하브루타, 대조되는 두 가지 대상의 공통점과 차이점을 비교하며 말하는 비교 중심 하브루타, 논쟁 및 가치 갈등이 일어날 수 있는 주제에 대하여 상대방을 설득하는 과정을 거치는 논쟁 중심 하브루타, 짝과 함께 문제를 만드는 과정에서 상호 토론이 일어나는 문제 만들기 하브루타의 방법이 있다. 하브루타의 각 방법에 대한 과정중심평가 방법은 다음과 같다.

하브루타 수업 방법별 과정중심평가 방안

질문 중심 하브루타	문학 작품에 대한 상호 감상 활동 등에서 과정중심평가로 활용할 수 있다.
가르치기 하브루타	자신이 이해한 것을 다른 친구에게 설명해 주는 구술형 수행평가로 과정중심평가를 할 수 있다(앞 장의 VIGU 수업모형의 수학 글쓰기로 활용할 수 있음).
비교 중심 하브루타	기둥과 뿔의 공통점과 차이점, 사각형 종류별 공통점과 차이점 등 대조가 쉬운 성취기준에 대하여 공통점과 차이점을 짝과 함께 작성하는 협력적 논술형 평가로 과정중심평가를 할 수 있다.
논쟁 중심 하브루타	토론이 일어날 수 있는 수업에서 학생들의 토론 장면을 관찰하고 체크리스트를 활용하여 과정중심평가를 한다.
문제 만들기 하브루타	짝과 함께 등식이 성립하는 문제(예:6×4=24가 되는 문장제 만들기)를 만드는 토론 장면과 만들어진 문제에 대한 과정중심평가를 할 수 있다.

하브루타로 수업을 할 경우 핵심 역량인 의사소통 능력과 지식정보처리 역량 등을 쉽게 평가할 수 있으며, 토론을 하는 과정에서 흥미, 태도 등의 정의적 능력 및 민주시민으로서 갖추어야 할 인성 요소까지 함께 평가할 수 있다. 그러나 하브루타 수업의 경우 학생들이 질문과 토론 과정에 집중하여 성취기준에 대한 요소를 놓치는 경우가 많기 때문에 교사의 적절한 조력활동이 필요하며, 평가 단계에서도 성취기준에 대한 학생들의 하브루타 활동이 주요한 평가 대상이 될 수 있도록 해야 한다.

하브루타 수업에서 과정중심평가가 이루어지는 사례는 다음과 같다.

· 하브루타 수업을 활용한 과정중심평가 수업 예시 ·

성취기준	[6국05-05] 작품에 대한 이해와 감상을 바탕으로 다른 사람과 적극적으로 소통한다.	
	수업활동	**평가활동**
활동1	짝에게 할 질문을 생각하며 국어 교과서의 문학 작품 읽기	
활동2	문학작품에 대한 질문 만들기	**- 인지적 평가(논술형)** 작성한 질문과 답을 분석하여 작품에 대한 이해도를 평가
활동3	- 짝과 서로의 질문에 대한 답변 활동하기 - 2:2, 4:4 상호 질문 활동하고 답하기	**- 정의적 평가(태도)** 상호질문 활동 시 참여 태도에 대한 동료평가 실시

슬로우리딩(온 책 읽기) 수업에서 과정중심평가하기

슬로우리딩(온 책 읽기)은 국어과 문학 영역에서 과정중심평가로 활용할 수 있는 수업 방법이다. 교과서에 나온 문학 작품으로 다양한 온 책 읽기 활동을 실시할 수도 있으나, 학생들이 학원이나 선행학습을 통하여 교과서 작품을 미리 알고 있는 경우도 많기 때문에, 학년 수준에 맞는 권장도서를 활용하여 문학 영역의 성취기준에 대한 평가를 실시할 수 있다. 슬로우리딩 수업을 하면서 국어과의 문학 영역에 대한 성취기준 평가뿐만 아니라 슬로우리딩 수업활동 장면에서 함께 평가할 수 있는 성취기준도 연계하여 평가하는 것이 효율적이다. 예를 들어 온 책 읽기를 하고 책을 홍보하는 UCC 만들기 활동을 할 때, 문학 영역에 대한 성취기준과 말하기 영역의 '[6국01-05] 매체 자료를 활용하여 내용을 효과적으로 발표한다.'의 성취기준도 함께 평가할 수 있다. 이 경우 교과 내 교육과정 재구성을 통하여 슬로우리딩으로 2가지 성취기준에 대한 수업과 평가를 함께할 수 있다. 또한 슬로우리딩 활동을 통하여 2교과의 수업과 평가를 함께 실시할 수 있다. 예를 들어 슬로우리딩 독서 활동 후 내가 만드는 책표지 활동을 통하여 국어과의 '[6국05-05]작품에 대한 이해와 감상을 바탕으로 하여 다른 사람과 적극적으로 소통한다.'와 미술과의 '[6미01-04] 이미지를 활용하여 자신의 느낌과 생각을 전달할 수 있다.' 성취기준을 함께 평가할 수 있다. 국어과의 슬로우리딩 활동을 통하여 미술과의 성취기준을 함께 평가할 때는 교과 간 교육과정 재구성을 통하여 슬로우리딩 활동을 주제로 국어와 미술 시수를 함께 배정하여 수업한다.

슬로우리딩 활동에서 위와 같이 각 교과에 대한 인지적 · 기능적 영역에 대한 평가뿐만 아니라 정의적 영역에 대한 평가도 함께 실시할 수 있다. 책을 읽는 과정에서 국어과의 독서에 대한 흥미나 관심, 태도, 끈기 등을 교사의 관찰과 자기평가 등의 방법으로 함께 평가한다.

슬로우리딩 수업에서 과정중심평가로 할 수 있는 활동과 함께 평가 가능한 핵심 역량은 다음 표와 같다.

· 과정중심평가가 가능한 온 책 읽기 활동과 핵심 역량 ·

과정중심평가가 가능한 온 책 읽기 활동 예시	온 책 읽기 활동에서 함께 평가할 수 있는 핵심 역량
책을 홍보하는 UCC 만들기	창의적 사고 역량
교과서에 실린 부분을 먼저 읽고, 처음이나 마지막 부분의 내용 예측하기	
책을 요약하는 6컷 만화 만들기	지식정보처리 역량
책표지와 제목 보고 책 내용 예측하기	
책 내용에 대한 하브루타 토론하기	의사소통 역량

과정중심평가의 교과별 수업활동

수업과 평가를 함께할 수 있는 교과별 활동 및 성취기준 소개

과정중심평가는 수업으로 활용하면서, 평가도 할 수 있는 활동을 선정하는 것이 중요하다. 현장의 선생님들이 과정중심평가를 쉽게 실천할 수 있도록 각 교과의 성취기준별 수업과 평가가 동시에 가능한 활동을 다음과 같이 정리해 보았다.

과정중심평가를 위한 수업활동: 국어과

국어과의 경우 토의토론, 논술, 역할극, 대화 및 담화활동, 독서활동에서 수업과 평가를 동시에 진행할 수 있다. 실제 수업에서 토의토론을 진행하고 교사의 관찰, 동료평가 등을 통해 수행평가를 실시할 수 있으며, 간단한 글쓰기, 체험학습 후 기행문 작성, 시나 이야기 만들기 등의 글쓰기 수업을 평가로 활용할 수 있다. 또한 학생들이 역할극을 하는 수업활동에서 역할극에 대한 체크리스트 및 동료평가를 통해 평가를 실시할 수 있으며, 실제 대화 및 담화 장면 속에서 평가를 실시할 수 있다. 또한 문학작품, 논설문, 설명문 온책 읽기 등의 독서활동을 통해서 평가를 동시에 실시할 수 있다. 각 활동에 어울리는 국어과의 성취기준을 정리하면 다음과 같다.

· 과정중심평가를 위한 국어과 성취기준별 수업활동 ·

수업활동	성취기준
토의토론	[6국01-02] 의견을 제시하고 함께 조정하며 토의한다. [6국01-03] 절차와 규칙을 지키고 근거를 제시하며 토론한다. [6국01-04] 자료를 정리하여 말할 내용을 체계적으로 구성한다. [4국01-02] 회의에서 의견을 적극적으로 교환한다.
글쓰기	[6국03-03] 목적이나 대상에 따라 알맞은 형식과 자료를 사용하여 설명하는 글을 쓴다. [6국03-04] 적절한 근거와 알맞은 표현을 사용하여 주장하는 글을 쓴다. [6국03-02] 목적이나 주제에 따라 알맞은 내용과 매체를 선정하여 글을 쓴다. [6국03-05] 체험한 일에 대한 감상이 드러나게 글을 쓴다. [2국03-02] 자신의 생각을 문장으로 표현한다. [2국03-03] 주변의 사람이나 사물에 대해 짧은 글을 쓴다. [2국05-04] 자신의 생각이나 겪은 일을 시나 노래, 이야기 등으로 표현한다.
역할극	[6국05-04] 일상 생활의 경험을 이야기나 극의 형식으로 표현한다. [6국05-05] 작품에 대한 이해와 감상을 바탕으로 하여 다른 사람과 적극적으로 소통한다.
대화 및 담화 활동	[6국01-01] 구어 의사소통의 특성을 바탕으로 하여 듣기 · 말하기 활동을 한다. [4국01-04] 적절한 표정, 몸짓, 말투로 말한다. [4국01-06] 예의를 지키며 듣고 말하는 태도를 지닌다. [6국04-01] 언어는 생각을 표현하며 다른 사람과 관계를 맺는 수단임을 이해하고 국어생활을 한다. [2국01-01] 상황에 어울리는 인사말을 주고받는다. [2국01-03] 자신의 감정을 표현하며 대화를 나눈다. [2국01-04] 듣는 이를 바라보며 바른 자세로 자신 있게 말한다.
독서활동	[6국02-06] 자신의 읽기 습관을 점검하며 스스로 글을 찾아 읽는 태도를 지닌다. [6국02-05] 매체에 따른 다양한 읽기 방법을 이해하고 적절하게 적용하며 읽는다. [6국02-04] 글을 읽고 내용의 타당성과 표현의 적절성을 판단한다. [6국02-03] 글을 읽고 글쓴이가 말하고자 하는 주장이나 주제를 파악한다. [6국05-02] 작품 속 세계와 현실 세계를 비교하며 작품을 감상한다. [4국02-04] 글을 읽고 사실과 의견을 구별한다. [4국05-02] 인물, 사건, 배경에 주목하며 작품을 이해한다. [4국05-03] 이야기의 흐름을 파악하여 이어질 내용을 상상하고 표현한다. [2국02-04] 글을 읽고 인물의 처지와 마음을 짐작한다.

과정중심평가를 위한 수업활동: 수학과

수학과의 경우 구체물을 활용한 조작 활동, 학습한 내용을 실제 생활 속에 활용하는 활동, 통계 영역에서의 사례 조사 후 그래프나 표 작성하는 활동, 작도 및 모양 꾸미기 등의 활동을 수업 중 평가로 활용할 수 있다. 구체물을 활용한 조작 활동은 사칙 연산과 관련된 수업에서 조작 도구를 통한 시각적 이해, 쌓기나무와 관련된 수업, 도형과 관련된 수업에서 활용할 수 있다. 특히 수업과 평가에 조작 활동을 함께 활용할 경우 조작 활동이라는 매개체가 학생의 성취기준 이해를 도울 수 있어서 평가가 학생의 성장을 돕는 역할을 할 수 있다. 또한 학습한 내용을 실생활에 활용하는 활동은 측정과 관련된 영역에서 생활소재의 길이 재기나 넓이, 부피 구하기로 수학이 실제 생활에 활용되는 것을 체험하며, 평가하는 수업을 구성할 수 있다. 또한 원그래프, 띠그래프, 막대그래프, 꺾은선그래프와 관련된 수업 주제에서 타 교과와 교과를 통합(과학과의 식물의 자람, 하루 온도 변화 등)하여 연구보고서 작성 등의 활동으로 수업과 평가를 함께 실시할 수 있다. 또한 도형 단원에서 도형 조합으로 모양 꾸미기 등의 수업활동에서 창의성 등을 평가할 수 있다. 이러한 활동 이외에도 앞의 VIGU 수업모형에서 설명한 수학 글쓰기(수학 편지 쓰기)는 수업 중 평가로 활용할 수 있는 방법으로 수학과의 모든 영역에서 과정중심평가로 쓰일 수 있다. 수학과의 수업활동별로 과정중심평가를 할 수 있는 성취기준을 표로 정리해 보았다.

구체물 조작 활동	[6수02-01] 구체적인 조작 활동을 통하여 도형의 합동의 의미를 알고, 합동인 도형을 찾을 수 있다. [6수02-02] 합동인 두 도형에서 대응점, 대응변, 대응각을 각각 찾아 보고, 그 성질을 이해한다. [6수02-10] 쌓기나무로 만든 입체도형을 보고 사용된 쌓기나무의 개수를 구할 수 있다. [6수03-07] 여러 가지 둥근 물체의 원주와 지름을 측정하는 활동을 통하여 원주율을 이해한다. [4수02-04] 구체물이나 평면도형의 밀기, 뒤집기, 돌리기 활동을 통하여 그 변화를 이해한다. [4수03-14] 여러 가지 방법으로 삼각형과 사각형의 내각 크기의 합을 추론하고, 자신의 추론과정을 설명할 수 있다. [2수01-01] 0과 100까지의 수 개념을 이해하고, 수를 세고 읽고 쓸 수 있다. [2수01-05] 덧셈과 뺄셈이 이루어지는 실생활 상황을 통하여 덧셈과 뺄셈의 의미를 이해한다.
생활소재 활용	[6수03-03] 평면도형의 둘레를 재어 보는 활동을 통하여 둘레를 이해하고, 기본적인 평면도형의 둘레의 길이를 구할 수 있다. [6수03-05] 직사각형의 넓이를 구하는 방법을 이해하고, 이를 통하여 직사각형과 정사각형의 넓이를 구할 수 있다. [4수05-03] 여러 가지 자료를 수집, 분류, 정리하여 자료의 특성에 맞는 그래프로 나타내고, 그래프를 해석할 수 있다. [2수02-03] 교실 및 생활 주변에서 여러 가지 물건을 관찰하여 삼각형, 사각형, 원의 모양을 찾고, 그것들을 이용하여 여러 가지 모양을 꾸밀 수 있다. [2수03-01] 구체물의 길이, 들이, 무게, 넓이를 비교하여 각각 '길다, 짧다', '많다, 적다', '무겁다, 가볍다', '넓다, 좁다' 등을 구별하여 말할 수 있다. [2수03-07] 여러 가지 물건의 길이를 어림하여 보고, 길이에 대한 양감을 기른다. [2수03-09] 실생활 문제 상황을 통하여 길이의 덧셈과 뺄셈을 이해한다.
사례조사 후 통계로 나타내기	[6수05-02] 실생활 자료를 그림그래프로 나타내고, 이를 활용할 수 있다. [6수05-03] 주어진 자료를 띠그래프와 원그래프로 나타낼 수 있다. [6수05-04] 자료를 수집, 분류, 정리하여 목적에 맞는 그래프로 나타내고, 그래프를 해석할 수 있다. [4수05-01] 실생활 자료를 수집하여 간단한 그림그래프나 막대그래프로 나타낼 수 있다. [4수05-02] 연속적인 변량에 대한 자료를 수집하여 꺾은선그래프로 나타낼 수 있다. [2수05-02] 분류한 자료를 표로 나타내고, 표로 나타내면 편리한 점을 말할 수 있다. [2수05-03] 분류한 자료를 ○, ×, ／ 등을 이용하여 그래프로 나타내고, 그래프로 나타내면 편리한 점을 말할 수 있다.

작도 및 꾸미기	[4수02-05] 평면도형의 이동을 이용하여 규칙적인 무늬를 꾸밀 수 있다. [4수02-07] 컴퍼스를 이용하여 여러 가지 크기의 원을 그려서 다양한 모양을 꾸밀 수 있다. [4수02-12] 주어진 도형을 이용하여 여러 가지 모양을 만들거나 채울 수 있다. [2수02-01] 교실 및 생활 주변에서 여러 가지 물건을 관찰하여 직육면체, 원기둥, 구의 모양을 찾고, 그것들을 이용하여 여러 가지 모양을 만들 수 있다. [2수02-02] 쌓기나무를 이용하여 여러 가지 입체도형의 모양을 만들고, 그 모양에 대해 위치나 방향을 이용하여 말할 수 있다.

과정중심평가를 위한 수업활동: 사회과

사회과의 과정중심평가를 위한 수업은 가치 및 시사 문제에 대한 토의 토론 활동, 조사 및 발표 학습, 시사 문제 및 신문, 뉴스 등을 활용한 학습, 프로젝트 학습 등이 있다. 토의 토론 학습은 경제 발전과 자연환경 보전 등의 가치갈등과 관련된 주제의 수업에서 평가와 함께 실시할 수 있으며, 조사 및 발표 학습은 시사, 인문, 역사와 관련된 내용을 조사하고 이를 발표하는 수업 장면에서 평가와 함께 실시할 수 있다.

시사문제 및 신문, 뉴스를 활용한 수업은 민주주의 및 정치와 관련된 내용 학습 시 실제 사례 등을 수업의 소재로 활용할 수 있으며, 이러한 장면에서 성취기준에 대한 평가를 함께 실시할 수 있다. 또한 6학년의 지구촌과 관련된 학습 내용은 '지구촌 여행가이드 프로젝트'라는 프로젝트를 선정하고 이와 관련된 수업을 재구성하여, 평가를 함께 실시할 수 있다. 사회과의 수업활동별로 과정중심평가를 할 수 있는 성취기준을 다음 표로 정리해 보았다.

토의 토론	[6사08-05] 지구촌의 주요 환경 문제를 조사하여 해결 방안을 탐색하고, 환경 문제 해결에 협력하는 세계시민의 자세를 기른다. [6사08-06] 지속가능한 미래를 건설하기 위한 과제(친환경적 생산과 소비 방식 확산, 빈곤과 기아 퇴치, 문화적 편견과 차별 해소 등)를 조사하고, 세계시민으로서 이에 적극 참여하는 방안을 모색한다. [6사05-04] 민주적 의사 결정 원리(다수결, 대화와 타협, 소수 의견 존중 등)의 의미와 필요성을 이해하고, 이를 실제 생활 속에서 실천하는 자세를 지닌다. [4사03-06] 주민 참여를 통해 지역 문제를 해결하는 방안을 살펴보고, 지역 문제의 해결에 참여하는 태도를 기른다. [4사04-01] 촌락과 도시의 공통점과 차이점을 비교하고, 각각에서 나타나는 문제점과 해결 방안을 탐색한다. [4사04-06] 우리 사회에 다양한 문화가 확산되면서 생기는 문제(편견, 차별 등)및 해결 방안을 탐구하고, 다른 문화를 존중하는 태도를 기른다. [6사06-03] 농업 중심 경제에서 공업 · 서비스업 중심 경제로 변화하는 모습을 중심으로 우리나라 경제 성장 과정을 파악한다. [6사08-03] 지구촌의 평화와 발전을 위협하는 다양한 갈등 사례를 조사하고 그 해결 방안을 탐색한다.
조사 발표	[6사01-03] 우리나라의 기후 환경 및 지형 환경에서 나타나는 특성을 탐구한다. [6사01-04] 우리나라 자연재해의 종류 및 대책을 탐색하고, 그와 관련된 생활 안전 수칙을 실천하는 태도를 지닌다. [6사02-04] 헌법에서 규정하는 기본권과 의무가 일상 생활에 적용된 사례를 조사하고, 권리와 의무의 조화를 추구하는 자세를 기른다. 국회, 행정부, 법원의 기능을 이해하고, 그것이 국민 생활에 미치는 영향을 다양한 사례를 통해 탐구한다. [4사02-01] 우리 고장의 지리적 특성을 조사하고, 이것이 고장 사람들의 생활 모습에 미치는 영향을 탐구한다. [4사03-02] 고장 사람들의 생활과 밀접하게 관련이 있는 지역의 다양한 중심지(행정, 교통, 상업, 산업, 관광 등)를 조사하고, 각 중심지의 위치, 기능, 경관의 특성을 탐색한다. [4사03-03] 우리 지역을 대표하는 유 · 무형의 문화유산을 알아보고, 지역의 문화유산을 소중히 여기는 태도를 갖는다. [4사03-05] 우리 지역에 있는 공공 기관의 종류와 역할을 조사하고, 공공 기관이 지역 주민들의 생활에 주는 도움을 탐색한다. [6사08-04] 지구촌의 평화와 발전을 위해 노력하는 다양한 행위 주체(개인, 국가, 국제기구, 비정부 기구 등)의 활동 사례를 조사한다.

시사 문제	[4사04-03] 자원의 희소성으로 경제활동에서 선택의 문제가 발생함을 파악하고, 시장을 중심으로 이루어지는 생산, 소비 등 경제활동을 설명한다. [4사04-05] 사회 변화(저출산 · 고령화, 정보화, 세계화 등)로 나타난 일상 생활의 모습을 조사하고, 그 특징을 분석한다. [4사02-06] 현대의 여러 가지 가족 형태를 조사하여 가족의 다양한 삶의 모습을 존중하는 태도를 기른다. [6사05-01] 4 · 19 혁명, 5 · 18 민주화 운동, 6월 민주 항쟁 등을 통해 자유민주주의가 발전해 온 과정을 파악한다. [6사05-03] 일상 생활에서 경험하는 민주주의 실천사례를 탐구하여 민주주의의 의미와 중요성을 파악하고, 생활 속에서 민주주의를 실천하는 태도를 기른다. [6사05-05] 민주정치의 기본원리(국민주권, 권력분립 등)을 이해하고, 그것이 적용된 다양한 사례를 탐구한다. [6사05-06] 국회, 행정부, 법원의 기능을 이해하고, 그것이 국민 생활에 미치는 영향을 다양한 사례를 통해 탐구한다.
프로젝트	[6사07-01] 세계지도, 지구본을 비롯한 다양한 형태의 공간 자료에 대한 기초적인 내용과 활용 방법을 알고, 이를 실제 생활에 활용한다. [6사07-02] 여러 시각 및 공간 자료를 활용하여 세계 주요 대륙과 대양의 위치 및 범위, 대륙별 주요 나라의 위치와 영토의 특징을 탐색한다. [6사07-03] 세계 주요 기후의 분포와 특성을 파악하고, 이를 바탕으로 하여 기후 환경과 인간 생활 간의 관계를 탐색한다. [6사07-04] 의식주 생활에 특색이 있는 나라나 지역의 사례를 조사하고, 이를 바탕으로 하여 인간 생활에 영향을 미치는 여러 자연적, 인문적 요인을 탐구한다. [6사07-05] 우리나라와 관계 깊은 나라들의 기초적인 지리 정보를 조사하고, 정치 · 경제 · 문화면에서 맺고 있는 상호 의존 관계를 탐구한다. [6사07-06] 이웃 나라들(중국, 일본, 러시아)의 자연적, 인문적 특성과 교류 현황을 조사하고, 이를 바탕으로 하여 상호 이해와 협력의 태도를 기른다. 6사08-06] 지속가능한 미래를 건설하기 위한 과제(친환경적 생산과 소비 방식 확산, 빈곤과 기아 퇴치, 문화적 편견과 차별 해소 등)를 조사하고, 세계시민으로서 이에 적극 참여하는 방안을 모색한다.

과정중심평가를 위한 수업활동: 과학과

과학과는 실험, 조사 · 발표, 관찰, 토의, 제작 · 설계, 사육 · 재배 등의 수업활동에서 평가를 함께할 수 있다. 실험은 과학과의 실험과 관련된 대부분의 차시에서 쓰일 수 있는 수업방법으로 교사는 학생들의 실험 장면에 대한 관찰 및 체크리스트를 통하여 과정중심평가를 실시할 수 있다. 또한 관찰은 학생들이 생물 및 식물에 대한 현미경 관찰, 지구과학에서의 천체 관측 등의 수업 주제에서 사용할 수 있으며, 교사는 관찰한 내용에 대한 학생의 연구보고서 등을 통하여 과정중심평가를 실시할 수 있다. 토의는 과학의 발달과 관련된 생태계 보전, 환경 보전 등의 수업 주제에 과정중심평가로 활용할 수 있으며, 토의 장면에서 과학 수업 주제의 내용 이해를 바탕으로 토의하는지에 대한 관찰 및 체크리스트 평가를 실시할 수 있다. 또한 간단한 저울 제작, 움직이는 장난감 만들기와 같은 제작 및 설계 수업활동에서 학생들이 만든 제작물에 대한 평가로 과정중심평가를 실시할 수 있다. 사육과 재배를 실시하는 수업활동으로 배추흰나비 키우기, 식물 키우기 등의 사육, 재배 활동을 통하여 수업과 평가를 함께할 수 있으며, 인지적 영역의 평가뿐만 아닌 사육 태도 등에 대한 정의적 영역의 평가를 함께 실시할 수 있다. 과학과의 수업활동별 과정중심평가를 할 수 있는 성취기준은 다음 표로 정리해 보았다.

실험·실습	[6과01-02] 온도가 다른 두 물체를 접촉하여 온도가 같아지는 현상을 관찰하고 물체의 온도 변화를 열의 이동으로 설명할 수 있다 [6과01-04] 액체나 기체에서 대류 현상을 관찰하고 대류 현상에서 열의 이동을 설명할 수 있다. [4과07-02] 기체가 공간을 차지하고 있음을 알아보는 실험을 할 수 있다. [4과12-04] 물을 증발시켜 물에 녹아 있는 고체 물질을 분리할 수 있다.
조사·발표	[6과02-02] 별의 의미를 알고 대표적인 별자리를 조사할 수 있다. [6과04-01] 동물과 식물 이외의 생물을 조사하여 생물의 종류와 특징을 말할 수 있다. [6과04-03] 우리 생활에 첨단 생명과학이 이용된 사례를 조사하여 발표할 수 있다. [6과07-03] 일상 생활에서 속력과 관련된 안전 사항과 안전 장치의 예를 찾아 보고 발표할 수 있다. [6과08-04] 우리 생활에서 산성 용액과 염기성 용액을 이용하는 예를 찾아 발표할 수 있다. [4과02-03] 일상 생활에서 자석이 사용되는 예를 조사하고, 자석의 성질과 관련지어 그 기능을 설명할 수 있다. [4과17-02] 물의 중요성을 알고 물 부족 현상을 해결하기 위해 창의적 방법을 활용한 사례를 조사할 수 있다.
관찰·측정	[6과09-03] 달의 모양과 위치가 주기적으로 바뀌는 것을 관찰할 수 있다. [6과06-01] 습도를 측정하고 습도가 우리 생활에 영향을 주는 사례를 조사할 수 있다. [6과12-01] 생물체를 이루고 있는 기본 단위인 세포를 현미경으로 관찰할 수 있다. [6과14-01] 하루 동안 태양의 고도, 그림자 길이, 기온을 측정하여 이들 사이의 관계를 찾을 수 있다.
토의	[4과08-03] 여러 가지 물체를 통하여 소리가 전달되거나 반사됨을 관찰하고 소음을 줄이는 방법을 토의할 수 있다. [4과11-04] 지진 발생의 원인을 이해하고 지진이 났을 때 안전하게 대처하는 방법을 토의할 수 있다. [6과04-02] 다양한 생물이 우리 생활에 미치는 긍정적인 영향과 부정적인 영향에 대해 토의할 수 있다. [6과05-03] 생태계 보전의 필요성을 인식하고 생태계 보전을 위해 우리가 할 수 있는 일에 대해 토의할 수 있다.
제작, 설계	[4과09-04] 간단한 저울을 설계하여 제작하고 그 결과물을 평가할 수 있다. [4과01-04] 여러 가지 물질을 선택하여 다양한 물체를 설계하고 장단점을 토의할 수 있다.
사육, 재배	[4과13-02] 식물의 한살이 관찰계획을 세워 식물을 기르면서 한살이를 관찰할 수 있다. [4과03-01] 여러 가지 동물을 관찰하여 특징에 따라 동물을 분류할 수 있다.

위의 방법들과 같이 각 교과마다 수업과 평가가 함께 이루어질 수 있는 수업활동들이 있다. 이러한 활동을 통하여 단순히 평가 결과뿐만 아닌 과정을 중시하는 평가가 이루어질 수 있으며, 단순 지식과 이해를 확인하는 평가가 아닌 문제해결능력, 정의적 능력, 핵심 역량 등을 평가할 수 있다.

Revolution 05

과정중심평가와 교육과정-수업-평가 일체화를 위한 평가시스템 바꾸기

과정중심평가를 위한 평가 운영체제 바꾸기

과정중심평가는 교사별 평가 및 상시평가라는 새로운 평가시스템을 필요로 한다.

과정중심평가가 학교 현장에서 자리잡기 위해서는 다음과 같은 시스템의 변화가 필요하다.

첫째, 교사별 평가가 정착되어야 한다. 과정중심평가는 학생의 학습에 대한 성취 수준을 수업활동과 연계하여 평가해야 한다. 이러한 평가에서 수업과 관련된 활동 그 자체가 평가 도구가 된다. 따라서 수업을 하는 교사는 수업활동장면을 평가하기 위하여 자신의 수업과 맞는 평가 문항을 직접 선별하거나 출제하여 평가도구로 활용해야 한다. 수업에서 평가가 이루어지는 과정중심평가는 반드시 수업을 한 교사가 평가 문항을 출제해야 한다는 전제조건이 깔려 있다. 수업을 하지 않은 교사가 출제한 문항으로 평가를 할 경우 수업의 내용과 평가의 내용이 일치할 수 없기 때문이다.

둘째 과정중심평가는 성취기준을 준거로 평가가 이루어져야 한다. 과거 총괄평가의 평가 체제에서는 보통 2~3개월에 한 번씩 평가가 이루어지기 때문에 2~3개월 동안 수업한 내용을 평가하기 위하여 단원 단위 분량으로 평가를 했다. 하지만 과정중심평가 체제에서는 단원 단위의 평가가 부적합하다. 수업 중간 중간에 수시로 평가하기 때문에 단원 단위가 아닌 수업과 관련이 있는 성취기준 단위로 평가를 해야 한다. 보통 하나의 성취기준은 1차시나 2~3차시 수업 단위로 이루어질 수 있다. 따라서 교사는 하나의 성취기준에 대한 학생의 성취수준 여부를 수업 중에 수시로 파악하여 이에 따른 맞춤형 피드백을 제공하고, 학생의 수준에 맞는 다음 차시의 수업을 설계할 수 있어야 한다.

셋째 과정중심평가의 평가 결과는 점수로 부여하는 것은 의미가 없다. 100점 만점 식의 점수 부여는 학생을 서열화하기 위하여 쓰이는 점수 방식이기 때문에 과정중심평가의 관점에서는 필요가 없다. 그럼 과정중심평가에서는 어떠한 평가 결과가 필요할까? 과정중심평가에서는 학생의 성취기준 도달 여부와 도달했을 경우의 성취수준은 상, 중, 하 중 어느 수준에 해당하는지 정도의 평가 결과를 제시하여 학생의 수준에 맞춰 피드백하여 학생이 한 단계 더 높은 단계로 발전할 수 있도록 해야 한다.

넷째, 과정중심평가의 정착을 위해서는 평가도구의 변화가 필요하다. 과정중심평가는 수업 중 활동의 한 장면으로 이루어지는 평가라고 계속 이야기 하고 있다. 그럼 수업 중 한 활동으로 객관식 문제와 단답식 문제를 주고 학생들에게 풀어 보게 하는 장면을 상상해 보자. 이는 수업이 아닌 말 그대로 학원의 문제풀이반이 되는 것이다. 즉, 평가를 수업의 활동으로 사용하기 위해서는 어울리는 평가도구를 선택해야 한다. 과정중심평가는 수업의 과정과 지식 탐구의 성격을 충족할 수 있는 수행평가가 잘 어울린다. 평가방법을 수행평가와 지필평가로 분류하기 때문에 지필평가의 유형 중에는 논술형 평가가 수업 중의 평가활동의 성격과 맞는 평가방법으로 쓰일 수 있다.

이상의 이야기를 종합해 보았을 때 과정중심평가가 현장에 정착하기 위해서는 다음과 같은 평가시스템의 변화가 필요하다.

· 과정중심평가를 위한 평가 운영체제 변화 ·

출제자	수업과 상관없는 교사	➡	수업한 교사
평가시기	수업 종료 후 평가	➡	수업 중 평가
평가횟수	학기 중, 학기 말	➡	필요시 수시
평가준거	단원	➡	성취기준
평가 결과	점수	➡	세부 성취수준 제시 및 피드백 제공
주 평가도구	선택형, 단답형 평가	➡	수행평가, 논술형 평가

과정중심평가를 위한 학급평가운영

평가계획은 학생에 대한 '과정중심평가의 설계도'이다.

다음의 사진은 의사가 환자를 진단하는 모습이다. 의사는 환자를 진단하고, 이에 따른 처방을 내리고, 병을 고치기 위한 치료의 과정으로 환자를 치유한다. 환자에 대한 전문적인 진단과 치유는 의사만 할 수 있으며 때문에 의사를 전문직이라 한다.

그럼, 교직이 전문직인 이유는 무엇 때문일까? 이 질문에 명확한 이유를 들어 대답할 수 있는 선생님은 결코 많지 않을 것이다. 교사가 전문직인 이유 중 하나로 평가계획을 수립하여 이에 따른 평가를 실시하고, 학생에 맞는 피드백을 제공하여 성장을 시키는 과정을 들 수 있다. 이는 의사가 환자의 병을 진단하고, 이에 맞는 처방을 제공하여 병을 낫게 하는 과정과 비슷하다. 교사도 학생의 성취기준에 대한 성취수준을 진단하고, 이에 따른 피드백을 제공하고 다음 수업을 설계하여 학생이 성취기준에 도달하도록 한다. 이를 자세히 비교하면 다음 표와 같다.

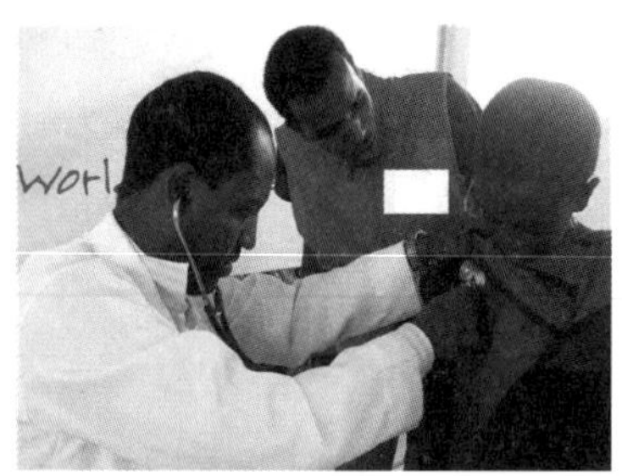

〈출처: 구글 이미지〉

교사	의사
평가도구(수행평가, 지필평가 등)	검사도구(X-ray, CT 등)
피드백	처방전
수업	치료 및 수술
피드백을 통한 성취기준 도달	병의 치유

훌륭한 의사는 단순한 증상만으로도 환자의 병을 예측할 수 있으며, 적절한 검사도구로 정확한 병명과 원인을 알아내어 이에 맞는 처방과 치료로 병을 완벽하게 치유할 수 있어야 한다. 교사도 마찬가지이다. 학생의 성취기준

을 달성하기 위해 성취기준에 최적화된 수업을 설계하고, 성취기준에 맞는 평가도구를 수업 적재적소에 실시하여 학생의 성취수준을 진단할 수 있어야 한다. 그리고 이에 따른 맞춤형 피드백으로 학생의 성취수준을 향상시킬 수 있어야 훌륭한 교사로 인정받는다. 여기서 수업설계, 적절한 평가도구 선정 및 투입시기 결정, 맞춤형 피드백 제공 등이 바로 교사 전문성의 기준이며, 교사가 전문직이라 말할 수 있는 이유이다.

그럼 학급의 평가계획과 교사의 전문성은 어떤 관련이 있을까? 성취기준에 따른 수업설계, 평가도구 선정 및 평가시기 결정, 피드백 제공 및 평가의 결과를 반영한 다음 수업 방향 설정 등이 일목요연하게 드러나게끔 하는 것이 교사의 평가계획이라고 할 수 있다. 그럼 평가계획은 어떻게 수립하여야 할까?

과정중심평가의 설계도: 학급평가계획

과정중심평가는 수업활동 중에 수시로 평가가 이루어진다. 따라서 교사는 과정중심평가를 효율적으로 실천하기 위해 평가계획을 수립해야 한다. 평가계획이 수립되어 있어야 교육과정과 수업, 평가를 연계해 운영할 수 있다. 그러나 과거 총괄평가 중심의 평가에서는 학급평가계획을 필요로 하지 않았다. 과거의 평가를 그림으로 나타내면 다음과 같다.

• 과거 총괄평가 중심의 평가 •

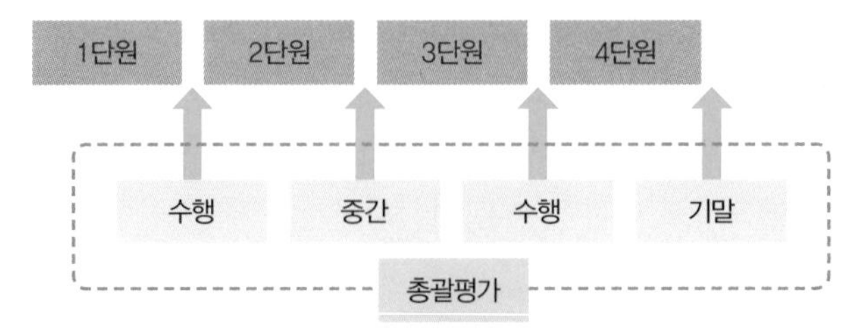

총괄평가는 학교 전체 교육과정 운영 계획에 의해 중간고사와 기말고사의 날짜를 부여받는다. 이렇게 지필평가는 한 학기에 두 번 학교에서 정한 날짜에 이루어지며, 수행평가는 동 학년 단위로 평가내용을 나이스에 한 번에 올리기 때문에 학급 담임의 재량으로 평가를 설계할 필요성이 없었다. 결국 과거 총괄평가 체제하에서는 담임 교사가 자신의 학급평가를 운영하기 위한 평가계획 자체에 대한 개념이 없었다.

하지만 과정중심평가에서 수업 중 수시로 이루어지는 평가체제를 그림으로 표현하면 다음과 같다.

• 수업 중 수시로 이루어지는 과정중심평가 •

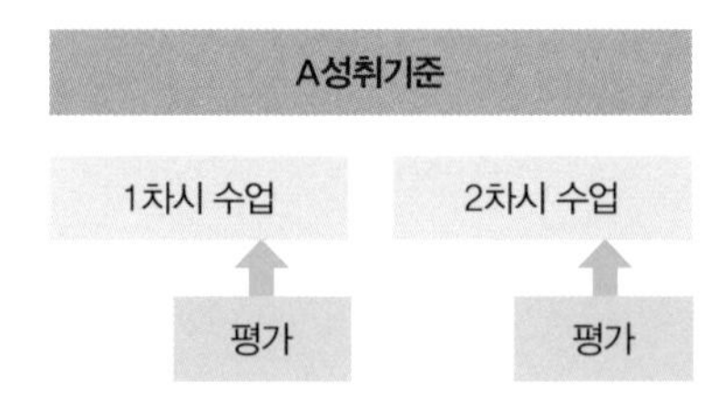

위의 그림에서 보는 바와 같이 과정중심평가는 수업의 활동 과정 중 수시

로 평가가 이루어지는 시스템이다. 학생 개개인의 성취기준 달성 여부를 효율적으로 파악하기 위하여 적재적소에 평가가 이루어져야 하며, 이러한 평가계획이 과정중심평가 관점이 반영된 학급평가계획이다. 과정중심평가 방식에 의한 실제의 평가계획은 다음과 같다.

· 학급평가계획 예시 ·

단원명 (대주제)	영역	성취기준	평가요소	평가 유형	평가 시기
1.소수의 곱셈	수와 연산	[수61041-2] (소수)×(소수)의 계산 원리를 이해하고 그 계산을 할 수 있다.	(소수)×(소수)의 계산 원리를 그림으로 설명하고, 계산하기	지필 (서술)	8월
2. 합동과 대칭	도형	[수62011] 구체적인 조작 활동을 통해 도형의 합동의 의미를 알고, 합동인 도형을 찾을 수 있다.	구체적인 조작 활동을 통해 도형의 합동의 의미를 알고, 합동인 도형 찾기	수행 (실기)	8월
		[수62012] 합동인 두 도형에서 대응점, 대응변, 대응각을 각각 찾고, 그 성질을 설명할 수 있다.	합동인 두 도형에서 대응점, 대응변, 대응각을 각각 찾고, 그 성질 설명하기	지필 (서술)	9월
		[수62013-1] 선대칭 도형의 의미를 알고 그릴 수 있다.	선대칭 도형을 찾고 그리기	수행 (실기)	9월
		[수62013-2] 점대칭 도형의 의미를 알고 그릴 수 있다.	점대칭 도형을 찾고 그리기	수행 (실기)	10월
3. 분수의 나눗셈	수와 연산	[수61032] (자연수)÷(자연수)에서 나눗셈의 몫을 분수로 나타낼 수 있다.	(자연수)÷(자연수)에서 나눗셈의 몫을 분수로 나타내기	지필 (서술)	10월
4. 소수의 나눗셈	수와 연산	[수61042] (자연수)÷(자연수), (소수)÷ (자연수)에서 나눗셈의 몫을 소수로 나타낼 수 있다.	(자연수)÷(자연수), (소수)÷(자연수)에서 나눗셈의 몫을 소수로 나타내기	지필 (서술)	11월

단원명 (대주제)	영역	성취기준	평가요소	평가 유형	평가 시기
5. 여러 가지 단위	측정	[수63021] 실생활에서 매우 무거운 무게 단위의 필요성을 인식하여 1t을 알고, 무게 단위 사이의 단위 변환을 할 수 있다.	실생활에서 매우 무거운 무게 단위의 필요성을 알고 t, kg으로 나타내기	지필 (서술)	11월
6.자료의 표현	확률과 통계	[수65012] 평균의 의미를 알고, 주어진 자료의 평균을 구할 수 있으며, 이를 활용할 수 있다.	실생활 자료를 수집하여 평균을 구하고, 목적에 맞게 그래프를 그려 자료의 특성 설명 하기	수행 (프로젝트)	12월
		[수65022] 실생활 자료를 수집하여 목적에 맞는 그래프로 나타내고, 자료의 특성을 설명할 수 있다.			

〈출처:한국교육과정평가원 연구자료 ORM 2017-19-1〉

위의 평가계획을 분석해 보면 성취기준 단위로 평가가 이루어지는 것을 확인할 수 있다. 그러나 위의 평가계획은 엄밀히 보면 과정중심평가에서 강조하는 수업 중 활동으로 이루어지는 평가와 총괄평가의 과도기적 단계에 해당한다. 그 이유는 위의 평가계획은 평가에 대한 내용만 제시되어 있고, 해당 평가가 수업의 어느 시점에 이루어지는지가 제시되어 있지 않기 때문이다. 학생의 성장을 돕는 과정중심평가가 되기 위해서는 평가가 성취기준과 관련된 수업의 흐름 중간에 이루어질 수도 있으며, 하나의 성취기준이 2가지 이상의 평가요소를 포함하여 2회 이상의 평가가 이루어져야 하는 경우도 있다. 그럼 과정중심평가의 관점을 조금 더 명확히 구현해 내기 위한 평가계획은 어떻게 수립해야 할까? 이에 대한 대안점도 과정중심평가의 성격에서 생각해 볼 수 있다. 과정중심평가는 교육과정, 교수 · 학습, 평가의 연계를 강조한다. 따라서 교육과정 세부지도 계획에 평가계획이 함께 제시될 때 과정중심평가 운영이 명확해질 수 있다. 위의 평가계획만으로는 평가를 수업의 몇 차시에, 수업 중 언제 실시할지 알 수 없다. 따라서 아래 표와 같이 교육과정과 수업의 연계를 고려하여 교과 세부지도 계획에 평가계획을 함께 제시하면 수업 중 어느 장면에서 평가할지가 명확해질 수 있다. 또한 수업 중 활동으로 평가를 중요시하는 과정중심평가의 관점을 평가계획에서 좀더 명확히 구현할 수 있다.

• 과정중심평가의 관점을 반영한 학급평가계획 •

단원	3. 덧셈과 뺄셈				
성취 기준	[2수01-06] (한 자리 수)+(한 자리 수)=(두 자리 수), (두 자리 수)-(한 자리 수)=(한 자리 수)의 계산 원리를 이해하고, 그 계산을 할 수 있다.				
차시	일시	수업계획	평가계획		
			수업과 연계한 평가	수행	지필
1	5/8	구체물로 덧셈 하기	[평가1] 바둑돌을 이용한 덧셈장면 평가	실기	
2	5/10	기호와 덧셈식을 활용하여 덧셈하기	[평가2] 연필개수를 이용한 덧셈식 만들기	구술	
3	5/11	구체물로 뺄셈 하기	[평가3] 바둑돌을 이용한 뺄셈장면 평가		논술
4	5/13	기호와 뺄셈식을 활용하여 뺄셈하기	[평가4] 연필개수를 이용한 뺄셈식 만들기	구술	

위의 평가계획은 과정중심평가에서 이야기하는 평가의 관점이 잘 반영되어 있다. 평가계획이면서 교육과정의 교과지도 세부계획이 될 수 있다. 위의 평가계획은 '[2수01-06] (한 자리 수)+(한 자리 수)=(두 자리 수), (두 자리

수)−(한 자리 수)=(한 자리 수)의 계산 원리를 이해하고, 그 계산을 할 수 있다.'의 성취기준을 평가하기 위한 수업과 연계한 평가계획이다. [2수01−06]의 성취기준을 평가하기 위하여 4가지 주제의 수업으로 수업을 구성하였으며, 각 수업마다 다음 단계 수업을 설계하기 위한 평가가 진행된다. 이는 과정중심평가에서 이야기하는 수업 중에 평가가 이루어지는 상황이다.

첫 번째 수업에서 구체물을 이용한 덧셈의 평가를 통하여 뎃셈에 대한 학생의 성취 수준에 따라 즉시 피드백을 제공하였다. 다음 차시의 덧셈식을 만드는 수업에서 학생들이 학습 결손 없이 수업 내용을 이해할 수 있도록 한 것이다. 또한 교사의 입장에서 성취기준의 중간 단계에서 평가를 실시하여 다음 차시 수업을 학생 수준에 맞는 맞춤형 수업으로 설계할 수 있다. 이러한 부분 역시 수업 중 평가를 통한 교사의 수업설계 정보 제공이라는 과정중심평가의 평가관을 실제로 반영한 평가계획이라 할 수 있다.

과정중심평가의 계획은 단원평가가 중심인 큰 단위의 학습 내용을 성취기준 단위로 평가하는 내용의 양적 슬림화만으로 이루어지는 것이 아니다. 위 예시와 같이 수업의 중간중간에 학생의 학습을 점검하여, 평가가 수업으로서의 역할을 할 수 있도록 평가계획을 수립해야 한다. 이와 함께 수업 중 평가활동을 통해 배움이 느린 학생, 배움에 어려움이 있는 학생에게 즉각적인 피드백을 제공하여, 다음 차시 학습에 결손이 발생하지 않도록 조치할 수 있는 학급평가계획이 수립되어야 한다. 이를 도식화하면 다음과 같다.

· 과정중심평가에서의 평가 구조도 ·

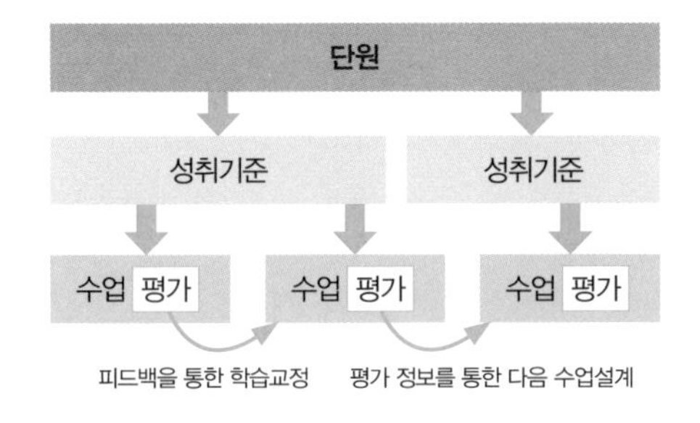

위의 그림과 같이 과정중심평가는 단원중심평가에서 성취기준 단위 평가로 평가 내용의 슬림화를 한 후 성취기준을 분석하여 수업 안에 성취기준을 달성하기 위한 평가 장면을 효율적으로 배치하여야 한다. 이때 그림에서 보는 바와 같이 평가를 통해 학생의 성취기준에 대한 도달여부를 파악하여 미도달 학생 및 성취수준이 낮은 학생에게 성취기준 도달 및 상위 수준으로 도약할 수 있도록 피드백을 제공하여 학생의 성장을 돕는 기능을 할 수 있어야 한다. 또한 평가를 통해 다음 수업에 학생의 특성을 반영하여 맞춤형 수업을 설계할 수 있도록 수업설계를 위한 정보의 기능도 할 수 있어야 한다. 이러한 기능이 모두 평가계획에 드러날 수 있어야 과정중심평가의 평가 관점을 반영한 평가계획이 되는 것이다. 한국교육과정평가원에서 제시한 평가계획은 과정중심평가의 2가지 기능은 보이지 않고, 단순히 단원을 중심으로 평가의 내용을 성취기준 단위로 슬림화한 부분만 보인다.

안타깝게도 아직 학교 현장에서는 한국교육과정평가원에서 제시한 평가계획으로 평가계획을 수립하고 있다. 실제 경기도교육청에서는 한국교육과정평가원에서 제시한 평가계획의 형태로 모든 학급이 개별적인 평가계획을 수립하고 있다. 과정중심평가만이 아닌 경기도교육청에서 이야기하는 성장중심평가의 평가관에서도 평가계획서에 평가 피드백과 후속 수업설계 정보의 기능이 녹아 있어야 한다.

결론적으로 과정중심평가의 관점이 드러난 평가계획을 수립하기 위해서는 성취기준과 평가횟수를 1 : 1 방식으로 기계적으로 대응해서는 안된다. 하나의 성취기준에 도달하기 위하여 필요한 수업계획을 수립하고 이 수업의 적재적소에 평가를 배치할 수 있는 평가계획이 과정중심평가의 방향을 살린 평가계획이라 할 수 있다.

학급평가계획 수립 매뉴얼

과정중심평가를 학급에서 운영하기 위해서는 학급평가계획 수립이 필요하다. 그럼 학급의 평가계획은 어떤 절차에 의하여 수립되어야 할까? 우선 경기도교육청에서 제시한 학급평가계획 수립 절차를 살펴보겠다.

단계		내용
성취기준을 분석하여 지필/수행평가 결정	▶	각 교과에서 제시한 학년별, 교과별 성취기준을 보고 평가유형(지필평가, 수행평가)을 결정한다. 아래는 5학년 2학기 수학과 1–2단원의 핵심 성취기준에 따른 평가유형 결정 예시이다. [수61041–2] (소수)×(소수)의 계산 원리를 이해하고 계산을 할 수 있다. [수62013–1] 선대칭 도형의 의미를 알고 그릴 수 있다. [수62013–2] 점대칭 도형의 의미를 알고 그릴 수 있다.
⬇		

평가내용 선정	성취기준 도달도에 확인하기에 적합한 평가내용(요소)를 선정한다.	
	성취기준	**평가내용**
	[수62013-2] 점대칭 도형의 의미를 알고 그릴 수 있다.	조건에 맞는 점대칭 도형 그리기

⬇

평가방법 선택	선택한 평가(수행,지필)에 적합한 평가방법을 선택한다.	
	평가내용	**평가방법**
	조건에 맞는 점대칭 도형 그리기	실기평가

⬇

평가시기	학년 교육과정 진도에 맞춰 평가시기를 결정한다.

〈출처: 경기도교육청 2016 경기도 초등학교 학업성적관리 시행지침〉

위의 평가계획 수립 절차 시스템은 성취기준에 대하여 평가방법을 정하고, 평가요소와 세부적인 평가도구를 선정한 후 평가시기를 결정하는 방식이다. 위의 학급평가계획 수립절차는 학급평가계획에 대한 구체적인 방법을 최초로 제시했다는 점에서 의의가 있으나 앞에서 이야기했듯 과정중심평가의 평가관을 구현하기 위하여는 다음의 사항을 보완해야 한다.

평가 요소에 따라 수업과 연계한 평가의 시기를 보완해야 한다. 이는 하나의 성취기준이라도 두 개 이상의 평가요소가 나올 수 있으며, 서로 다른 차시 수업에서 평가로 구현될 수 있기 때문이다. 예를 들어 '[2수01-06] (한 자리 수)+(한 자리 수)=(두 자리 수), (두 자리 수)-(한 자리 수)=(한 자리 수)의 계산 원리를 이해하고, 그 계산을 할 수 있다.'의 성취기준을 위의 평가계획 수립 절차대로 수립하면 총괄평가 스타일의 평가가 되기 쉽다. 그러나 [2수01-

06]의 성취기준을 자세히 분석해 보면 '구체물을 통한 덧셈 → 수식과 기호를 통한 덧셈식 표현 → 구체물을 통한 뺄셈 → 수식과 기호를 통한 뺄셈식 표현' 4단계형으로 성취기준이 구성되어 있다. 이에 따라 평가요소를 4단계형으로 설정하는 것이 바람직하다. 즉, 하나의 성취기준이지만 수업과 연계한 평가가 되기 위해서는 성취기준 [2수01-06]은 4차시 수업에서 평가가 차시별로 함께 이루어져야 한다. 이러한 평가 방식이 바로 과정중심평가의 수업과 평가가 함께 이루어지는 방식인 것이다.

위의 사항들을 정리하여 과정중심평가 관점에 의한 평가계획 수립 절차를 제시하면 다음과 같다.

1) 성취기준의 평가요소 분석

- 성취기준의 도달/미도달을 확인하기 위한 평가요소를 추출한다

㉾ '[2수01-06] (한 자리 수)+(한 자리 수)=(두 자리 수), (두 자리 수)-(한 자리 수)=(한 자리 수)의 계산 원리를 이해하고, 그 계산을 할 수 있다'의 성취기준은 아래 4가지 평가요소를 단계적으로 평가하는 것이 효율적이다.

1) 구체물을 이용한 덧셈
2) 수식과 기호를 통한 덧셈식 표현
3) 구체물을 이용한 뺄셈
4) 수식과 기호를 통한 뺄셈식 표현

☞ 성취기준에서 평가해야 할 지식, 기능, 태도를 분석한 후 이를 평가하기 위한 평가 요소를 선정한다.

2) 평가요소와 수업장면 매칭

- 위의 4가지 평가요소와 관련이 있는 수업 주제를 분석하여 평가가 수업 속에서 이루어질 수 있도록 배치한다.

㉮ 평가요소와 관련 있는 수업 장면을 선정 후 수업과 평가를 매칭

차시	수업 주제	평가요소	평가시기
1	구체물로 덧셈하기	[평가1] 구체물을 이용한 덧셈 장면 평가	5/8
2	기호와 덧셈식을 활용하여 덧셈하기	[평가2] 수식과 기호를 통한 덧셈식 표현	5/10
3	구체물로 뺄셈하기	[평가3] 구체물을 이용한 뺄셈 장면 평가	5/11
4	기호와 뺄셈식을 활용하여 뺄셈하기	[평가4] 수식과 기호를 통한 뺄셈식 표현	5/13

☞ 평가가 수업 속에서 이루어질 수 있도록 하기 위하여 평가요소와 관련이 있는 수업 주제를 매칭하는 단계이다. 이때 교사는 평가요소를 분석한 후 각각의 평가요소가 어떠한 수업 장면과 관련이 있는지를 각 교과의 교사용 지도서를 통하여 확인이 가능하다. 또한 평가와 수업의 매칭 단계에서 평가시기 선정이 가능하다. 교육과정 진도표 상에서 해당 수업이 이루어지는 시기가 이미 제시되어 있기 때문이다. 또한 이 단계에서 교육과정의 재구성이 이루어질 수 있다. 효율적인 평가를 위하여 평가요소 중심으로 수업 주제와 단원 지도 계획을 재구성할 수 있기 때문이다.

3) 평가방법/평가도구의 선정

– 각각의 평가요소를 평가할 수 있는 수업 주제를 선정하였으면, 수업활동과의 연계를 고려하여 평가방법과 평가도구를 선정해야 한다.

㈎ 1, 3차시의 구체물을 이용한 덧셈과 뺄셈의 평가는 구체물을 이용하여 학생들이 덧셈과 뺄셈을 할 수 있는가를 수행평가의 관찰법을 통하여 실시하는 것이 효율적이다. 2, 4차시 수식과 기호를 통한 덧셈식과 뺄셈식의 표현 평가는 지필평가의 논술형 평가로 수업 중에 실시하는 것이 효율적이다.

차시	수업 주제	평가요소	평가시기
1	구체물로 덧셈하기	[평가1] 구체물을 이용한 덧셈 장면 평가	5/8
2	기호와 덧셈식을 활용하여 덧셈하기	[평가2] 수식과 기호를 통한 덧셈식 표현	5/10
3	구체물로 뺄셈하기	[평가3] 구체물을 이용한 뺄셈 장면 평가	5/11
4	기호와 뺄셈식을 활용하여 뺄셈하기	[평가4] 수식과 기호를 통한 뺄셈식 표현	5/13

☞ 〈경기도교육청 2016 경기도 초등학교 학업성적관리 시행지침〉에서 제시한 평가계획 수립절차에서는 지필평가와 수행평가를 분류하는 과정과 평가도구를 선정하는 과정을 각각 다른 단계로 제시하였다. 그러나 일반적인 평가계획의 과정에서는 평가장면에 어울리는 평가도구를 먼저 생각한다. 평가도구를 선정하면 그 평가도구가 지필평가에 속하는 평가방법인지, 수행평가에 속하는 평가방법인지는 평가이론상 구분된 내용이기 때문에 평가계획 수립 단계에서 따로 고민할 필요가 없다.

또한 2018학년도에 개정된 〈경기도 초등학업성적관리 시행지침〉과 같이 지필평가와 수행평가를 구분하지 않고, 하나의 평가로 통합하여 운영하는 시도교육청이 많아지고 있다. 해당 시도의 지침에 지필평가와 수행평가의 구분이 없다면 평가도구만 제시하도록 한다.

위의 평가계획 수립절차를 도식화하면 다음과 같다.

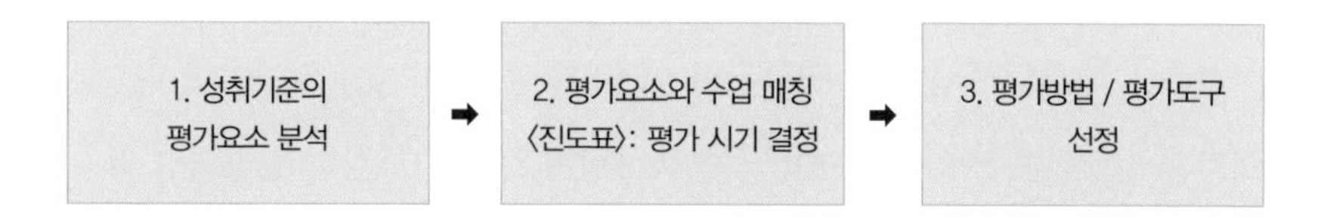

위의 학급평가계획 수립 절차 과정을 통하여 평가가 수업의 활동으로 제시될 수 있는 과정중심평가를 위한 평가계획을 수립할 수 있다.

성취기준, 평가기준, 성취수준의 의미 이해

학급평가운영 및 학급평가계획 수립을 위해서는 평가와 관련된 용어를 알아야 한다. 평가와 관련된 용어는 성취기준, 평가준거 성취기준, 평가기준, 성취수준이 있다.

성취기준 중 교육과정 성취기준은 가르쳐야 할 내용과 이를 바탕으로 평가할 내용을 선정하는 준거이며 학생들이 교과를 통해 배워야 할 내용과 이를 통해 수업 후 할 수 있거나 할 수 있기를 기대하는 능력을 결합하여 나타낸 수업활동의 기준이며 평가의 준거이다. 교사는 평가계획을 수립할 때 단원을 준거로 평가하는 것이 아닌 성취기준을 준거로 평가계획을 수립해야 하며, 문항을 출제할 때도 교과서의 내용을 참고하는 것이 아닌 성취기준을 근거로 출제해야 한다.

2015 개정 교육과정에서 평가준거 성취기준이라는 용어가 새롭게 사용되었다. 평가준거 성취기준은 성취기준을 조금 더 세분화한 성격을 갖는다. 교사들이 학급평가계획을 수립할 때 성취기준과 평가준거 성취기준이 있는데

어떻게 해야 해요? 하고 질문하는 경우가 많다. 평가계획 수립 시에는 이름 그대로 성취기준보다 평가준거 성취기준이 중요한 개념이다. 평가계획에 성취기준은 제시되지 않아도 평가준거 성취기준은 제시되어 있어야 한다. 성취기준과 평가준거 성취기준이 모두 제시되어 있는 수학과의 일반적인 평가계획은 다음과 같다.

성취기준과 평가준거 성취기준을 고려한 평가 예시

성취기준	평가준거 성취기준	평가내용
[2수01-03] 네 자리 이하의 수 범위에서 수의 계열을 이해하고, 수의 크기를 비교할 수 있다.	50까지의 수 계열을 이해하고, 수의 크기를 비교할 수 있다.	50까지 수의 크기 비교하기
[2수02-01] 교실 및 생활 주변에서 여러 가지 물건을 관찰하여 직육면체, 원기둥, 구의 모양을 찾고, 그것들을 이용하여 여러 가지 모양을 만들 수 있다.		직육면체, 원기둥, 구를 활용하여 창의적인 모양 만들기

위의 표와 같이 성취기준만으로 제시되어 있는 성취기준도 있으며, 평가준거가 따로 제시되어 있는 성취기준도 있다. 따라서 평가계획에서는 위의 예와 같이 2가지가 모두 제시될 수 있도록 평가계획서를 작성하는 것을 추천하고 싶다.

평가기준은 2009 개정 교육과정에서는 성취수준에 해당하는 용어로 2015 개정 교육과정에서는 성취수준이 평가기준으로 변경되어 사용하고 있다. 평가기준은 성취기준에 대한 학생의 수준별 도달 정도를 의미한다.

· 평가기준 예시 ·

상	두 자리 수의 범위에서 세 수의 덧셈과 뺄셈을 하고, 그 계산 과정을 설명할 수 있다.
중	두 자리 수의 범위에서 세 수의 덧셈과 뺄셈을 할 수 있다.
하	두 자리 수의 범위에서 안내된 절차에 따라 간단한 세 수의 덧셈과 뺄셈을 할 수 있다.

교사는 평가를 통하여 학생의 성취수준을 다음의 상, 중, 하 중 한 가지로 판별한다. 예시의 상, 중, 하 평가기준은 학교의 수행평가 평가기준 부여 방법에 따라 매우우수/잘함/보통/부족 등의 4단계나 매우우수/잘함/보통/부족/매우부족의 5단계로 세분화하여 설정할 수도 있다.

또한 위의 평가기준의 내용을 수정할 수 있는지, 수정이 불가능한지 궁금해하는 경우가 많다. 평가기준은 성취기준에 대한 세부 도달 기준을 알아보는 준거이므로, 교사가 나름의 기준에 의하여 재진술할 수 있다. 단, 재진술을 할 때에도 상, 중, 하의 내용이 모두 성취기준과 관련된 내용이어야 한다.

성취수준은 각 교과의 영역에 대한 평가기준별 지식, 기능, 태도에 도달한 일반적 특성을 진술한 내용이다. 따라서 교사는 성취수준을 학생에 대한 평가의 기록 예시로 활용할 수 있다.

과정중심평가를 위한 학교평가운영

과정중심평가가 교실 현장에 정착되기 위해서는 학교 차원의 노력도 필요

하다. 학교는 학교교육과정 운영과 학교의 학업성적 관리규정에서 과정중심평가를 위한 발판을 마련해 주어야 한다.

첫째, 학교교육과정 수립 시 평가일, 평가주간 등을 아예 폐지해야 한다. 평가일과 평가주간이 고정되어 있다는 것은 평가는 평가대로, 수업은 수업대로 한다는 의미이며, 해당 평가일에 일제식 평가로 치러질 수밖에 없다. 따라서 교육과정상 평가와 관련된 날짜를 따로 부여하지 않고 교사가 수업 중에 자유롭게 평가를 할 수 있는 분위기를 조성해야 한다.

둘째, 과정중심평가의 정착을 위해 학급교육과정 수립 시 교육과정 관련 사설 프로그램을 활용하여 만드는 것이 아닌, 교과별 진도표, 세부지도 계획에 그 수업 차시 주제와 관련된 평가계획을 제시할 수 있도록 개별 학교만의 수업 연계 평가계획 양식을 만들어 보는 것도 하나의 방법이 될 수 있다. 수업 연계 평가계획이라고 해서 전혀 새로운 것이 아니다. 교육과정 상의 진도표와 학급평가계획서의 각 평가들을 서로 연결만 시켜주면 된다. 앞 장에서 필자가 예시로 제시한 평가계획서 또한 하나의 예시자료가 될 수 있다. 또한 평가계획별로 코딩을 부여하여, 이를 진도표 상의 수업계획에 상호 매칭만 시켜주어도 과정중심평가가 이루어지는 평가계획이 될 수 있다.

셋째, 결재용이 아닌 수업에서 적용 가능한 평가계획이어야 한다. 흔히, 정보공시를 위하여 수립한 평가계획은 말 그대로 계획을 위한 문서 생산에만 그치는 경우가 대부분이다. 실제 평가를 위한 평가계획이 되기 위하여 평가가 이루어지는 실제 수업을 고민하고, 그 수업에 평가를 연결한 계획을 수립한다면 실제적인 평가계획에 가까워질 수 있다.

넷째, 학교별 전문적 학습공동체 운영 시 평가와 관련하여 학생 성취수준에 따른 피드백 사례를 공유하여 피드백의 효율성을 높일 수 있어야 한다. 동학년, 동일교과 단위의 전문적 학습공동체에서 하 수준의 학생에게 필요한 보충학습자료, 상 수준의 학생을 위한 심화학습자료를 서로 공유할 수 있는 분위기가 조성되어야 한다.

다섯째, 학교에서 평가와 관련된 법이라 할 수 있는 학교의 학업성적 관리규정에 대한 고민도 필요하다. 과정중심평가가 학교 단위로 정착되기 위해서 각 학교의 학업성적 관리규정 개정 시 반드시 수행평가를 실시해야 하는 교과의 설정, 수행평가의 실시 비율 확보 등의 장치가 학업성적 관리규정으로 만들어져야 한다. 이를 통하여 과정중심평가의 실천을 위한 주요한 평가도구인 수행평가의 비율을 높일 수 있다. 또한 학교의 학업성적 관리규정에 평가 문항은 반드시 수업한 교사가 출제한다는 규정을 명시하여, 과목 분배식 평가 문항 출제 등을 방지해야 한다. 과목 분배식으로 출제가 이루어질 경우 수업과 평가의 연계가 어려워질 수 있기 때문이다.

Revolution 06

과정중심평가와 교육과정-수업-평가 일체화를 위한 수행평가 바꾸기

과정중심평가를 위한 수행평가

과정중심평가로 새롭게 태어나는 수행평가

과정중심평가를 실천하기 위해서는 제대로 된 수행평가를 해야 한다. 제대로 된 수행평가란 지필평가의 파행적인 형태가 아닌 본래의 취지를 살린 수행평가를 의미한다. 수행평가를 제대로 실천하기 위하여 살펴보아야 할 특징은 다음과 같다.

수행평가의 특징

- 과정과 결과를 함께 평가
- 성장 과정에 대한 지속적인 평가
- 정의적 특성 평가를 통한 전인교육의 추구
- 실제 상황과 유사한 맥락에서 평가
- 의사소통, 협업 등의 능력 강화
- 능동적 학습활동 유도

〈출처: 한국교육과정평가원 연구자료 ORM 2017-19-1〉

앞의 수행평가의 6가지 특징은 모두 과정중심평가에서 추구하는 평가의 관점과 일치한다. 성장 과정에 대한 지속적인 평가는 과정중심평가에서 강조하는 수업을 통한 학생 학습활동의 수시 평가와 의미가 일치한다. 과정과 결과를 함께 평가하는 특징은 과정중심평가의 답이 나오는 과정을 중시하는 평가관과 일치한다. 또한 과정중심평가에서도 인지적인 영역뿐만 아니라 정의적 영역의 평가를 포함한다. 학습활동 중에 평가를 하는 모습이 학습자의 능동적 활동을 유도하는 수행평가의 특징과 관련이 있다고 할 수 있다. 그리고 과정중심평가는 수업 안에서 평가가 진행되기 때문에 모둠활동, 동료 간의 협동활동으로 평가하는 경우가 많다. 이는 수행평가의 의사소통, 협업 능력 강화의 특성과 일치한다. 이를 종합하면 다음 표와 같다.

• 수행평가와 과정중심평가 비교 •

수행평가	과정중심평가
과정과 결과를 함께 평가	수행 과정의 평가
성장 과정에 대한 지속적인 평가	수업 중 평가
정의적 특성 평가를 통한 전인교육의 추구	인지적, 정의적 영역 모두 강조
실제 상황과 유사한 맥락에서 평가	실제 상황을 수업의 활동 장면으로 구현하여 평가
의사소통, 협업 등의 능력 강화	모둠활동의 수업장면에서 이루어지는 평가

수행평가와 과정중심평가의 밀접한 관련성 때문에 과정을 중시하는 수행평가라는 용어도 사용되고 있다. 과정을 중시하는 수행평가는 과정중심평가와 수행평가의 특징을 하나로 녹여낸 용어로 다음과 같은 의미를 갖는다.

과정중심평가	수행평가
• 성취기준에 기반을 둔 평가 • 수행 과정의 평가 강조 • 다양한 평가방법의 활용 • 학습자의 발달을 위한 평가 결과의 활용 • 지식, 기능, 태도를 아우르는 종합적인 평가 • 수업 중에 이루어지는 평가	• 성장 과정에 대한 지속적인 평가 • 과정과 결과를 함께 평가 • 의사소통, 협업 등의 능력 강화 • 실제 상황과 유사한 맥락에서의 평가 • 능동적 학습활동 유도 • 정의적 특성 평가를 통한 전인교육의 추구

과정을 중시하는 수행평가

- 과정중심평가는 수업 중에 학생의 수행 과정을 평가하는 것을 강조하며, 수행평가 또한 실제 상황과 유사한 맥락에서 학생의 수행결과뿐 아니라 과정을 평가하는 것을 강조함.
- 따라서 수행평가를 의도하는 바대로 시행하는 것만으로도 충분히 과정중심평가의 방향성을 담을 수 있음.
- 과정을 중시하는 수행평가는 학기 초에 교수 · 학습과 평가를 함께 계획하는 것이 중요함. 그리고 교수 · 학습과 연계하여 수행평가를 실시하여 수시로 피드백이 이루어져야 하며, 학생의 성장 과정을 누가 기록하여 학기말 평정에 활용하도록 해야 함.

〈출처: 과정을 중시하는 수행평가, 이렇게 해요! 한국교육과정평가원(2017).〉

위와 같은 특징 때문에 교육부에서는 과정중심평가를 교육 현장에 적용하기 위하여 수행평가의 중요성을 강조하고 있다. 하지만 수행평가가 과정중심평가를 구현하는 주요한 수단이 되기 위하여 그동안의 수행평가에 대한 반성이 필요하다. 현장에서 아직도 수행평가를 총괄평가로 활용하는 경우가 많다. 실제로 수학에서 1단원의 덧셈과 뺄셈에 대한 수행평가를 한다고 하면서 수업 중에 수행평가를 하는 것이 아닌 진도를 다 나간 후 따로 날짜를 정해서 평가를 하고 있다. 더 심한 경우는 수학 교과에서 수행평가의 취지를 살린다면 조작 활동을 통해 수행성을 동반하여 평가해야 하는데, 시험지, 평가지를 출력하여 빈칸 채우기식으로 수행평가를 실시하는 현장의 선생님들이 아직도 대다수이다. 과정중심평가가 현장에서 빠르게 자리잡기 위해서는 우선 수행평가에 대한 현장 교사들의 바른 이해가 필요하다.

현장의 수행평가 돌아보기

과정중심평가가 정착하기 위해서는 현장에서 제대로 된 수행평가가 이루어져야 한다. 다음의 수행평가 자료가 현장의 수행평가 실태를 잘 보여 준다.

교과	학년-학기	내용/행동영역	수행평가 유형
수학	1-1	도형/이해	구술평가

관련단원	2. 합동과 대칭
성취기준	[수62012] 합동인 두 도형에서 대응점, 대응변, 대응각을 각각 찾고, 그 성질을 설명할 수 있다.
평가요소	합동인 두 도형에서 대응점, 대응변, 대응각을 각각 찾아보고 그 성질을 설명하기

※ 두 도형은 합동입니다. 물음에 답하시오.

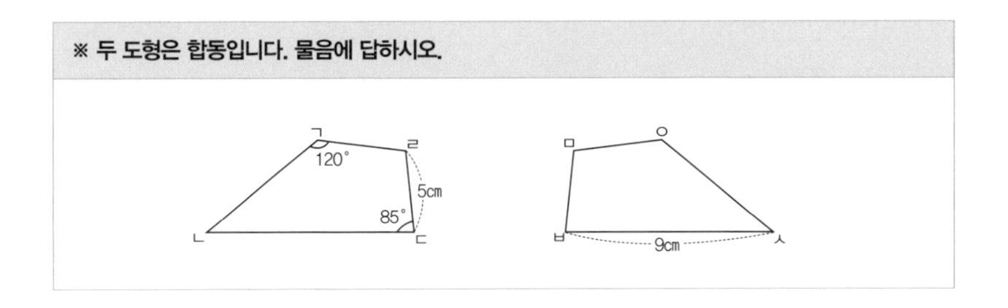

1. 점ㄱ의 대응점은?
2. ① 변 ㄴㄷ의 길이는? ② 그렇게 생각한 이유는?
3. ① 각 ㅅㅇㅁ의 크기는? ② 그렇게 생각한 이유는?

위 문항이 과연 수행평가가 될 수 있을까? 수행평가는 수행과정의 평가를 중요시하기 때문에 지필평가와는 차별되는 수행성이 포함되어야 한다. 그러나 위의 평가는 평가 내용을 종이에 출력하여 지필평가로 실시하여도 이상할 것이 없다. 한마디로 수행평가라기보다는 지필평가에 더 가깝다고 할 수 있다.

위의 사례와 같이 우리 현장에 수행평가가 들어온 지 20년이 다 되어가는데 아직도 수행평가라는 명목하에 학습지 형식으로 또다른 지필평가를 시행하고 있다. 물론 음악이나 미술, 체육 교과 같은 경우 수행평가의 의미를 살려 실제 실기시험을 실시하고 있다. 하지만 국어, 수학, 사회, 과학과 같은 교과의 경우 수행평가라는 타이틀만 써서 지필평가를 실시하고 있는 것이 우리 학교의 현실이다.

그럼 한국교육과정평가원 연구자료로 수행평가의 참된 의미란 무엇인지 확인해 보자.

• 수행평가의 참된 의미 •

수행평가가 무엇인가요? 이 질문에 명확히 답할 수 있는 교사는 많지 않을 것이다. 수행평가의 학문적 의미를 알아보면 다음과 같다.

1. 대안적 평가

한 시대의 주류를 이루는 평가 체제와 비교하여 그 패러다임과 목적을 달리하는 평가 체제
선택형 문항 중심의 지필 평가에 대한 대안적인 평가
일회성 정기고사에 대한 대안적인 평가
결과중심의 평가에 대한 대안적인 평가

2. 실제적 평가

실제 상황에서 발휘할 수 있는 능력 평가
평가 상황이 실제 상황과 유사함

3. 직접 평가

간접적인 평가방법보다는 직접적인 평가방법을 중시
답을 선택할 수 있는 것보다 답을 직접 서술하거나 구성할 수 있는 것을 중시

4. 과정 평가

학습의 과정 또는 수행의 과정을 평가
수업과 연계하여 수업 중에 평가
평가가 학습의 일환이 되기를 기대함

〈출처: 한국교육과정평가원 연구자료 ORM 2017-19-1〉

위의 수행평가의 의미를 살펴보면 앞장에서 예시로 든 평가 문항이 왜 수행평가가 될 수 없는지 이해할 수 있을 것이다. 수행평가는 단순히 객관식, 주관식 문제로만 구성되어 있는 기존의 지필평가에 대한 대안이 있어야 한다. 학생의 삶과 실제 상황, 해당 성취기준을 연관 지을 수 있는 맥락 속에서의 평가를 강조한다. 또한 5지선다형의 문제처럼 답을 고르는 것이 아닌, 학생이 직접 수행한 활동을 평가하는 것을 중요시한다. 예를 들어 설명문의 성격에 대하여 객관식 문제로 평가하는 것이 아닌, 실제 간단한 설명문을 직접

구성해 보게 하는 문제가 수행평가의 특징을 살린 평가방법이다.

또한 객관식 문제처럼 답만을 갖고 평가하는 것이 아닌, 답이 나오기까지의 과정을 중요시한다. 예를 들어 보고서를 쓰게 할 경우 그 보고서를 쓰기까지의 탐구과정, 조사하는 과정 등을 함께 평가하는 것이 수행평가이다.

이러한 의미 외에 필자는 수행평가에 '알고 있는 것이 아닌 할 수 있는 것을 평가' 한다고 의미를 덧붙이고 싶다. 수행평가는 학생의 머릿속에 있는 지식과 이해한 개념 등을 분석하고, 종합하고, 평가하여 무엇인가를 할 수 있는 역량을 평가할 수 있어야 한다.

교육부에서 2015 개정 교육과정을 고시하면서 핵심 역량이라는 개념을 제시하였다. 핵심 역량은 학생이 미래사회를 대비하여 갖추어야 할 역량으로 자기관리 역량, 공동체 역량, 의사소통 역량, 지식정보처리 역량, 창의적 사고 역량, 심미적 감성 역량의 6가지를 의미한다. 이러한 역량은 과연 객관식, 주관식 문제로 이루어진 지필평가로 평가할 수 있을까? 2015 개정 교육과정을 고시하면서 교육부는 모든 교과를 수행평가로 실시할 수 있다는 기사를 배포해 큰 파장이 일었었다.

필자는 기사를 핵심 역량이라는 화두를 제시한 2015 개정 교육과정에서 수행평가가 큰 역할을 해야 한다는 의미로 해석하였다. 과거의 지필평가로는 도저히 핵심 역량을 평가를 할 수가 없다. 따라서 수행평가는 무엇을 할 수 있는지에 대한 역량을 평가할 수 있어야 한다.

그림으로 배우는 수행평가

배움이 일어나는 수업과 학생의 성장과 발달을 돕는 평가를 위해 수행평가를 올바르게 이해하고 적용해야 할 필요가 있다. 그럼 수행평가를 어떻게 해야 과정중심평가에서 이야기하는 평가관을 반영할 수 있을까? 수행평가가 갖추어야 할 요건을 그림을 통해서 설명해 보도록 하겠다.

◆ 수행 과정이 없는 수행평가

수행평가를 영어로 쓰면 performance assessment라고 한다. 여기서 performance는 의미 그대로 '행위', '수행'이라는 뜻을 갖고 있다. 이와 같이 수행평가는 지필평가와 구별되는 수행의 과정이 평가 장면에 꼭 내재되어 있어야 한다.

그러나 현장에서 이뤄지는 수행평가의 가장 큰 문제점은 실제 수행평가가 거의 이루어지지 않고 있다는 것이다. 예체능 교과는 주요 평가방법으로 수행평가를 사용하고 있지만, 아직도 학교 현장에서는 수행평가의 참뜻을 살린 평가가 아닌 단순 지필평가로 평가하고 있다. 진정한 의미의 수행평가를 위해서는 지필평가와 수행평가를 엄격히 구분할 필요가 있다. 지필평가는 말 그대로 수행의 과정 없이 성취기준에 대한 성취수준을 평가한다. 따라서 수행평가는 수행의 과정이 평가에 포함되어야 한다. 다음의 평가 문항을 살펴보자.

• 2학년1학기 수학과 수행평가 문항 •

<table>
<tr><td>영역</td><td>수와 연산</td><td>관련
성취기준</td><td colspan="3">2-② 두 자리 수의 범위에서 덧셈과 뺄셈의 계산 원리를 이해하고 그 계산을 할 수 있다.</td></tr>
<tr><td>단원</td><td>3. 덧셈과 뺄셈</td><td>차시</td><td>2~8/15</td><td>학기별 평가시기</td><td>4월 9주</td></tr>
<tr><td>평가목표</td><td colspan="5">받아올림과 받아내림이 있는 두 자리 수 범위에서의 덧셈과 뺄셈을 계산할 수 있다.</td></tr>
<tr><td>평가관점</td><td colspan="5">받아올림과 받아내림이 있는 두 자리 수 범위에서의 덧셈과 뺄셈을 계산할 수 있는가?</td></tr>
<tr><td rowspan="3">평가기준</td><td>상(잘함)</td><td colspan="4">받아올림과 받아내림이 있는 덧셈과 뺄셈을 정확하게 계산한다.</td></tr>
<tr><td>중(보통)</td><td colspan="4">받아올림과 받아내림이 있는 덧셈과 뺄셈에서 1~2개 오류가 있다.</td></tr>
<tr><td>하(미흡)</td><td colspan="4">받아올림과 받아내림이 있는 덧셈과 뺄셈에서 3개 이상 오류가 있다.</td></tr>
<tr><td>평가방법</td><td>지필평가, 관찰평가</td><td colspan="2">차시별 평가시기</td><td colspan="2">수업 중 과정평가</td></tr>
<tr><td>평가 문항</td><td colspan="5">1. 덧셈을 하시오.
38 + 4 = ____   76 + 47 = ____
2. 뺄셈을 하시오.
43 − 6 = ____   61 − 34 = ____</td></tr>
</table>

〈출처: 대구교육청 2009 개정 교과서 1~2학년 수행평가 예시문항집〉

대구교육청의 수행평가 예시문항은 수행평가라는 이름을 붙일 수 없는 평가 문항이다. 이 문제는 지필평가의 단답형 문제에 해당된다. 평가방법에 관찰평가라고 제시하였지만, 실제로 교사는 관찰평가가 아닌 시험지를 통해 채점을 한다.

이와 같이 평가에 수행 과정이 포함되지 않는 수행평가를 다음 그림과 같이 나타낼 수 있다.

· 수행 과정이 없는 수행평가 ·

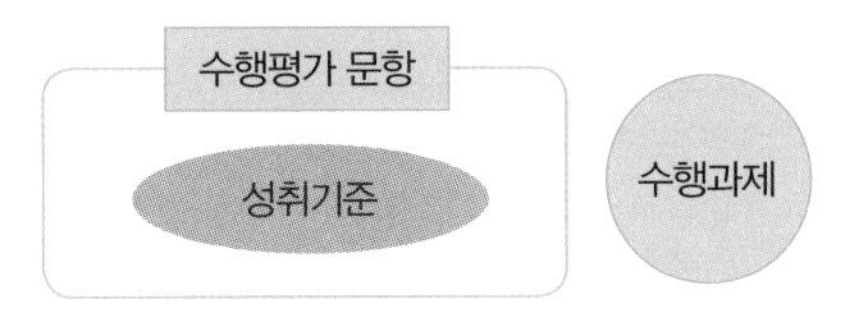

앞의 문항은 두 자리수의 덧셈과 뺄셈이라는 성취기준을 측정할 수 있는 내용타당도가 있는 문제이다. 그림에서처럼 문제 안에 성취기준이 들어와 있기 때문에 내용타당도에는 문제가 없다. 하지만 위 문항이 수행평가가 되기 위해서는 수행과제가 문항 안에 있어야 하는데, 그림에서처럼 빠져 있다.

따라서 참된 의미의 수행평가가 이루어지기 위해서는 수행과제가 평가 문항 안에 내재되어 있어야 한다. 다음의 경우는 수행과제가 평가 문항 안에 내재되어 있지만 또다른 문제가 있는 경우이다.

◆ 성취기준과 관련이 없는 수행과제로 이루어진 수행평가

앞의 경우와 같이 수행과제가 전혀 없는 지필평가를 수행평가로 잘못 사용하는 경우 외에도 수행평가 속에 수행과제를 잘못 선정하는 경우도 있다. 다음 문제의 수행과제를 유심히 살펴보자.

교과	학년–학기	내용/행동영역	수행평가 유형
영어	6–1	읽기/이해	실기

관련주제	서수
성취기준	[영초6331] 그림이나 도표가 포함된 쉽고 간단한 글을 읽고 주요 정보를 파악할 수 있다.
평가요소	그림이 포함된 쉽고 간단한 글을 읽고 내용 파악하기

평가장면 안내

- 교사: 그림이 포함된 쉽고 간단한 글을 읽고 내용을 파악하는 활동을 하겠습니다.
  1. 교사와 함께 활동지 그림을 살펴 본다.
  2. 자기소개글과 학교 그림을 보고 각 인물의 학년을 (   )안에 쓴다.
  3. 인물 카드를 오려 해당 학년의 교실 위치를 찾아 붙인다.
  4. 활동지 완성 후 제출한다.
- 학생: (활동지를 완성한 후 제출한다.)

※ 다음 글과 그림을 보고 각 인물의 학년을 쓴 후, 교실의 위치를 찾아 붙여 봅시다.

My name is Mina. I'm from Korea. I like reading books. I'm in the second grade. My classroom is on the first floor.	My name is Jim. My nickname is 'Soccer boy'. I go to ABC school. I'm in the fifth grade. My classroom is on the third floor.	My name is Amy. I'm from Canada. I like singing and dancing. I'm in the sixth grade. My classroom is fourth floor.

〈출처: 경기도교육청 2016 수행평가 예시자료〉

위 문제의 수행과제는 안타깝게도 학생 얼굴 카드를 오린 후 해당 층의 교실에 붙이는 것이다. 앞 장의 경우와 다르게 수행과제는 문제 안에 제시되어 있으나, 그 수행과제가 이 문제의 성취기준인 '[영초6331] 그림이나 도표가 포함된 쉽고 간단한 글을 읽고 주요 정보를 파악할 수 있다.'와 아무런 관련이 없다. 문제를 구조적으로 분석해 보면 이 문제는 카드를 오려서 붙이는 수행과제 없이 단순 지필평가로 출제되어도 무방하다. 오히려 카드를 오려서 붙이는 수행 장면에서 시간과 비용만 더 소요된다. 성취기준과 관련없는 이러한 수행 장면을 수행평가로 분류할 수 있을까?

이 영어 문제를 분석하여 도식화하면 다음 그림과 같아진다.

• 성취기준과 관련이 없는 수행과제로 이루어진 수행평가 •

앞의 그림과 비교해 보면 이번 그림에서는 수행과제가 수행평가 문항 안에 들어와 있다. 하지만 수행과제가 그림에서 보는 바와 같이 성취기준과 연관성이 전혀 없다. 예시에서도 카드를 오리고 해당하는 층에 붙이는 수행과제는 이 문제의 성취기준과는 전혀 관련이 없다.

앞의 그림은 단순히 수행과제가 있다고 모두 수행평가로 인정받을 수 없다는 것을 설명해준다. 따라서 수행평가를 올바르게 하기 위해서는 평가 문항이 수행과제와 성취기준을 포함하고 있으면서 그 둘이 관련 있어야 한다.

◆ 성취기준과 관련이 있는 수행과제로 이루어진 수행평가

제대로 된 수행평가를 하기 위해서는 평가 문항에 수행과제를 포함하고 있어야 하며, 수행과제가 그 문제의 성취기준과 관련성이 있어야 한다. 다음 문제를 보고 수행과제가 성취기준과 어떠한 관련성이 있는지 분석해 보자.

교과	학년-학기	내용/행동영역	수행평가 유형
수학	3-1	기능, 이해	관찰법
관련단원	6. 분수와 소수		
성취기준	[수41061] 양의 등분할을 통하여 분수를 이해하고, 읽고 쓸 수 있다.		
평가요소	양의 등분할을 통하여 분수를 이해하고 읽고 쓰기		

〈전체〉 똑같이 나누어 접은 다음 점선을 그려서 붙여 주세요.	〈부분〉 똑같이 나누어 접은 다음 자른 조각을 붙여 주세요.
① 전체를 똑같이 ( )로 나눈 것 중 ( )	분수로 나타내면?
② ( )분의 ( )	분수를 읽고 쓰시오.

〈출처: 경기도교육청 2016 수행평가 예시자료〉

위 문제는 양의 등분할을 통하여 분수를 이해하고, 읽고 쓸 수 있다는 성취기준을 평가하기 위하여 실제 도형을 등분할하여 분수를 시각적으로 이해할 수 있도록 하는 수행과제를 평가요소로 선정하였다. 즉, 위 수행평가 문항은 앞의 문제들과 달리 수행과제가 있으면서 그 수행과제가 성취기준과 연관성이 큰 경우에 해당한다. 이 문제를 분석하여 도식하면 다음 그림과 같다.

• 성취기준과 관련이 있는 수행과제로 이루어진 수행평가 •

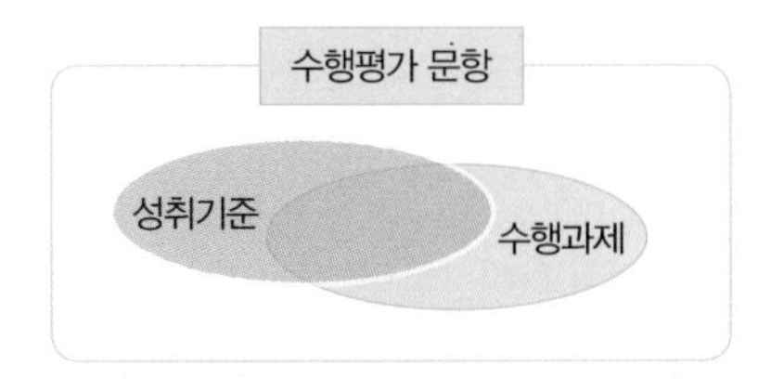

위 분수 문항은 양의 등분할을 통한 분수의 이해라는 성취기준이 평가 문항에 제시되어 내용타당도가 있으며, 실제 등분할을 위한 조작 활동인 수행과제 또한 갖고 있다. 그림으로 분석하면 문제 안에 성취기준과 수행과제가 모두 들어 있으며, 앞의 경우와 달리 수행과제와 성취기준이 만나는 부분이 많다. 즉 수행과제가 성취기준과의 관련성이 큰 경우에 해당한다. 그리고 수행과제에 해당하는 원과 성취기준에 해당하는 원이 만나는 부분이 클수록 그 수행평가는 참된 의미의 수행평가에 가깝다고 할 수 있다.

수행평가가 갖추어야 할 요건을 글로 세세하게 풀어쓴 것보다 필자가 만든 위의 3가지 그림만 생각하면 수행평가의 참뜻을 쉽게 이해하고, 기억할 수 있을 것이다. 실제 필자가 진행한 평가 관련 연수에서 많은 선생님들이 수행평가에 대한 세세한 설명보다 앞의 3가지 그림만으로 기본 개념이 확실히 잡힌다는 반응이 많았다.

마지막 그림인 〈성취기준과 관련이 있는 수행과제로 이루어진 수행평가〉에 해당하는 문제를 볼 수 있는 눈과 이를 실천하려는 의지만 있다면 과정중심평가 관점의 수행평가를 무리 없이 실천할 수 있다.

수행평가와 지필평가

수행평가를 논할 때 지필평가도 함께 생각해야 한다. 앞에서도 이야기했듯이 수행평가는 수행 과정이 평가 안에 포함되어 있어야 한다. 따라서 수행평가는 반드시 수행과제가 필요하다. 그럼 지필평가는 어떤 평가를 말하는가? 과거에 지필평가라함은 흔히 중간고사와 기말고사를 의미하였다. 그러나 최근에 대부분의 시도교육청에서 초등의 경우 중간고사와 기말고사와 같은 일제식 고사를 폐지하고 있다. 그렇다면 중간고사와 기말고사를 폐지했다고 해서 지필평가는 아예 없어진 것일까? 중간고사와 기말고사는 아니지만 지필평가는 인지적 요소를 평가하며, 지식과 이해에 대한 성격의 성취기준을 평가하기 위해서는 꼭 필요한 평가방법이다. 따라서 지필평가를 설명할 수 있는 가장 쉬운 방법은 단어 그대로 紙(종이 지)와 筆(붓 필) 즉, 종이와 연필로 이루어지는 평가라고 해석할 수 있다. 여기에 인지적인 영역에 대한 평가를 한다면 그 평가는 지필평가로 분류할 수 있다.

현장에서 선생님들은 수행평가에서 지필평가를 평가의 방법으로 사용하는 경우를 주의해야 한다. 아래의 문제는 수행평가의 평가방법으로 지필평가가 사용되었다. 무언가 이상하지 않은가? 지필평가는 인지적 영역에서 지식, 이해 성격의 성취기준을 평가하고, 수행평가는 문제해결능력, 창의력, 고등정신능력과 관련된 성취기준을 평가하는데 사용되어야 한다. 각 평가의 역할이 독립적인 것이다. 그러나 아래 문제는 수행평가에 지필평가의 방법을 사용하였다. 평가의 방법으로 지필평가를 사용했다면, 지필평가인 것이지 수행평가로 사용할 수 없다.

· 2학년 1학기 수학과 수행평가 문항 ·

<table>
<tr><th>영역</th><td>수와 연산</td><th>관련 성취기준</th><td colspan="3">1-② 일, 십, 백, 천의 자릿값과 위치적 기수법을 이해하고, 네 자리 이하의 수를 읽고 쓸 수 있다.</td></tr>
<tr><th>단원</th><td>세 자리 수</td><th>차시</th><td>4/11</td><th>학기별 평가시기</th><td>3월 3주</td></tr>
<tr><th>평가목표</th><td colspan="5">세 자리 수의 자릿값을 이해하고, 쓰고 읽을 수 있다.</td></tr>
<tr><th>평가관점</th><td colspan="5">세 자리 수의 자릿값을 이해하고, 쓰고 읽을 수 있는가?</td></tr>
<tr><th rowspan="3">평가기준</th><td>상(잘함)</td><td colspan="4">세 자리 수의 자릿값을 알고, 쓰고 읽을 수 있다.</td></tr>
<tr><td>중(보통)</td><td colspan="4">세 자리 수의 자릿값을 쓰고 읽는 것 중 한 가지에 오류가 있다.</td></tr>
<tr><td>하(미흡)</td><td colspan="4">세 자리 수의 자릿값을 쓰고 읽는 것 중 두 가지 이상에 오류가 있다.</td></tr>
<tr><th>평가방법</th><td>지필평가</td><th colspan="2">차시별 평가시기</th><td colspan="2">수업 중 과정평가</td></tr>
<tr><th>평가 문항</th><td colspan="5">이백삼십오를 수로 쓰시오.

576을 읽어 보시오.

3. □안에 알맞은 수를 써넣으시오.
985 = □ + □ + □</td></tr>
</table>

〈출처 : 대구교육청 2009 개정 교과서 1~2학년 수행평가 예시문항집〉

물론 수행평가의 수행과제를 위하여 필요한 지식이나 이해의 여부를 묻기 위하여 지필평가를 보조적으로 사용할 수는 있다. 이러한 경우는 수행평가의 범주에 포함할 수 있지만, 예시의 경우와 같이 모든 문항이 지필평가로 구성된 문항을 수행평가로 사용하는 것은 잘못된 평가분류이다.

· 지필평가와 수행평가의 구분 ·

	수행평가	지필평가
평가영역	인지적, 정의적, 심동적	인지적
평가장면	수행과제를 통한 평가	시험지를 통한 평가
주요 평가대상	종합, 평가	지식, 이해

수업과 평가의 벽을 허무는 과정중심 수행평가

학교 현장에서 수행평가가 이루어지는 실태를 분석해 보면 다음과 같은 장면이 일반적이다.

위의 수행평가 실태를 보면 수행평가가 총괄평가로 이루어지고 있음을 알 수 있다. 수행평가를 총괄평가로 실시하는 장면을 각색해 보면 다음과 같다.

A교사: 얘들아! 6월 23일 과학시간은 수행평가 보는 날이야.
'생물체를 이루고 있는 기본 단위인 세포를 현미경으로 관찰할 수 있다.'에 대해 평가할거야. 준비해 와.

(6월 23일 과학시간)

A교사: 오늘은 예고한 대로 수행평가를 실시하겠습니다.

각자 현미경을 이용하여 양파를 관찰하고, 관찰보고서를 작성하여 제출하세요.

위의 상황이 어색하고 비효율적으로 보이지 않는가? 그 이유는 수행평가를 나이스 교과평가의 매우우수, 잘함 등의 성적부여를 위한 총괄평가 개념으로 시행하기 때문이다. 위와 같이 수행평가를 총괄평가의 개념으로 시행하면 수업은 수업대로 진행하고, 진도를 다 나간 후 평가는 따로 해야 하는 상황이 펼쳐진다. 수업시간에 현미경을 이용해 한 번 했던 관찰활동을 평가라는 이름으로 다시 한 번 시행하는 비효율이 이루어지는 것이다.

그럼 수행평가를 어떻게 해야 하는가? 앞에서부터 강조했듯이 수업의 과정 안에서 수업활동 중 하나로 자연스럽게 이루어져야 한다. 위의 장면에서 과정중심의 수행평가를 실시한다면 현미경의 사용법과 프레파라트 제작에 대한 활동을 한 뒤, 현미경을 이용해 세포 관찰 및 보고서를 작성한다. 이때 관찰활동과 보고서 작성에 대한 수행평가를 함께 실시할 수 있다. 이와 같이 수업 중 활동에서 평가를 설정하고, 평가 결과를 누가 기록하여 기록을 바탕으로 나이스에 교과평가를 해야 한다.

혹자는 수업 중에 어떻게 평가를 하느냐고, 수업에서 완전히 학습한 후에 평가를 실시해야 한다고 말하기도 한다. 이러한 주장에 동의하는 선생님들도 계실 것이다. 그러나 지식의 습득과 더불어 형성 과정을 중시하는 과정중심평가관에서는 수업 중 평가가 꼭 필요하다.

뿐만 아니라 수업 중 평가는 교수 · 학습 과정의 효율성 및 성장을 돕는 평가의 관점에서도 중요하다. 수업의 도입 및 전개 단계에서 성취기준에 대해 충분히 학습하고, 정리 단계에서 성취기준을 적용하거나 생활 속에서 활용하는 활동으로 평가를 실시하고, 평가 결과를 누적하여 나이스에 기록하는 것이 총괄평가시스템보다 훨씬 효율적인 교수 · 학습방법이며, 학생의 성장을 돕는 평가가 될 수 있다고 필자는 생각한다.

과정중심평가는 수업 중 교사의 관찰과 학생의 산출물, 동료 간 평가를 실시한 후 나이스의 교과평가 기록 자료로 활용할 수 있다. 이렇듯 수업의 과정으로 수행평가가 이루어져야 수업과 평가가 연계될 수 있으며, 이를 위해 교육과정을 재구성하게 되니, 교육과정–수업–평가가 일체화될 수 있다. 또한 수업에서 평가를 실시함으로서, 평가가 성적을 산출하기 위한 도구가 아닌, 학생의 성장을 돕는 수업의 과정이 될 수 있다.

과정중심 수행평가 어떻게 할까?

수행평가는 수업의 활동 속에서 지식, 기능, 태도, 핵심 역량을
모두 평가할 수 있도록 개발해야 한다.

수행평가에 어울리는 성취기준 찾기

교육부에서 제시한 성취기준을 모두 수행평가로 하라는 것은 아니다. 그럼 어떤 성취기준을 수행평가로 해야 할까? 다음 성취기준을 통해서 수행평가가 꼭 필요한 성취기준을 알아보도록 하겠다. '[1615–3] 토론의 논제에 대하여 입장을 일관되게 유지하며 토론할 수 있다.'의 성취기준을 아래 문제로 평가한다고 가정해 보자.

1. 다음 중 토론 시 주장과 근거를 제시하는 단계는 어느 단계입니까?

① 반론하기 ② 판정하기 ③ 토론 준비하기

④ 주장 펼치기 ⑤ 주장 다지기

토론에 대한 성취기준을 평가하기 위하여 흔히 위의 문제와 같이 지필평가를 실시한다. 만약 실제 토론을 아주 잘하였는데 지필평가 문제를 틀렸을 경우 토론을 잘한 학생은 성취수준 하를 받아야 하는가? 반대로 위의 지필평가 문제를 맞춘 학생이 실제 토론에서 한마디도 하지 못했을 경우 성취수준 상을 받는 것이 합리적인 평가인가? 위와 같은 성취기준을 평가하기 위해서는 실제 토론을 통한 수행평가가 필요하다.

다음 성취기준에 대한 평가의 경우도 수행평가의 필요성에 대해 생각해 볼 수 있다. '[수43054-1] 삼각형 내각 크기의 합을 추론하고, 자신의 추론 과정을 설명할 수 있다.'의 성취기준을 다음의 문제로 평가한 경우를 생각해 보자.

1. 다음 삼각형에서 ㉠은 몇 도입니까?

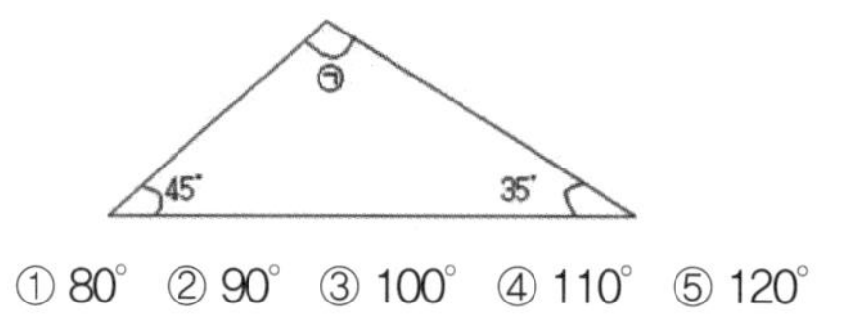

① 80° ② 90° ③ 100° ④ 110° ⑤ 120°

위 객관식 문제로 성취기준을 평가할 수 있을까? 위 문제는 180−45−35=100을 구하는 단순한 뺄셈 문제이다. 성취기준에서 요구하는 추론의 과정, 설명의 과정을 평가할 수 없는, 내용타당도가 극히 떨어지는 문제이다.

그럼 위의 성취기준을 제대로 평가하기 위해서 어떤 평가를 실시해야 할까?

[수43054-1]의 평가를 위한 수행평가 장면

사진에서 보는 바와 같이 실제 삼각형 내각의 합을 모으는 조작 활동을 통해서 내각이 180도 임을 설명하는 수행평가가 앞의 객관식 평가보다 성취기준을 보다 충실히 평가하는 방법이다.

즉 [수43054-1]와 [1615-3]의 성취기준은 지필평가로 평가하기에는 한계가 있다. 이처럼 성취기준의 평가요소를 잘 분석하여 내용타당도가 높은 평가를 위하여 수행의 과정이 꼭 필요한 성취기준은 수행평가로 실시하여야 한다.

핵심 역량과 정의적 능력 평가

수업의 활동으로 성취기준에 대한 평가뿐만 아니라 핵심 역량, 정의적 능력도 함께 평가할 수 있다. 학생들이 토론, 조사 · 발표, 실험 · 실습, 프로젝트 등의 활동을 하는 과정에서 정의적 능력과 2015 개정 교육과정에서 제시한 6가지 핵심 역량이 나타나는 경우가 많기 때문이다.

정의적 능력과 핵심 역량을 모든 수행평가에서 무리하게 평가할 필요는 없다. 수행 과정에서 핵심 역량이나 정의적 요소가 잘 드러날 때 평가를 실시하는 것이 자연스럽다.

정의적 능력에 대한 평가의 필요성을 느끼지 못하고 등한시하는 경우가 많으나, 요즘은 학력의 개념에 정의적 요소도 포함하기 때문에 정의적 능력에 대한 평가도 필요하다. 또한 수행평가의 수행 과정이 2015 개정 교육과정에서 강조하는 미래인재를 위한 핵심 역량을 측정하기에 가장 적합하다.

수행평가 문항 개발 절차

과정중심평가의 수행평가는 기존의 객관식이나 주관식 문항과는 차별화된 문항을 개발해야 한다. 객관식이나 주관식 문항은 수업과 연계 없이 성취기준만 가지고 개발하여 평가하여도 크게 문제될 것이 없다. 그러나 수행평가는 수업 중에 평가를 녹여 내야 하기 때문에 문항을 개발할 때 6가지 절차가 요구된다. 성취기준 [6수03-08]에 대한 수행평가 문항 개발 절차를 확인해 보자.

성취기준 [6수03-08]
원의 넓이를 구하는 방법을 이해하고, 이를 구할 수 있다.

◆ 수행평가 문항 개발 절차1 : 성취기준 분석을 통한 평가요소 선정

먼저 성취기준 분석이 필요하다. 성취기준을 분석하여 해당 성취기준에 대한 도달도를 확인하기 위한 평가요소를 추출해야 한다.

2015 개정 교육과정에서는 평가준거 성취기준이라는 새로운 용어가 사용되었다. 평가준거 성취기준은 말 그대로 평가를 위한 성취기준으로 성취기

준의 내용을 보다 세분화한 개념이다. 따라서 평가계획을 수립하거나 문항을 출제할 때에 평가준거 성취기준을 근거로 해야 한다.

◆ 수행평가 문항 개발 절차2: 평가기준 설정

성취기준에 대한 도달도를 수준별로 분별할 수 있는 세부 평가기준을 수립해야 한다. 평가기준이 수립되어 있어야 학생에 대한 평가가 가능하고, 맞춤형 피드백으로 학생의 성장을 돕는 평가를 할 수 있기 때문이다. 평가기준 설정 시 참고할 수 있는 자료는 교육부에서 제시한 성취기준별 평가기준 목록표이다. 교육부에서 모든 성취기준에 대한 평가기준을 제시하였다. 이 평가기준을 분석해 보면 성취기준에 대한 도달 학생의 세부 수준을 상, 중, 하로 나누어 놓았다. 만약 학교의 평가기준이 매우우수, 잘함, 보통, 부족 등의 4단계이거나 5단계일 경우에는 평가기준을 다시 세분화하여 재구성해야 한다.

평가기준 설정 시 교육부에서 제시한 평가기준 목록표를 100% 반영해야 하는 것은 아니다. 학생 수준이나, 수업설계 방향, 교사의 재량에 의하여 상, 중, 하의 세부 기준을 새롭게 수립하는 것이 가능하다.

<table>
<tr><th colspan="2">교육과정 성취기준</th><th colspan="2">평가기준</th></tr>
<tr><td rowspan="6">[6수03-08] 원주와 원의 넓이를 구하는 방법을 이해하고, 이를 구할 수 있다.</td><td rowspan="3">[평가준거 성취기준 ①] 원주를 구하는 방법을 이해하고, 이를 구할 수 있다.</td><td>상</td><td>원주를 구하고, 그 방법을 설명할 수 있다.</td></tr>
<tr><td>중</td><td>원주를 구할 수 있다.</td></tr>
<tr><td>하</td><td>안내한 절차에 따라 원주를 구할 수 있다.</td></tr>
<tr><td rowspan="3">[평가준거 성취기준 ②] 원의 넓이를 구하는 방법을 이해하고, 이를 구할 수 있다.</td><td>상</td><td>원의 넓이를 구하고, 그 방법을 설명할 수 있다.</td></tr>
<tr><td>중</td><td>원의 넓이를 구할 수 있다.</td></tr>
<tr><td>하</td><td>안내한 절차에 따라 원의 넓이를 구할 수 있다.</td></tr>
</table>

〈출처: 2015 개정 교육과정에 따른 평가기준〉

그러나 평가기준을 재진술할 때 반드시 재진술한 내용이 성취기준과 관련되어야 한다. 성취기준 도달과 관련 없는 내용으로 재구성할 경우 해당 평가의 내용타당도가 떨어지는 문제가 될 수 있기 때문이다.

■ **평가기준**

평가기준	
원의 넓이를 구하고, 넓이 구하는 방법을 설명한 경우	상
원의 넓이를 구하였으나, 넓이 구하는 방법을 설명하지 못한 경우	중
원의 넓이를 안내한 절차에 따라 구한 경우	하

◆ 수행평가 문항 개발 절차3: 수행과제 선정

수행평가는 지필평가에서 평가할 수 없는 실제적인 맥락에서의 문제해결능력, 통합적인 사고능력, 비구조화된 문제 장면 등을 평가하기 위하여 실시한다. 따라서 수행평가는 반드시 지필평가와는 차별화되는 수행과제를 수업에서 할 수 있어야 한다. 이를 위하여 토의 · 토론, 실험 · 실습, 구체물을 통한 조작 활동 등 수업과 평가를 함께할 수 있는 수행과제를 선정해야 한다.

■ **수행과제**

– 원의 반지름은 5cm입니다.

– 색종이 조각(원)을 이용하여 원의 넓이 구하는 방법을 모둠친구들에게 설명하고, 원의 넓이를 구하시오.

※ 원의 넓이 구하는 방법을 모르는 친구는 모둠 친구들이 함께 도와주어, 방법을 알 수 있도록 하시오.

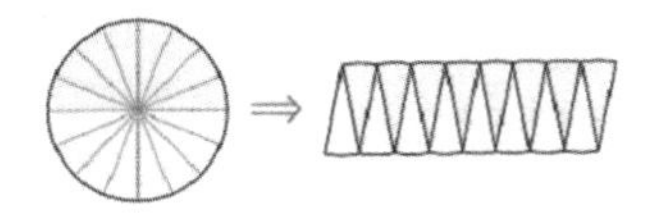

위와 같은 수행과제를 선정할 시 주의해야 할 사항은 평가기준과 수행과제의 관련성이다. 위 문항의 평가기준은 원의 넓이 구하는 방법을 이해하고, 원의 넓이를 구하는 부분, 그리고 안내한 절차에 따라 원의 넓이 구하는 부분 3가지로 구성되어 있다. 따라서 평가를 통해 평가기준을 부여하기 위해서는 3가지 장면이 모두 수행과제에 포함되어 있어야 한다. 예시문항에서도 원의 넓이를 구하는 조작 활동 및 설명하는 장면, 원의 넓이를 구하는 장면, 모둠원의 도움에 의해 원의 넓이를 구하는 방법 세 장면이 모두 수행과제 속에 제시되어 있다.

◆ 수행평가 문항 개발 절차4: 핵심 역량 및 정의적 능력 평가기준 선정

수행평가에서 인지적 능력 외에도 함께 평가할 수 있는 핵심 역량 및 정의적 능력을 선정한다. '[6수03-08] 원의 넓이를 구하는 방법을 이해하고, 이를 구할 수 있다.'의 평가장면에서는 과제 집착력, 흥미도, 협력적 태도와 정의적 능력을 함께 평가할 수 있으며, 창의적 사고 역량, 의사소통 역량의 2015 개정 교육과정 핵심 역량을 함께 평가할 수 있다.

정의적 능력 및 핵심 역량		평가 장면
정의적 능력	협력적 태도	모둠 친구들과 원의 넓이 구하는 원리를 함께 탐구하는 협력 태도
	과제 집착력	조작 활동을 통한 원의 넓이를 구하는 과정에서의 끈기, 집중력 관찰
핵심 역량	의사소통 능력	모둠 친구들과 원의 넓이를 구하는 원리 탐구 시 서로의 생각을 교환하는 장면에서 평가
	창의적 사고 역량	원의 넓이 구하는 원리에 대한 창의적 생각 평가

◆ 수행평가 문항 개발 절차5: 채점기준안 설정

– 인지적 영역의 채점기준안

객관식 평가의 경우 채점에 교사의 주관이 개입될 여지가 없다. 그러나 수행평가는 교사의 주관적 판단으로 학생의 성취수준을 판별하기 때문에 평가 과정에서 신뢰도 확보가 중요하다. 교사가 수행평가 채점 시 학생의 수행과제 장면이나 산출물을 관찰하고, 평가기준에 의하여 성취수준을 부여할 경우 그 결과에 대하여 학부모들의 민원 사례가 빈번히 발생하고 있다. 이러한 수행평가의 평가 신뢰도 측면에서 평가장면을 보고 바로 성취수준을 판단하는 것이 아닌 중간과정인 채점기준안 설정이 필요하다. 채점기준안은 평가기준에 의한 성취수준 부여의 전단계로 학생들의 수행과제 장면을 세밀화하여 객관적인 성취수준 부여가 가능할 수 있도록 하였다.

– 채점기준안

채점기준안		배점
원의 넓이 구하는 방법	원의 넓이 구하는 방법을 설명한 경우	3
	원의 넓이 구하는 방법을 설명하였으나 가로의 길이와 원주의 관계, 직사각형의 세로의 길이와 반지름의 관계, 직사각형 넓이를 이용한 원의 넓이 유도의 단계 중 1~2가지를 제시하지 못한 경우	2
	원의 넓이를 구하는 방법을 알지 못하였으나, 모둠원의 도움으로 이해하였을 경우	1
원의 넓이	원의 넓이를 구한 경우	2
	원의 넓이를 구하지 못하였으나, 모둠원의 도움으로 원의 넓이를 구한 경우	1

– 평가기준

평가기준		
5점	원의 넓이를 구하고, 넓이 구하는 방법을 설명한 경우	상
3~4점	원의 넓이를 구하였으나, 넓이 구하는 방법을 설명하지 못한 경우	중
2점	원의 넓이를 안내한 절차에 따라 구한 경우	하

위의 예시자료와 같이 채점기준안은 성취수준을 부여하기 위해 보다 객관적인 지표를 제공하는 역할을 한다. 만약 채점기준안 없이 대략적인 눈대중으로 평가한다면, 평가에 대한 공정성과 신뢰도가 떨어질 수 있다. 때문에 채점기준안 절차를 통해 채점의 일관성이 유지될 수 있어야 한다. 물론 수행평가를 해야 할 때 채점기준안을 꼭 만들라고 하는 시도교육청 지침이나, 교육부의 훈령은 없다. 그러나 교육부나 각 시도교육청에서 최근 만들어지고 있는 수행평가 예시자료는 모두 채점기준안과 평가기준이 함께 제시되고 있다.

이론상 예시자료의 평가기준은 총체적 채점, 채점기준안은 분석적 채점으로 분류한다. 총체적 채점은 평가장면 전체 및 결과물에 중점을 두어 평가를 하는 것을 의미한다. 이에 반해 분석적 채점은 평가장면을 세분화하여 각 요소별 위계에 따라 수행수준을 기술한 후 그 기준에 배점을 제시하여 합산 점수로 학생의 성취수준을 판별할 수 있게 한 평가 방식이다.

두 가지 채점 모두 장단점이 있다. 총체적 채점은 채점 방식이 간소해 채점 과정이 효율적일 수 있으나, 학생에 대한 정확한 분석이 어려워 평가 결과와 피드백을 자세히 제공하기 어렵다. 분석적 채점은 수행과제를 세분화하여 채점하기 때문에 채점에 많은 시간과 노력이 필요로 하지만, 성취기준에 대한 학생의 세부적인 학습 진단 확인 및 이에 따른 맞춤형 피드백 제공이 용이하다. 반응별로 세밀화한 채점기준안에 따라 평가한 경우 학생의 수준 및 특성을 좀 더 세밀하게 분류할 수 있기 때문이다.

현장의 선생님들이 수행평가를 할 때 이 두 가지 채점 방식을 효율적으로 상호보완하여 사용한다면 채점에 대한 신뢰성과 학생의 성장을 돕는 평가를 운영할 수 있을 것이다.

– 정의적 영역, 핵심 역량에 대한 채점기준안

정의적 영역과 핵심 역량에 대한 평가기준은 인지적 영역과 독립적으로 설정되어야 한다. 그러나 시 · 도교육청 수준의 수행평가 장학자료에서 인지적 요소의 점수와 정의적 요소, 핵심 역량 요소의 점수를 합산하여 성취수준을 부여하는 경우가 실제 있었다. 이럴 경우 정의적 요소에 의하여 학생의 평가기준이 변동될 수 있다. 예를 들어 평가기준 상에 해당하는 학생이 '두 자리수 곱셈을 능숙하게 한다.'의 평가장면에서 실제 두 자리수 곱셈을 능숙하게 하였으나, 정의적 요소인 흥미도나 협력적 태도 때문에 평가기준이 중으로 떨어지는 경우가 생길 수 있다. 이와 같이 정의적 요소가 성취수준 부여에 영향을 미치는 것은 바람직하지 않다. 물론 정의적 요소가 포함된 성취기준은 정의적 요소에 의하여 성취수준을 변경할 수 있지만, 인지적 요소로만 구성된 성취기준에서 정의적 요인에 의하여 평가기준이 바뀌는 것은 바람직한 평가 결과가 아니다.

또한 정의적 능력 및 핵심 역량의 경우 교사가 모두 평가하는 것이 물리적으로 쉽지 않기 때문에 동료평가나 자기평가 등의 방법을 활용하는 것이 효율적이다.

㉮ 정의적 능력 및 핵심 역량 동료평가

정의적 능력	원의 넓이를 구하는 활동에 관심과 흥미를 가지며 적극적으로 참여했습니까?	그렇다	보통	아니다
핵심 역량	친구들에게 알기 쉽게 설명하였습니까?			

◆ 수행평가 문항 개발 절차6: 수행과제를 반영한 수업설계

과정중심평가에서 수업 시간에 평가를 함께 실시하는 것을 강조한다. 수업 중에 수업과 평가를 함께 진행하기 위해 개발한 수행과제를 어떻게 수업 속에 자연스럽게 녹여 낼 수 있느냐가 중요하다. 이를 위하여 다음과 같이 평가를 수업 속에 설계할 수 있다.

성취기준	[6수03-08] 원의 넓이를 구하는 방법을 이해하고, 이를 구할 수 있다	
	수업활동	평가활동
활동1	○ 원조각으로 직사각형 만들기 - 원의 반지름, 원주가 직사각형의 어느 부분이 되는지 모둠별로 탐구하기	
활동2	○ 직사각형의 넓이를 이용한 원의 넓이를 구하는 방법을 모둠별로 탐구하기	
활동3	○ 원조각을 활용한 원의 넓이를 구하는 방법을 설명하고 구하기	수행평가

이상의 수행평가 문항 개발 절차를 정리하면 다음 표와 같다.

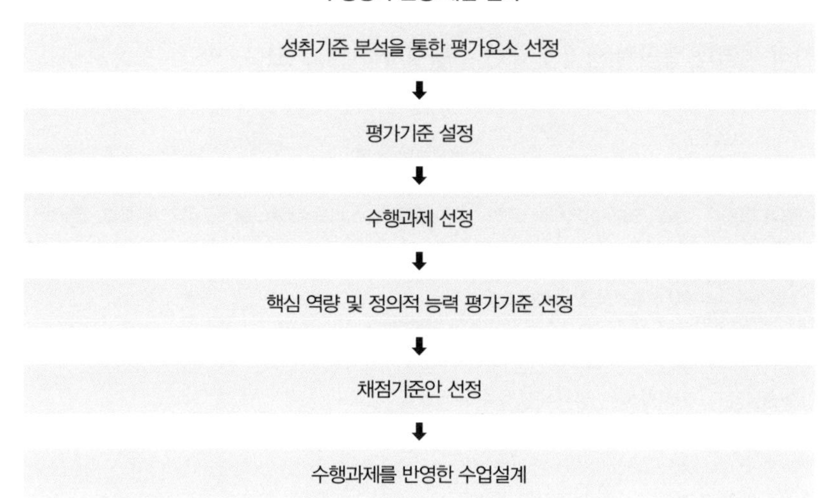

필자가 제안한 위의 수행평가 문항 개발 절차는 수행평가 문항개발위원 및 수행평가 실습형 연수를 진행하면서 터득한 가장 효율적인 방법이었다. 위의 방법 이외에도 자신만의 문항 개발 노하우로 수행평가 문항을 개발해도 좋다. 하지만 과정중심평가를 위한 수행평가 문항이 되기 위해서는 위의 6가지 요소가 꼭 포함되어야 한다.

수행평가 유형 탐구

평가 이론상 수행평가는 논술, 구술, 실기시험, 관찰법, 토의 · 토론, 실험 · 실습, 프로젝트, 포트폴리오 등으로 분류한다. 이론상 위와 같이 분류하나 실제 평가 장면에서는 위의 유형들이 2가지 이상 혼합되어 사용되는 경우가 많다. 또한 평가자에 의하여 교사평가, 자기평가 및 동료평가로 평가할 수 있으며, 평가를 받는 피평가자에 따라 개인평가와 모둠이 함께 평가를 받는 협력적 문제해결능력 평가로 분류할 수 있고, 성취기준의 성격에 따라 인지적 영역과 정의적 영역에 대한 수행평가를 할 수 있다.

• 수행평가의 분류 •

평가장면	논술, 구술, 실기시험, 토의 · 토론, 실험 · 실습, 프로젝트, 포트폴리오, 관찰법, 연구보고서 등
평가자	교사, 자기평가, 동료평가
평가대상	개인평가, 협력적 문제해결능력 평가
학습영역	인지적 영역, 정의적 영역, 행동적 영역

◆ 논술형 평가

배움내용에 대한 자신의 생각을 글로 작성하는 평가방법으로, 단순한 사실이나, 지식 암기에 대한 내용을 쓰는 것이 아닌 창의성, 문제해결능력, 비판적사고력 등이 드러날 수 있도록 문제 장면을 설정해야 한다.

[1635-6] 읽는 이를 고려하여 견문, 감상이 잘 드러나는 글을 쓸 수 있다.
※ 현장체험 학습의 기억을 떠올리며 견문, 감상이 잘 드러나는 글을 쓰시오.

◆ 구술 평가

학생 개개인의 발표 장면을 평가하는 것으로 학생의 창의적인 생각, 가치판단 등을 평가하거나, 국어과나 영어과의 의사소통 담화 장면 등에서 활용할 수 있는 평가방법이다. 구술평가의 경우 학생들이 말하는 과정을 평가해야 하기 때문에 시간이 오래 걸리는 단점이 있어 동료평가의 방법과 병행하여 사용하는 것이 효율적이다. 1학년의 경우 글로 써서 답을 구성하는데 어려움이 있을 경우에 구술 평가의 방법을 사용하는 것이 효율적이다.

[영초4224] 일상 생활에 사용되는 쉽고 친숙한 표현을 말할 수 있다.
※ 다음의 카드를 뽑고, 상황에 맞는 대화를 하시오.

오전에 친구를 만났을 때	친구가 책을 빌려줬을 때	친구와 헤어질 때

◆ 토의 · 토론

학생들이 특정 주제에 대하여 서로 토의하고, 찬성과 반대의 입장을 정한 후 토론을 하는 과정을 평가한다. 토의·토론 평가 시 주의할 점은 토의·토론 과정에서 토론기법, 논리성, 의사소통 능력 등 토의나 토론과 관련된 부분보다 성취기준에 대한 이해 여부가 어떻게 구현되는지를 평가할 수 있어야 한다. 즉, 토의 · 토론의 과정이 수단이 되어야지, 평가의 대상이 되지 않도록 주의해야 한다. 물론 토의 · 토론 자체가 성취기준인 '[6국01-02] 의견을 제시하고 함께 조정하며 토의한다.', '[6국01-03] 절차와 규칙을 지키고 근거를 제시하며 토론한다.'와 같은 성취기준은 교사가 토의 · 토론이 이루어질 수 있는 적절한 주제를 제시하여, 토론 장면 자체가 평가 대상이 될 수 있도록 한다. 토론 과정에서 논리성, 토론 태도 등에 대한 세부 채점기준을 마련하여 객관적인 평가가 이루어질 수 있도록 한다.

[역6031] 조선의 건국 과정을 인물의 활동을 중심으로 설명할 수 있다.
*고려말 도당회의에 참석한 관리들의 입장이 되어 대립 토론을 해 봅시다.

- 조선 개국파와 고려 충신파의 대표적인 역사적 사건을 조사합니다.
  (조선 개국파 - 위화도회군(이성계), 토지개혁(정도전)/ 고려 충신파 - 단심가(정몽주), 신진사대부 양성(이색))
- 조선 개국파(이성계 팀)와 고려 충신파(정몽주 팀)로 팀을 나눕니다.
- 자신이 속한 팀의 입장을 바탕으로 토론 준비표를 작성합니다.
- 조선 개국파 대표인 이성계, 정도전과 고려 충신파 대표인 정몽주, 이색이 먼저 주장 펼치기를 시작합니다.
- 다른 친구들은 자신의 팀을 지지하는 관리의 역할이 되어 반론과 주상 다지기를 합니다.

논제	새로운 왕조를 건국해야 한다.	
주장 펼치기		
주장에 대한 근거	예상되는 질문	질문에 대한 반론

상대의 주장	기존의 왕조를 유지해야 한다.
예상되는 근거	생각할 수 있는 문제점
주장 다지기	

〈출처: 경기도교육청 2016 수행평가 예시문항〉

◆ 프로젝트

프로젝트 학습법과 주제중심교육과정 재구성 시 사용하는 평가방법이며, 프로젝트 계획 및 실행, 결과 발표의 전과정을 평가할 수 있다. 프로젝트 평가 시 관찰, 연구보고서, 산출물 전시 등 여러 가지 평가방법들을 함께 사용할 수 있다.

[과4093] 자석의 성질을 이용하여 도구나 놀이 기구를 만들 수 있다.
※ 자석의 성질을 이용한 장난감을 만들어 봅시다.

활동 안내

❶ 자석의 성질을 이용하여 장난감 만들기
⬇
❷ 자석을 이용한 장난감에 대한 모둠 구성원과 의견 나누기
⬇
❸ 자석 장난감 만들고 원리 설명하기
⬇
❹ A팀과 B팀 고칠 점 찾아 제안해 주기(접착식 메모지에 써서 책상에 붙여 주기)
⬇
❺ 고칠 점 살펴보며 장난감 보완하기

1. 자석 장난감을 만들기 전 아이디어를 떠올려 봅시다.
2. 위의 아이디어를 바탕으로 자신의 자석 장난감을 만드시오.
3. 자석 장난감을 다 만들면 팀을 A와 B로 나누어 활동하시오.

〈출처: 경기도교육청 2016 수행평가 예시문항〉

◆ 실험 · 실습법

과학과의 실험 및 실과의 실습과 관련된 성취기준에서 많이 사용되는 수행평가 방법으로 실험 · 실습 결과에 대한 실험보고서뿐만 아니라 실험과정에서 실험절차 및 실험도구 사용방법 등에 대한 종합적인 평가가 이루어질 수 있도록 한다.

1. 〈순서〉에 따라 증발장치를 꾸미시오.

〈순서〉
❶ 삼발이를 평평한 곳에 놓고 증발 접시를 올려놓는다.
❷ 증발 접시 아래에 알코올램프를 놓는다.
❸ 알코올램프에 불을 붙여 증발 접시 안에 걸러진 물질을 가열한다.
❹ 증발 접시에 남아 있는 소금물의 상태를 관찰한다.

※ 〈순서〉에 맞게 실험을 하고 물음에 답하시오. (2~3)

〈순서〉
❶ 붓, 소금물과 검은색 종이 등을 준비한다.
❷ 검은색 종이 위에 소금물로 붓을 사용하여 글씨나 그림을 그린다.
❸ 어떻게 하면 검은색 종이 위의 소금물을 빨리 말릴 수 있을지 생각해 본다.
❹ 자신이 생각한 방법으로 소금물을 말린다.

2. 검은색 종이 위에 소금물을 말리는 방법에는 무엇이 있는지 쓰시오.
3. 소금물을 말린 후 검은색 종이 위에 남아 있는 물질은 무엇인지 쓰시오.

〈출처: 경기도교육청 2016 수행평가 예시문항〉

◆ 연구보고서

특정 주제를 선정하고, 그 주제와 관련된 데이터를 학생이 직접 수집하고, 분석하여 결론을 내리는 형식의 보고서를 작성하게 하고 평가하는 방식이다. 수학과의 통계영역 그래프와 관련된 성취기준에서 활용하기 좋은 방법이다. 교과 통합으로 과학과의 식물의 자람, 하루 동안의 온도 변화나 사회과의 통계를 통한 시사자료를 활용하는 내용에 수학과의 그래프를 융합하여 사용하면 효율적인 수행평가가 될 수 있다.

[6수05-02] 실생활 자료를 그림그래프로 나타내고, 이를 활용할 수 있다.

연구보고서

<table>
<tr><td colspan="2">연구주제</td><td></td></tr>
<tr><td colspan="2">자료조사결과</td><td>※ 그래프를 그리기 위한 표를 완성하시오.<table><tr><td></td><td></td><td></td><td></td></tr><tr><td></td><td></td><td></td><td></td></tr></table></td></tr>
<tr><td rowspan="2">연구 결과</td><td>원그래프</td><td></td></tr>
<tr><td>연구결과 정리하기</td><td>※ 그래프로 나타낸 자료의 특성을 설명하시오.</td></tr>
</table>

◆ 포트폴리오

학생의 학습 결과를 누가 기록하여 평가하는 방법이다. 미술과의 채색과 표현능력을 평가하기 위하여 한 학기동안 그리고 만든 작품들을 모두 모아서 포트폴리오로 평가할 수 있다. 국어과는 학생의 글쓰기 작품을 누가 기록하고, 수학과는 수와 연산에 관한 영역을 평가하기 위하여 계산 학습의 결과를 누가 기록하여 포트폴리오로 만들 수 있다. 사회과는 조사 · 발표와 같은 능력을 평가하기 위하여 발표 자료를 누적 보관하여 평가할 수 있고, 과학과는 탐구능력을 평가하기 위하여 탐구보고서 등을 누적 보관하여 포트폴리오로 평가할 수 있다. 이와 같이 포트폴리오 평가는 하나의 성취기준에 대한 평가보다는 교과에서 한 영역에 대한 전반적인 평가 등 평가의 범위가 큰 경우에 적합한 평가방법이다.

◆ 실기시험

주로 기능과 관련된 것을 평가하기 위하여 사용하는 평가방법이다. 음악과의 악기 연주, 체육과의 높이뛰기, 과학과의 실험도구 조작방법, 실과의 바느질 등 기능 숙달 정도를 평가하기 위해 사용하는 평가방법이다.

◆ 관찰법

관찰법은 학생들의 수행과제를 실제로 보고 들으면서 평가하는 방법으로, 모든 수행평가에서 기본적으로 사용하는 평가방법이다. 일반적으로 앞에서 제시한 수행평가의 다양한 유형들과 함께 사용한다. 관찰 결과에 대한 기록의 방법으로 일화기록법(실제 수행 장면이나, 평가로서의 기록 가치가 있는 행동들을 글로 기록하는 것), 체크리스트, 평정척도법 등이 있다. 이러한 방법 외에도 스마트폰을 활용한 사진 기록이나, 동영상 기록을 통한 관찰법을 실시하기도 한다. 위의 관찰 기록 결과들은 수행평가의 평가 결과 신뢰도를 위한 중요한 자료가 될 수 있다. 성취수준 하, 미흡의 평가 결과를 부여받은 학생의 학부모가 교사에게 평가 결과의 근거를 대라는 민원을 제기할 때 관찰법에 의한 일화기록, 체크리스트, 평정척도나 영상기록 등이 중요한 보조자료가 될 수 있다.

◆ 자기평가 · 동료평가

한 반의 학생이 20명이 넘는 경우 시간상 구술평가를 실시하기 어려울 수 있다. 또한 앞에서 구술한 2~3명이 평가장면에서 나올 수 있는 모든 답을 말해 뒤에 학생의 평가가 무의미한 경우가 생길 수 있다. 또한 모둠별 활동에서 평가장면을 설정하는 조사 · 발표학습이나 프로젝트 등의 학습을 할 때 교사가 모든 학생을 평가하는 것보다 때로는 모둠원 간에 평가하는 것이 신뢰도가 높을 수 있다.

이러한 경우 동료평가 방법을 활용하면 효율적인 평가가 이루어질 수 있다. 동료평가의 신뢰도를 높이기 위해서는 학기초부터 학생들에게 평가태도를 훈련시켜야 한다. 또한 동료평가의 초기 시행단계에서는 교사가 학생들이 평가한 내용을 검증해 학생들이 진지한 자세로 평가에 임할 수 있도록 해야 한다.

자기평가는 학생이 직접 본인의 수행 과정이나 생각에 대하여 평가를 내리는 방법이다. 자기평가는 평가의 신뢰도 때문에 신중하게 사용해야 하며, 개인의 가치관을 묻는 내용이나 학습결과에 대한 반성 등 정의적인 영역에 사용하는 것이 효과적이다.

◆ 수행평가의 새로운 유형

위의 평가장면에 따른 분류에서 제시한 방법 외에도 다양한 수행평가 방법이 있을 수 있다. 학생의 수행과제가 있으면서 그 수행과제가 성취기준과 연계되어 있으면 모두 새로운 유형의 수행평가 방법이 될 수 있다. 앞에서 필자가 개발한 수업모형의 생활 속 수학 찾기 활동이나 조작도구를 통한 개념탐구 활동 또한 수행평가의 방법이 될 수 있다. 이러한 방법 이외에도 게임을 통한 수행평가, 역할놀이 장면을 통한 수행평가 방법 등 성취기준에 대한 성취수준을 판별할 수 있는 교수 · 학습 방법 자체가 수행평가의 방법이 될 수 있다.

◆ 정의적 능력 평가

과거에는 인지적인 부분에 대한 평가만 이야기했었다. 따라서 평가에서 성취수준이 낮다고 하면 인지능력이 떨어지는 흔히 공부를 못한다고 생각하는 경향이 있었다.

그러나 최근에는 인지적 능력뿐만 아니라 정의적 능력 또한 학력의 범주에 포함하려 하고 있다. 경기도교육청에서는 참된 학력이라는 용어를 사용하여 아예 정의적 능력을 학력의 범주에 포함하고 있다.

> 참된 학력이란 학습을 통해 습득한 교과 지식, 사고력, 문제해결능력, 창의력 등의 지적 능력과 성취 동기, 호기심, 자기관리 능력, 민주적 시민가치 등의 정의적 능력까지 포함하는 포괄적이고 총체적인 능력을 의미한다.

참된 학력의 정의에서도 볼 수 있듯이 학력의 범주에 정의적 능력을 포함시켰으니, 정의적 능력도 평가를 해야 하는 일종의 당위성이 생긴 것이다. 실제 경기도교육청은 경기도학업성적 관리지침에서 정의적 능력의 평가시행을 제시하고 있다. 경기도교육청뿐만이 아니라 교육기본법 제9조(학교교육) '학교교육은 학생의 창의력 계발 및 인성함양을 포함한 전인적 교육을 중시하여 이루어져야 한다.'와 같이 인지, 정의, 심동적 영역의 전인적 발달을 중요시하고 있다. 각 교과의 총론에서도 교과와 관련된 정의적 영역의 신장을 강조하고 있다. 그럼 정의적 능력 평가란 무엇일까?

경기도교육청은 〈성장중심평가의 이해와 실제〉에서 정의적 능력이란 '교육을 통해 기르고자 하는 관심, 흥미, 태도, 자신감, 동기, 신념 등 학습자의 정의적 요인에 따른 능력'으로 정의하며, 정의적 능력 평가는 '자아개념, 가치관, 태도, 흥미, 책임, 협력, 동기, 자신감, 자아효능감 등 학습자의 정의적 요인을 평가하고 성취 정도를 살펴보는 것이다.'라고 정의하고 있다. 정의적 능력 평가는 한마디로 학생의 마음가짐, 태도 등을 알아보는 것이다.

따라서 인지적 능력이 높은 학생이 정의적 능력이 낮을 수도 있으며, 정의적 능력은 높으나 인지적 능력은 낮을 수도 있다. 따라서 정의적 능력 평가는 학생 개개인의 정의적 특성을 알아보고 이에 대한 적절한 피드백을 제공하여 인지 · 정의적 능력을 신장시킬 뿐만 아니라 학생을 전인적으로 성장시키는데 그 목적이 있다.

그럼 이러한 정의적 능력을 어떻게 평가할 것인가? 정의적 능력 평가를 실시할 수 있는 방법은 세 가지가 있다. 첫째, 정의적 영역과 관련된 성취기준에서 정의적 능력에 대한 평가를 실시할 수 있다. 예를 들어 '[사04-06] 우리 사회에 다양한 문화가 확산되면서 생기는 문제(편견, 차별 등) 및 해결 방안을 탐구하고, 다른 문화를 존중하는 태도를 기른다.'와 같은 태도를 요구하는 성취기준에서 정의적 능력 평가를 실시할 수 있다.

둘째, 일반적인 수행평가 및 학습과정에서 학생 관찰을 통한 교과에 대한 흥미, 관심, 책임, 협력 등의 정의적 능력을 평가할 수 있다.

<table>
<tr><th>평가영역</th><th>평가요소</th><th>A</th><th>B</th><th>C</th><th>D</th></tr>
<tr><td rowspan="3">탐구와 적용</td><td>국어의 탐구</td><td>대화상황과 조사할 지역을 설정하고 역할 분담을 잘 하였으며, 조사방법이 구체적이고 적절하다.</td><td>대화상황과 조사할 지역을 설정하고 역할 분담을 잘 하였으나 조사 방법의 구체성 또는 적절성이 다소 부족하다.</td><td>대화상황과 조사할 지역을 설정하였으나 조사 방법의 구체성과 적절성, 역할 분담이 다소 미흡하다.</td><td>대화상황과 조사할 지역은 설정하였으나, 조사 방법이 구체적이지 못하고, 역할 분담이 제대로 이루어지지 않았다.</td></tr>
<tr><td rowspan="2">국어 지식의 적용</td><td>역할극 대본에 풍부한 양의 방언이 나타나 있고, 역할극을 통해 빠르기, 높낮이 등을 포함하여 방언을 잘 구사하였다.</td><td>역할극 대본에 풍부한 양의 방언이 나타나 있으나, 빠르기, 높낮이 등의 사실적 표현력이 다소 부족하다.</td><td>역할극 대본에 조사한 방언의 양이 적으나 빠르기, 높낮이 등을 포함하여 방언을 비교적 잘 구사하였다.</td><td>역할극 내본에 나타난 방언의 양이 매우 적고, 빠르기, 높낮이 등의 사실적 표현력이 부족하다.</td></tr>
<tr><td colspan="4">기본적으로 모둠단위로 채점하나 역할극 실연에서 특별한 경우 개인적으로 가산점이나 감점을 줄 수 있다.</td></tr>
<tr><td rowspan="2">태도</td><td rowspan="2">국어 탐구에 대한 흥미와 국어사랑</td><td>동료평가에서 10개 이상의 ◎를 받았다.</td><td>동료평가에서 7~9개의 ◎를 받고 3개 이하의 △를 받았다.</td><td>동료평가에서 6개 이하의 △를 받았다.</td><td>동료평가에서 7개 이상의 △를 받았다.</td></tr>
<tr><td colspan="4">3명의 동료에게 평가받을 경우 총 12개의 평가점(◎, ○, △)을 기준으로 삼았으므로 평가를 하는 동료의 수가 3명이 아닐 경우 척도를 적절히 조정해야 한다.</td></tr>
</table>

〈출처: 서울시교육청 2016 초등 과정중심평가 장학자료〉

위의 평가기준 안에서와 같이 표준어와 방언을 조사하여 역할극 꾸미고 발표하는 수행평가 장면을 통하여 인지적 능력과 정의적 능력을 함께 평가할 수 있다. 첫째, 둘째 방법은 과정중심 수행평가 장면에서 정의적 능력을 함께 평가할 수 있다.

세 번째 방법으로 설문지를 통해 각 교과에 대한 정의적 능력을 알아볼 수 있다. 체크리스트 및 평정척도 등의 설문도구를 활용하여 해당교과에 대한 흥미도, 관심 등을 알아볼 수 있다.

◆ 협력적 문제해결능력 평가

미래시대에 필요한 역량으로 협업 능력, 대인관계 능력, 의사소통 능력 등이 중요한 요소로 대두되고 있다. 2015 개정 교육과정에서도 의사소통 역량, 공동체 역량과 같이 협업, 상호작용, 의사소통 등의 능력을 핵심 역량으로 정하여 더불어 사는 사람의 인간상을 강조하고 있다.

협력적 문제해결능력 평가는 두 명 이상의 인원이 필요한 과제를 해결하면서 의사소통 능력, 사회성, 협동능력 등을 평가할 수 있는 평가방법이다. 최근에는 모둠 협동학습의 형태로 수업이 많이 이루어지고 있어서 수업의 형태와 연계한 꼭 필요한 평가방법이라 할 수 있다. 이러한 협력적 문제해결능력을 키우기 위하여 경기도교육청은 2014년 협력적 문제해결능력 평가 문항을 개발하여 현장에 보급하였다. 필자 역시 협력적 문제해결능력 평가 개발위원으로 참여하였다. 모든 평가 유형의 문제 개발위원(논술형 평가, 정의적 능력 평가, 수행평가)으로 참여해 왔지만 협력적 문제해결능력 평가를 만드는 것이 가장 힘들었다.

협력적 문제해결능력 평가는 어떻게 만들어야 하는가? 협력적 문제해결능력은 문제 장면을 통하여 학생들의 협업 능력이나, 의사소통 능력을 평가해야 하며, 해당 문제장면과 관련된 성취기준 또한 함께 평가할 수 있다.

[과4111] 식물의 한살이 관찰 계획을 세우고, 그에 따라 식물을 기르며 관찰한다.

※ 겨울 동안 땅속에 있던 씨앗이 봄이 되면 싹이 트는 이유는 무엇일지 모둠별로 토의하고 이유를 적어 보시오. (개인별 메모지에 적어 이유를 이야기하고 붙여서 모둠의 의견을 모은다.)

※ 나의 활동 되돌아보기

평가요소	문항
의사소통	다른 사람의 의견을 잘 듣고 도움이 되는 아이디어나 의견을 제시하였는가?
책임의식	맡은 역할을 열심히 하고 탐구활동에 적극적으로 참여하였는가?
참여의식	문제해결과정에 적극적으로 참여하고 협력하였는가?
동료이해	친구들의 의견을 존중하고 좋은 의견은 적극적으로 받아들이는가?

협력적 문제해결능력 평가 예시문항1 – 채점기준

평가요소		내용	매우 잘함	잘함	보통	노력 요함
문제해결 기능	협력기능					
문제이해	탐색과 이해	학습문제를 정확히 파악하고, 해야 할 과제를 잘 알고 있다.	④	③	②	①
	의사소통	각자의 의견을 제시하고 모둠원의 의견을 수용하여 모은다.	④	③	②	①
계획수립	계획수립	식물이 자라는 데 필요한 조건이 무엇인지 알아보기 위한 실험계획을 세울 때 같게 해야 할 조건과 다르게 해야 할 조건을 정확하게 제시하고 계획을 수립한다.	④	③	②	①
	관점수용	도움이 되는 아이디어를 제공하며 모둠원의 의견을 존중하고 받아들인다.	④	③	②	①

계획실행	계획실행	식물이 자라는 데 필요한 조건이 무엇인지 알아보기 위한 실험계획에 따라 모둠원이 협력하여 전략을 실험한다.	④	③	②	①
	의사소통 동료이해	활발한 상호작용을 통해 실험계획을 효율적으로 실행한다.	④	③	②	①
	상호조절 참여의식	어려움이 생기면 이를 해결하기 위해 모둠원 모두 적극적으로 노력한다.	④	③	②	①
평가 및 반성	모니터링과 반성	모둠 토의를 통해 식물이 자라는 데 필요한 조건을 찾아내며 그 밖의 조건도 있음을 안다.	④	③	②	①
		활동을 하면서 느낀 점, 아쉬운 점, 알게 된 점, 더 알고 싶은 점 등을 이야기한다.	④	③	②	①

〈출처: 경기도교육청 2014 협력적 문제해결능력 평가〉

위의 예시 문제와 같이 각자의 생각을 먼저 제시한 후 모둠 토의 과정을 통하여 모둠의 의견을 새롭게 생성하는 수행과제에서 협력적 문제해결능력 평가를 실시할 수 있다. 협력적 문제해결능력 평가에서 중요한 포인트는 모둠원 간의 의사소통 및 상호협력활동으로 집단지성 과정을 통해 새로운 것을 만들어가는 협력이다. 즉, 물리적인 협력이 아닌 화학적인 협력이 일어날 수 있는 과제를 제시하는 것이 중요하다. 또한 교사는 모둠의 협력을 평가할 때 1인 주도로 결과물이 만들어지는지, 상호작용을 통해 함께 성장하는 과정에서 결과물이 만들어지는지에 대해 구분해야 하며 이러한 것들을 구별할 수 있는 장치가 평가 문항 속에 내재되어 있어야 한다.

협력적 문제해결능력 평가는 지필평가가 아닌 수행평가에 적합한 평가방법이다. 모둠원이 함께 공동의 수행과제를 해결하는 과정이 협력적 문제해결능력 평가의 핵심이기 때문에 과정중심의 수행평가로서 활용할 수 있는 평가방법이다. 또한 평가장면상의 구분(프로젝트, 포트폴리오 등)이 아닌 평가받는 대상에 의한 수행평가 분류에 해당한다. 기존의 수행평가는 학생 개인을 대상으로 평가를 하는 것이지만, 협력적 문제해결능력 평가는 개인뿐만 아닌 모둠원 모두를 대상으로 평가하기 때문에 개인평가와 구별될 수 있다. 또한 프로젝트나, 모둠 공동의 조사, 발표학습, 연구보고서 작성 등의 평가방법과 함께 사용할 때 효율적인 협력적 문제해결능력 평가가 될 수 있다.

좋은 수행평가 만들기

과정중심평가의 평가관을 반영한 좋은 수행평가 문항은 어떤 문항일까? 현장의 선생님들이 과정중심평가를 운영하기 위하여 수행평가 문항을 직접 출제하거나, 다양한 기관에서 개발한 자료들을 활용하기도 한다. 이때 과정중심평가의 관점을 반영하면서 평가의 기본이 갖추어진 좋은 수행평가 문항을 선정할 수 있는 '눈'이 있어야 한다. 좋은 수행평가 문항을 선정할 수 있는 '눈높임'을 위하여 기 개발된 실제 수행평가 문항들을 분석해 보고 어떤 점이 잘못되었고, 어떤 방향으로 수정되어야 하는지 이야기해 보자.

◆ 좋은 수행평가의 조건1: 내용타당도

수행평가뿐만 아니라 모든 평가 문항은 내용타당도가 있어야 한다. 내용타당도는 쉽게 이야기해서 문항이 측정하고자 하는 것을 측정할 수 있느냐를 말한다. 성취기준과 관련하여 해당 문항이 성취기준에 대한 도달도를 측정할 수 있느냐, 없느냐에 따라 내용타당도가 있는 문항인지, 없는 문항인지 판가름난다. 교과서 장면만 보고 평가 문항을 출제할 경우 그 문항이 평가하고자 하는 포인트가 없는 즉, 무엇을 묻는지 알 수 없는 문제가 되기 쉽다. 따라서 모든 평가 문항은 성취기준을 기준으로 하여 문항을 출제해야 한다. 다음 수행평가 문항을 내용타당도의 관점에서 분석해 보자.

– **예시문항 1**

평가유형(산출물)	프로젝트
수행과제명	부피가 가장 큰 원기둥 모양 상자 만들기
성취기준	[수63043-2] 원기둥의 부피를 구하는 방법을 이해하고 이를 구할 수 있다.

준수는 6학년 학생입니다. 오늘 도덕시간에 선생님께서 아프리카의 많은 어린이들은 먹을 음식도 없을뿐더러 가지고 놀 장난감도 없다는 이야기를 해 주셨습니다. 준수는 자기가 좋아하는 구슬을 아프리카 친구들에게 나누어 주고 싶어졌습니다. 그리고 구슬을 담아줄 상자도 직접 만들어 주고 싶었습니다. 그래서 준수는 수학 시간에 배운 원기둥의 전개도를 떠올렸습니다. '아프리카 친구들에 구슬을 최대한 많이 넣어주려면 어떻게 해야 할까?'

[문항1] 생활 속 원기둥 모양의 부피 측정하기

1. 가지고 온 원기둥 모양의 부피를 2개 이상 측정해 보고 부피가 큰 원기둥이 갖는 특징을 생각해 봅시다.

	원기둥 1	원기둥 2	원기둥 3	원기둥 4
반지름(cm)				
밑면의 넓이(㎠)				
높이(cm)				
원기둥의 부피(㎤)				

[문항2] 주어진 종이로 부피가 가장 큰 원기둥 모양 상자 만드는 방법 찾기

1. 주어진 모눈종이로 부피가 가장 큰 원기둥을 만드는 방법을 찾아봅시다.

내 이름	첫 번째 도전	두 번째 도전	세 번째 도전	네 번째 도전
반지름(㎝)				
밑면의 넓이(㎠)				
높이(㎝)				
원기둥의 부피(㎤)				
가장 큰 부피를 가진 원기둥은?				

[문항3] 산출물 발표 및 반성하기

1. 원기둥 모양의 상자를 만든 방법을 설명해 봅시다.

㉢ 주어진 종이를 최대한 많이 사용해서 남는 부분이 없게 전개도를 그렸다.

: 채점기준 :

평가요소	4	3	2	1
[문항1] 원기둥의 부피 측정하기 (문제 해결력: P2)	원기둥 실물의 부피를 주어진 시간 안에 3개 이상 정확히 구할 수 있다.	원기둥 실물의 부피를 주어진 시간 안에 2개를 정확히 구할 수 있다.	원기둥 실물의 부피를 주어진 시간 안에 1개를 정확히 구할 수 있다.	원기둥 실물의 부피를 구하는 방법을 알지 못하여 구하는 데 어려움이 있다.
[문항2] 부피가 가장 큰 원기둥의 전개도 그리기 (문제 해결력: P4)	주어진 종이로 부피가 가장 큰 원기둥의 전개도를 그린다.	주어진 종이 안에 딱 맞게 원기둥의 전개도를 그릴 수 있으나 가장 큰 부피를 가지지는 않는다.	주어진 종이 안에 원기둥의 전개도를 그리나 공간을 최대한 활용하지 못하여 부피가 크지 않다.	주어진 종이 안에 원기둥의 전개도를 그리는 방법을 몰라 그리지 못한다.
[문항2] 부피가 가장 큰 원기둥 찾기 (수학적 창의.인성: A2, A3)	주어진 종이에 꽉 차는 3개 이상의 원기둥의 전개도를 그려 각각의 부피를 구하고 부피가 가장 큰 원기둥을 찾는다.	주어진 종이에 꽉 차는 한두 가지의 전개도를 그리고 그 부피를 확인한다.	주어진 종이에 꽉 차지 않는 전개도를 그리고 부피를 구할 수 있다.	주어진 종이에 원기둥의 전개도를 잘 그리지 못하며 원기둥의 부피를 구하는데 어려움을 느낀다.
[문항3] 문제해결과정 설명하기 (의사소통 능력(말하기, 쓰기): C2, C5)	자신이 문제를 해결한 방법을 체계적으로 서술하고 이를 반 친구들에게 발표할 수 있다.	자신이 문제를 해결한 방법을 체계적으로 서술한다.	자신이 문제를 해결한 방법이 체계적이지 못하여 이해가 어렵다.	자신이 문제를 해결한 방법을 설명하지 못한다.

〈출처: 한국교육과정평가원 수행평가 지원포털〉

위 문항을 분석해 보면 다음과 같다.

우선, 문항1은 가지고 온 원기둥 모양의 부피를 2개 이상 측정해 보고 부피가 큰 원기둥이 갖는 특징을 찾아보는 것이다. 문항1의 포인트는 부피가 큰 원기둥을 만들기 위해서 어떤 원기둥을 만드냐하는 것이다. 그러나 문항1의 성취기준은 '[수63043-2] 원기둥의 부피를 구하는 방법을 이해하고 이를 구할 수 있다.'이다. 이 문제를 해결하기 위해서 성취기준은 보조수단으로 사용되었다. 즉, 이 문제의 해결을 위해서는 부피가 큰 원기둥을 만들기 위해서 원기둥의 반지름과 높이를 어떻게 구성하느냐가 포인트인 것이다. 심지어 문항1의 성취기준에 충분히 도달한 학생도 문항1을 해결하지 못할 수가 있다. 수행평가의 문항2, 문항3 또한 마찬가지이다. 성취기준 자체에 충실하기보다는 성취기준은 이 문항을 해결하기 위한 보조수단이고, 부피가 큰 원기둥을 구하는 문제해결에 포인트가 맞추어져 있다.

– 예시문항 1의 해결을 위한 능력 분석

필요한 능력		필요 없는 능력
원기둥의 최대 부피 구성을 위한 반지름과 높이 구성	70%	원기둥의 부피 구하는 방법의 이해 ☞[수63043-2]
원기둥의 부피 구하는 능력 ☞[수63043-2]	30%	

위 그림으로 분석해 보면 이 수행평가 문제가 왜 내용타당도가 떨어지는지 명확해진다. 예시문항 1을 해결하기 위해서 필요한 능력은 최대 원기둥 부피를 위한 반지름과 높이 구성능력이 70%이고, 원기둥의 부피를 구하는 방법은 30% 정도 차지한다. 심지어 공식만 암기하고 있으면 성취기준인 원기둥의 부피 구하는 방법의 이해는 몰라도 문제해결에 아무런 문제가 없다. 즉 성취기준의 중요한 평가요소인 원기둥의 부피 구하는 방법의 이해는 이 문제

에서 다루고 있지도 않다. 예시문항 1을 앞의 장(수행평가의 요건)에서 설명한 그림으로 표현하면 다음과 같다.

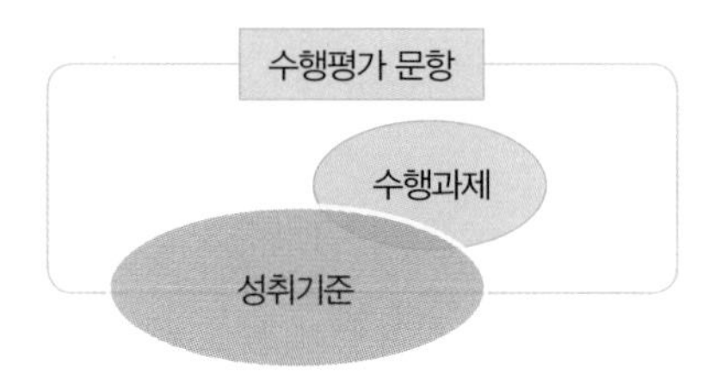

– 예시문항 1의 문항 분석

위 그림과 같이 예시문항 1은 성취기준의 극히 일부분인 원기둥의 부피를 구하는 과정만 있고, 원리의 이해는 전혀 다루지 않고 있다. 수행과제 또한 원기둥의 부피 구하는 원리를 이해하는 부분에 대한 내용이 아니기 때문에 수행과제와 성취기준의 관계성 또한 낮다.

채점기준표를 분석해 봐도 내용타당도가 떨어지는 것을 확인할 수 있다. 채점기준표의 4가지 평가 항목 중 성취기준과 관련된 부분은 첫 번째 채점기준뿐이다. 내용타당도가 높은 문제가 되기 위해서는 성취기준과 직접 관련된 부분에 대한 배점이 높아야 한다. 따라서 채점기준표의 항목을 원기둥의 부피 구하는 방법의 이해, 원기둥의 부피 구하기 두 가지 항목으로 설정하고 문제 장면을 구성해야 한다.

그럼 '[수63043–2] 원기둥의 부피를 구하는 방법을 이해하고 이를 구할 수 있다.'의 성취기준은 어떻게 수행평가로 출제해야 할까? 원기둥의 부피는 밑면인 원의 넓이 반지름×반지름×3.14로 구한다. 그러나 대부분의 학생들은 원기둥의 부피 구하는 방법을 이해하는 것이 아닌 공식을 암기하여 문제를 해결한다. 학생들의 원기둥 부피 구하는 방법의 이해 여부를 수행과제로 평가할 수 있도록 수행평가를 출제해야 한다.

이를 위하여 필자는 〈예시문항 1〉과 동일한 '[수63043-2] 원기둥의 부피를 구하는 방법을 이해하고 이를 구할 수 있다.'의 과정중심평가를 위하여 다음과 같은 수행평가를 실시하였다.

직육면체 모양의 교구를 조작하는 활동으로 원기둥을 시각적으로 이해할 수 있도록 수업하고, 원기둥 밑면의 반지름과 높이가 직육면체의 어느 부분과 관계있는지 확인하게 하였다. 직육면체의 부피 구하는 원리를 이해하고 이를 원기둥에 적용해본다. 이 교구를 활용하여 학생이 직접 원기둥의 부피 구하는 원리를 설명할 수 있도록 하였다. 이러한 방법 외에도 학생들의 이해를 높이기 위해 원기둥의 부피를 구하는 방법인 '밑면의 넓이×높이'가 어떻게 해서 만들어졌는지 원형의 딱지를 높이 쌓는 조작 활동을 실시하고, 이 장면을 평가로 활용할 수 있도록 하였다. 실제 수업과 평가의 모습은 다음과 같다.

☞ 원기둥 모양을 조각 내어서 붙이면 직육면체가 되는 것을 눈으로 확인하고 원의 부피는 반지름×반지름×3.14×높이를 시각적으로 확인하는 수업 장면에서 평가가 함께 이루어질 수 있도록 하였다.

☞ 원모양 딱지가 1장이었을 때는 넓이만 있지만 원을 쌓으며 높이가 만들어지고 이를 통해 부피의 개념을 알 수 있다. 원기둥의 부피는 밑면의 넓이×높이가 됨을 시각적으로 이해할 수 있는 수업을 통하여 평가가 함께 이루어질 수 있도록 하였다. 원기둥의 부피는 실제 딱지의 반지름을 직접 재어 보고 높이를 재어 보는 활동을 통해서 구할 수 있도록 하였다.

성취기준	[수63043-2] 원기둥의 부피를 구하는 방법을 이해하고 이를 구할 수 있다.	
	수업활동	평가활동
활동1	– 직육면체와 원기둥 변신 조각을 통한 원기둥 부피 구하는 방법 탐구 – 모둠 탐구결과 발표하기	
활동2	– 딱지를 이용한 원기둥 부피 탐구 – 모둠 탐구결과 발표하기	
활동3	– 원기둥조각과 딱지 중 한 가지를 이용하여 원기둥의 부피 구하는 방법을 모둠친구에게 이야기하기	수행평가
정리	– 원기둥의 부피 구하는 방법을 모르는 친구가 알 수 있도록 모둠 도움 활동하기	피드백

같은 성취기준에 대한 수행평가 문항이지만 두 수행평가 중 어느 평가장면이 성취기준을 충실히 평가할 수 있는 내용타당도가 높은 수행평가인지는 쉽게 구별할 수 있을 것이다.

◆ 좋은 수행평가 문항의 조건2: 수행과제의 유무

과정중심의 수행평가는 수업의 과정 속에서 학생의 배움을 확인하고 즉각적인 피드백을 통하여 성장을 돕는 과정이 있어야 한다. 이를 위하여 수행평가는 수업시간에 수업활동을 활용할 수 있는 수행과제가 있어야 한다. 수업과의 연계를 고려한 수행과제의 관점에서 다음의 수행평가 문항을 분석해 보도록 하겠다.

– 예시문항 2

평가유형(산출물)	토의 · 토론형 평가
수행과제명	정비례 · 반비례 관계 이해하기
성취기준	[수64032-1] [수64032-2] 정비례 · 반비례 관계를 이해하고 그 관계를 표나 식으로 나타낼 수 있다.

– 정비례 상황카드

level 1(변수 알려 주기)	level2
한 개에 100원인 풍선이 있다. 풍선을 2개 사면 200원을 내야 하고, 3개 사면 300원을 내야 한다. 풍선의 개수(x)와 내야 하는 돈(y)은 어떤 관계인가?	세로의 길이가 8m인 직사각형 모양의 땅이 있다. 가로의 길이가 xm일 경우 이 직사각형의 넓이는 얼마인가?
감이 한 봉지에 5개씩 들어 있다. 4봉지에 든 감의 개수는 20개이다. 봉지의 개수(x)와 전체 감의 개수(y)는 어떤 관계인가?	한 시간마다 하나씩 팔리는 초코 도넛의 가격은 1800원이다. x시간 뒤에 이 가게가 번 돈은 얼마인가?

– 반비례 상황카드

level 1(변수 알려 주기)	level2
넓이가 6으로 일정한 사각형 가로의 길이 x와 세로의 길이 y는 어떤 관계인가?	넓이가 1200㎠인 피자 한 판을 x명이 먹으면 한 사람이 먹을 수 있는 피자의 양은 얼마일까?
집에서 놀이공원까지의 거리가 8km로 일정할 때 시속 xkm와 걸린 시간 y는 어떤 관계인가?	세계의 석유 매장량은 약 2조 5000억 배럴이다. 해마다 x억 배럴씩 사용하면 몇 년간 사용할 수 있을까?

[문항1] 8개의 상황카드에 나타난 대응 관계를 정비례와 반비례로 분류하여 본 후, 각각의 대응 관계를 식으로 나타내어 보세요.

정비례		반비례	
카드 번호	식	카드 번호	식

[문항2-1] '일기'를 읽고, 정비례나 반비례의 대응관계를 구별하여 표시하시오.(각각 2개씩) (정비례 – 빨강, 반비례 – 파랑)

오늘 2교시에 선생님께서는 '폐휴대폰, 폐건전지 수합'에 참여한 학생들을 위한 상으로 공책 20권이 왔다며 참여했던 학생들에게 나누어 주셨다. 나를 비롯해 4명의 친구가 5권씩 나누어 가졌는데 갑자기 준하가 자기도 참여했다며 공책을 달라고 하였다. 그래서 결국 공책을 4권 받았다. 1권을 덜 받은 느낌이었지만 그래도 기분이 좋았다.

체육시간에 투호던지기 놀이를 하였는데 하나가 골인될 때마다 1점씩 받는 경기에서 우리 팀이 15:12로 이겼다. 골인될 때의 그 짜릿함이란 정말 잊을 수가 없다.

수업을 마친 후, 하하와 함께 자전거를 타고 불광천변을 달려 2km 떨어져 있는 한강에 다녀왔다. 걸어갔다면 왕복 4km, 1시간이 걸릴 거리를 20분 만에 다녀올 수 있었다. 돌아오는 길에 하하가 1500원이 있다고 아이스크림을 사준다고 했는데 아이스크림 한 개가 천 원이어서 하나만 사서 나누어 먹었다. 내가 돈을 가지고 왔으면 2개 사먹을 수 있었을 텐데 아쉬웠다.

[문항2-2] 위의 일기에서 찾을 수 있는 대응관계를 예시와 같이 식으로 나타내시오.

(예)y(한 사람이 가지는 공책의 수) × x(우리반 학생 수) = 100

〈출처: 한국교육과정평가원 수행평가 지원포털〉

위 문항을 수행과제 유무의 관점에서 분석하기 전에, 수행과제의 의미에 대하여 생각해 보자. 수행평가에서 수행과제라 함은, 조작 활동, 토의 · 토론 등 수업활동으로서 가치가 있는 과제를 의미한다. 그러나 예시문항 2의 경우 이를 수업의 활동으로서 사용할 가치가 없다. 예시문항 2의 평가장면은 굳이 수행평가를 실시하지 않더라도, 지필평가로 충분히 평가할 수 있기 때문이다. 앞의 예시문항 1과는 다르게 문제 자체가 성취기준을 측정할 수 있는 내용타당도는 갖추고 있으나, 위 평가장면을 굳이 수행평가로 실시해야 하는지는 생각해 볼 문제이다. 위 평가지를 그대로 출력하여 지필평가로 실시하여도 평가하고자 하는 내용을 똑같이 평가할 수 있기 때문이다. 위의 수행평가 장면을 그림으로 분석해 보면 다음과 같다.

- 예시문항 2의 문항 분석

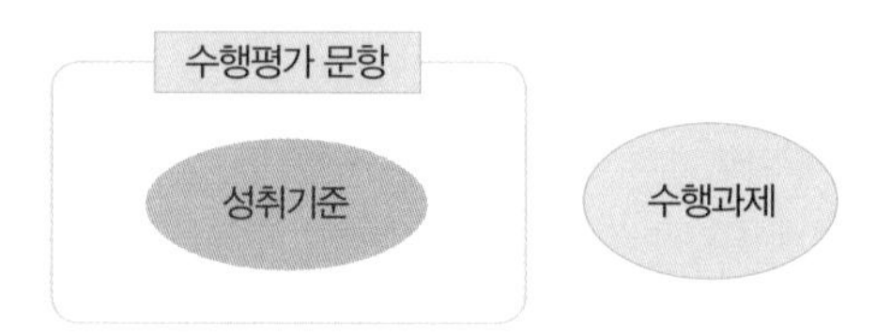

물론 과정중심평가에서 강조하는 수업 중 평가가 이루어지는 장면이 모두 수행평가일 필요는 없다고 생각한다. 하지만 수행과제의 유무는 수행평가가 지필평가와 차별되는 중요한 요건이기 때문에 위의 문제장면이 수행평가가 되기 위해서는 수행과제가 문제에 포함되어 있어야 한다. 이러한 관점에서 예시문항 2를 지필평가로 평가한다면 크게 문제될 것이 없다. 그러나 예시문항 2를 수행평가로 분류하고자 한다면 지필평가와 차별되는 요소가 없다.

만약 이 책을 읽는 선생님께서 예시문항 2로 수업을 한다고 생각해 보자. 예시문항 2를 통한 수업 장면은 학생은 해당 문제를 해결하기 위하여 문제지에 열중하여 문제를 풀고 있을 것이며, 교사는 학생들의 문제 푸는 장면을 관중처럼 바라보고 있을 것이다. 중간고사와 기말고사 보는 모습과 별다른 차이가 없을 것이다. 즉, 수업의 활동으로서 가치가 있는 과정중심 수행평가가 되기 위해서는 수행과제가 내재되어 있는 수행평가 문항을 볼 수 있는 눈이 있어야 한다.

◆ 좋은 수행평가 문항의 조건3: 실제 활용 가능성

과정중심의 수행평가가 되기 위해서는 위의 조건 외에도 실제 수업에서 활용할 수 있는 '수업 적용 가능성'이 높아야 한다. 수행평가를 실시하기 위해서 과다한 준비자료가 요구되는 수행평가 문항이나 채점을 하기 위하여 과다한 채점기준이 필요한 평가 문항, 구술평가와 같이 모든 학생이 앞에 나와서 말로 평가하기 위한 과다한 시간이 요구되는 평가장면 등은 실제 수업에서 활용하기 어려운 평가 문항이다.

또한 수업에서 학생의 성장을 돕는 수행평가가 아닌 문제개발을 위한 복잡한 평가장면을 설정한 경우도 실제 수업 장면에서 사용하기 어렵다. 성취기준에 대한 도달도가 높은 학생도 복잡한 문제장면에 대한 이해부족으로 해당 문제를 못 푸는 경우도 많기 때문이다.

– 예시문항 3

[수41063-1] 진분수, 가분수, 대분수를 알고, 그 관계를 이해하고, 설명할 수 있다.

분수 형제들을 찾아라!
※ 분수 마을에 태풍이 불어와 서로 사이좋게 모여 살던 분수카드 형제들이 뿔뿔이 흩어졌어요. 헤어진 분수카드 형제들을 찾아 주세요. 아래 미션대로 ①~③번 칸에 알맞은 분수를 찾아 써 넣으시오.

미션 1	흩어진 분수들 중에 진분수를 찾아 ①번 칸에 써 넣으시오.
미션 2	흩어진 분수들 중에 가분수를 찾아 ②번 칸에 써 넣으시오.
미션 3	②번 칸의 분수와 크기가 같은 대분수를 찾아 ③번 칸에 써 넣으시오.

①번	②번	③번

〈출처: 경기도교육청 2016 수행평가 예시문항〉

위 문제는 경기도교육청의 수행평가 예시자료 문항으로 처음 개발 단계에서는 다음과 같은 평가기준안이 제시되었다.

	평가기준	배점
준비도	주어진 5분 동안 세 가지 카드를 쓰기 위해 노력한 경우	1
	주어진 5분 동안 세 가지 카드를 쓰기 위해 노력이 부족한 경우	0
이해력	진분수와 가분수, 대분수 카드 세 가지를 정확하게 찾아 쓴 경우	2
	진분수와 가분수, 대분수 카드 중 두 가지만 정확하게 찾아 쓴 경우	1
	진분수와 가분수, 대분수 카드 중 한 가지만 정확하게 찾아 쓰거나 모두 찾지 못한 경우	0
조직력	[질문1]과 [질문2], [질문3]의 정확한 이유를 모두 들며 설명한 경우	3
	[질문1]과 [질문2], [질문3]의 이유를 두 가지만 든 경우	2
	[질문1]과 [질문2], [질문3]의 이유를 한 가지만 든 경우	1
	[질문1]과 [질문2], [질문3]의 이유를 모두 들지 못한 경우	0
표현력	'왜냐하면',' 때문에' 등의 근거를 드는 문장 구조를 정확하게 활용하여 설명하고 가분수에서 분자와 분모의 나눗셈 등을 활용하여 대분수의 구성을 설명한 경우	2
	'왜냐하면',' 때문에' 등의 근거를 드는 문장 구조를 활용하였으나 정확도가 부족하거나 단지 가분수와 대분수의 크기가 같기 때문에 등으로 설명이 부족한 경우	1
	근거를 드는 문장 구조의 활용도가 부족한 경우	0
의사소통 능력	말하고자 하는 내용을 듣는 사람의 시선을 끌며 알아듣기 쉽게 전달함	1
	말하고자 하는 내용을 듣는 사람이 이해할 수 있게 전달하나 시선을 끌기는 다소 부족함	0.5
	말하고자 하는 내용을 다른 사람이 이해하기 어려워 듣는 사람의 시선을 끌지 못함	0
구술 태도	듣는 사람을 바라보며 자신감 있는 태도와 목소리로 말함	1
	듣는 사람의 잘 바라보며 말하나 자신감 있는 태도와 목소리가 다소 부족함	0.5
	듣는 사람을 바라보며 자신감 있는 태도와 목소리로 말하기를 어려워함	0

한 반에 20명이 넘는 학생의 수행과제를 위의 평가기준에 따라 평가할 수 있을까? 물론 최종 개발자료는 이러한 문제점 때문에 평가기준안을 대폭 간소화하여 보급하였다. 이와 같이 수행평가는 수업에서 실제로 활용 가능한 평가 장면과 채점기준으로 제시해야 한다.

◆ 좋은 수행평가 문항의 조건4: 교과 특성이 반영된 수행평가

과정중심의 수행평가는 수업 중에 이루어지는 평가이며, 교육과정상 해당 교과의 시수에 배정되어 이루어진다. 따라서 특정교과의 수업에서 특정 교과를 평가할 경우 해당교과의 성격과 특징, 목표에 벗어난 평가가 이루어져서는 안된다. 다음의 문제를 교과 특성의 측면에서 살펴보도록 하겠다.

– 예시문항 4

[역6015] 유물과 유적을 통해 삼국, 통일 신라와 발해 시기의 사람들의 생활 모습을 설명할 수 있다.

※ 삼국시대 당시 다른 나라와의 문화교류의 모습을 상상해서 네 컷 만화로 만들어 보세요.

제목:	

평가요소		4	3	2	1
창의력	역사적 상상력 및 정보 수집의 타당성	삼국시대 문화 교류 모습을 내용에 맞춰 4컷 모두 풍부히 드러나게 묘사하였다.	삼국시대 문화 교류 모습을 3컷 정도 내용에 맞춰 묘사하였다.	삼국시대 문화 교류 모습을 내용에 맞춰 묘사하는 것을 어려워한다.	삼국시대 문화 교류 모습에 대한 내용을 전혀 이해하지 못한다.
과제완성도	주제 적합성 표현의 정확성	네 컷 만화의 내용이 주제에 부합하고, 만화의 표현력, 내용 구성력이 탁월하다.	네 컷 만화의 내용이 주제에 부합하며, 만화의 표현력과 내용구성력을 갖추었다.	네 컷 만화의 내용이 주제에 부합하지 못하고, 만화의 표현과 내용 구성이 서투르다.	네 컷 만화를 완성하지 못했다.

〈출처: 한국교육과정평가원 수행평가 지원포털〉

위 예시문항 4에서 사회과의 요소가 어느 정도 반영되어 있는지 생각해 봐야 한다. 사회과의 요소는 삼국시대의 교류 내용에 대한 부분만 제시되어 있으면 되나, 위 평가장면은 만화를 그려야 하는 미술과의 특징과 만화 내용 구성의 국어과의 성격이 사회과 성격보다 더 큰 부분을 차지하고 있다. 차라리 이러한 문제를 출제하려면 해당 국어과나 미술과의 성취기준을 찾아서 교과통합형으로 실시하는 것이 효율적이다. 그러나 단순 사회과 성취기준 평가를 위하여 해당 교과의 특징보다 타교과의 기능을 더 요구하면 제대로 된 평가가 이루어지지 않는다.

◆ 좋은 수행평가 문항의 조건5: 올바른 평가기준 설정

평가를 하는 이유는 해당 성취기준에 대한 학생 개개인의 성취수준을 알아보고자 하는 것이다. 그러나 평가기준안이 잘못 설정되어 있으면 학생의 제대로 된 성취수준을 파악하기 어려워진다. 다음 평가 문항의 평가기준을 살펴보자.

– 예시문항 5

[6사04–02] 조선 사회의 모순을 극복하기 위해 개혁을 시도한 인물(정약용, 흥선 대원군, 김옥균과 전봉준 등)의 활동을 중심으로 사회 변화를 위한 옛 사람들의 노력을 탐색한다.

※ 조선 사회의 모순을 극복하기 위해 개역을 시도한 인물을 주제로 역할극을 구성한 후 발표하시오.

※ 평가기준안

평가기준		배점
인물별 개혁 시도 연계	4인 이상의 인물별 개혁시도 사례를 알맞게 구성한 경우	3
	2~3인 이상의 인물별 개혁시도 사례를 알맞게 구성한 경우	2
	1인의 인물 개혁시도 사례를 알맞게 구성한 경우	1
협력적 참여	역할놀이에 적극적으로 참여한 경우	2
	역할놀이에 소극적으로 참여한 경우	1
역할놀이 장면	바른자세와 말투로 역할극을 진행한 경우	2
	바른자세와 말투로 역할극을 진행하지 못한 경우	1

※ 성취수준

점수	성취수준	
6점	조선 사회의 모순을 극복하기 위해 개혁을 시도한 주요 인물의 활동을 제시하고, 사회 변화를 위한 옛 사람들의 노력과 의의를 설명할 수 있다.	상
4~5점	조선 사회의 모순을 극복하기 위해 개혁을 시도한 주요 인물의 활동을 중심으로 사회 변화를 위한 옛 사람들의 노력에 대해 말할 수 있다.	중
3점 이하	조선 사회의 모순을 극복하기 위해 개혁을 시도한 주요 인물과 활동을 관련지을 수 있다.	하

위의 평가기준안으로 성취수준을 부여할 경우 4인 이상의 인물별 개혁시도 사례를 알맞게 구성하였으나, 역할극에 소극적으로 참여하거나 바른자세와 말투로 역할극을 진행하지 못한 경우 성취수준 상을 부여할 수 없다. 즉, 성취기준과 관련 없는 역할극에 대한 배점이 성취기준과 관련된 평가기준보다 높게 설정되어 있어서 평가를 통한 제대로 된 성취수준 부여가 이루어지지 못하고 있다.

따라서 수행평가의 평가기준을 설정할 때에는 성취기준과 관련이 없는 내용으로 인하여 성취수준이 변하지 않도록 평가기준 설계가 중요하다. 성취기준과 관련 없는 태도 등을 평가하고자 할 경우 점수 배점에 합산하여 성취수준을 부여하는 것이 아니라, 태도에 대한 성취수준을 따로 설정하여야 성취기준에 대한 성취수준을 바르게 평가할 수 있는 수행평가 문항이 될 수 있다.

◆ 좋은 수행평가 문항의 조건6: 성장을 돕는 평가

과정중심평가에서 평가는 성적 산출을 위한 수단이 아닌, 학생의 성장을 위한 수업 과정으로서의 역할이 중요시 된다. 따라서 학생이 성장할 수 있는 문항으로 평가가 이루어져야 한다. 다음의 수행평가 문항을 통해 학생의 성장을 돕는 평가와 성적 산출을 위한 평가에 대하여 생각해 보자. 예시문항 6은 필자가 경기도교육청 수행평가 문항 개발위원으로 직접 개발하여 2016 수행평가 예시문항으로 수록된 문항이다.

– 예시문항 6

[수63041-1] 직육면체와 정육면체의 겉넓이를 구하는 방법을 이해하고, 이를 구할 수 있다.

※ 다음은 직육면체와 각 면을 이루고 있는 사각형 조각들입니다.

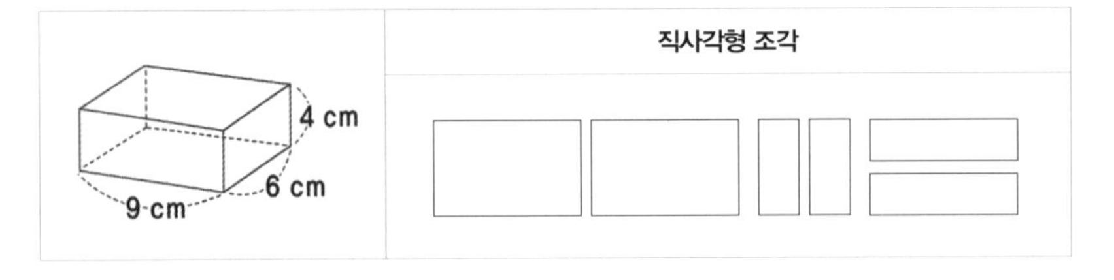

1. 위 직사각형 조각들을 활용하여 직육면체의 겉넓이를 구하는 방법을 설명하시오.
2. 위 직육면체의 겉넓이를 구하시오.

필자가 수행평가 개발위원으로 위 성취기준 문항을 개발하였는데, 최종 검증 단계에서 제외될 뻔 하였다. '[수63041-1] 직육면체와 정육면체의 겉넓이를 구하는 방법을 이해하고, 이를 구할 수 있다.'의 성취기준은 인지적인 영역이 강한 성취기준인데 이 성취기준을 왜 수행평가로 실시하는지에 대한 의견을 제시하는 분들이 있었다. 그분들은 수행평가는 교사에게 많은 시간과 노력을 요구하기 때문에 지필평가로 평가할 수 있는 성취기준은 기존의 직육면체의 겉넓이 구하는 문제로 평가하는 것이 효율적이라는 입장이었다. 물론 효율성의 측면에서 볼 때는 그러한 주장이 맞을 수 있다. 그러나 이 문제를 만든 필자의 입장은 실제 직육면체의 겉넓이 조각을 손으로 뜯어보고 겉넓이를 구하는 수행과제를 통하여 학생이 직육면체의 겉넓이를 구하는 원리를 이해하는 데 도움을 줄 수 있다는 확신이 있었다. 확신뿐만 아니라 실제 이 수업을 실시하면서 이러한 수업을 하고 이 장면을 그대로 평가를 하면서 학생들의 이해도가 훨씬 높아진 것을 확실하게 감지할 수 있었다. 즉 평가를 통하여 학생들이 원리를 이해하는 성장이 일어남을 확인할 수 있었다. 이는 평가가 실제로 학생의 성장을 돕는 수업의 과정이 될 수 있음을 의미하며, 배움이 일어날 가능성을 높여 주는 기회를 제공할 수 있다는 것을 보여 주는 예이다.

학생의 성장을 돕기 위하여 비효적일지라도 수행평가를 해야 한다는 입장과 효율성의 측면에서 지필평가를 실시해야 한다는 입장은 따지고 보면 평가에 대한 발달적 평가관과 선발적 평가관의 입장과 맥을 같이한다. 선발적 평가관의 입장을 따르자면 평가를 통한 학생의 수준을 알아보고 서열을 비교하는 것이 목적이기 때문에 효율성에 중점을 두어 지필평가를 실시하는 것이 맞다. 지필평가로 실시하여도 성취기준에 대한 성취수준을 충분히 판별할 수 있기 때문이다. 그러나 발달적 평가관에 의하면 평가가 학생의 성장을 돕는 역할이 중요하기 때문에 평가방법이 효율적이지 않더라도, 학생의 성장을 도울 수 있다면 필자가 개발한 수행평가로 실시하는 것이 맞다고 생각한다.

이와 같이 좋은 수행평가는 평가라는 수업의 장면을 통해서 학생의 성장을 돕고 배움의 가능성을 높여줄 수 있어야 한다.

Revolution 07

과정중심평가를 위한 논술형 평가 바로 알기

논술형 평가의 의미

수업에서의 배움을 글이나 각 교과만의 고유한 언어로 표현하는 '논술형 평가'

논술형 평가와 서술형 평가의 의미

논술형 평가에 대하여 논하기 전에 우선 서술형 평가와 논술형 평가의 의미에 대하여 살펴보도록 하겠다. 한국교육학술정보원 교육자료(TM 2015-18-1)에 의하면 서술형 평가는 학생에게 답이라고 생각하는 지식이나 주장을 직접 서술하도록 하는 평가 방식이다. 논술형 평가는 학생에게 문제에 대하여 최소한 몇 개의 문장으로 직접 진술하도록 하는 평가 방식이다.

위에서 정의한 바를 해석하면 서술형 평가와 논술형 평가 모두 학생 개인의 주장이나 생각을 글로 표현하게 하는 평가방법으로 차이점은 논술형 평가는 최소한 몇 개의 문장으로 진술하는 것으로 구분하고 있다.

경기도교육청은 서술형 평가와 논술형 평가를 다음과 같이 정의하고 있다. 논술형 평가는 자신의 의견, 주장을 논리적으로 기술하는 평가를 의미하며, 서술형 평가는 요약, 개념, 이해, 설명, 풀이과정 등 사실을 바탕으로 기술하는 평가이다. 둘의 의미 구분이 명확하게 느껴지지 않을 것이다. 경기도교육청에서 정의한 서술형 평가와 논술형 평가의 차이점을 굳이 따져보자면 논술형 평가는 서술형과 달리 학생 개인의 생각이나 주관이 포함된 답이 나올 가능성이 크다. 서술형 평가는 학생의 생각보다는 학습한 내용을 요약하거나, 이해한 개념을 설명하거나, 일반적인 풀이 과정을 문장으로 쓰는 경우로 볼 수 있다. 이러한 특징 때문에 경기도교육청은 서술형 평가보다 논술형 평가를 지향한다는 취지에서 논술형 평가라는 용어를 사용하고 논술형 평가 안에 서술형 평가 문항도 배치가 가능하다고 하였다. 즉 경기도교육청은 논술형과 서술형을 포함한 평가정책을 논술형 평가라고 정의하였다고 보면 된다.

그러나 타시도교육청의 경우를 분석해 보면 서술형 평가라는 용어를 쓰는 경우도 많다. 시도교육청의 서술형 평가 문항을 분석해 보면 경기도교육청에서 이야기하는 논술형 평가와 서술형 평가를 모두 포함한 문제 형태들이었다. 결국, 시도교육청의 정책적 용어에 따라서 같은 문항도 논술형 평가라 부르기도 하고, 서술형 평가라 부르기도 한다. 필자는 이 장에서 서술형 평가와 논술형 평가에 대하여 논할 때 논술형 평가라는 용어를 사용하도록 하겠다.

논술형 평가는 어디에 속할까?

교육부 훈령에 교과학습 발달상황의 평가는 지필평가와 수행평가로 구분하여 실시한다고 하였다. 그럼 논술형 평가는 지필평가와 수행평가 중 무엇으로 분류해야 할까? 앞의 장에서 수행평가의 평가 장면에 따른 분류로 논술형 평가에 대해서 소개했으니, 수행평가로 분류하는 것이 맞을까? 그런데 논술형 평가가 인지적 영역을 측정하며, 학생이 평가지를 활용하여 글로 답을 작성하는 과정이 지필평가와 동일하기 때문에 지필평가로 분류할 수도 있다.

경기도교육청은 논술형 평가를 지필평가로 분류하려는 경향이 강하고, 반대로 수행평가로 분류하는 시도교육청도 많이 있다. 이러한 혼란 때문에 경기도교육청은 논술형 평가 장면이 평가지 안에서 해결할 수 있으면 지필평가로 분류하고, 토론이나, 인터뷰 등 수행 과제를 해야 할 경우 수행평가로 분류해야 한다고 주장하기도 한다. 그러나 평가지만으로 논술을 하는 경우도 글 쓰는 상황을 수행과제로 볼 수 있기 때문에 수행평가로 보아야 한다는 견해도 있다.

결론적으로 말하자면 논술형 평가로 분류하든 수행평가로 분류하든 큰 문제는 없지만, 수행평가는 수행과제를 중요시하기 때문에 단순 글쓰기로만 구성된 논술형 평가의 경우 지필평가로 분류하는 것이 맞다고 생각한다. 물론 국어과의 경우 글쓰기와 관련된 성취기준이 많기 때문에 성취기준이 글쓰기, 논술과 관련될 경우 단순 글쓰기 장면만으로 구성된 논술형 평가도 수행평가로 분류할 수 있다. 위의 내용을 종합하여 평가 유형별 분류를 도식으로 정리하였다.

· 지필평가와 수행평가 문항 유형별 분류 ·

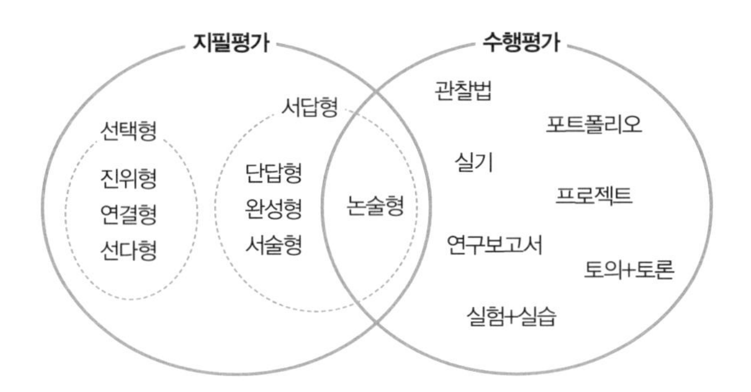

위의 그림을 보면 논술형은 수행평가와 지필평가에 모두 포함됨을 알 수 있다. 그러나 경기도교육청의 정의와 같은 단순 요약이나 개념에 대한 설명을 요구하는 서술형 문항의 경우 지필평가로 분류하는 것이 적절하다.

왜 논술형 평가가 필요한가?

논술형 평가는 과정중심평가에서 강조하는 문제해결능력,
고차원적사고능력, 창의성 등을 평가할 수 있다.

발달적 평가관과 선발적 평가관

선발적 평가관에서의 평가의 목적은 서열화, 분류, 줄 세우기이다. 그럼 이러한 서열화, 분류, 줄 세우기를 위한 평가도구는 무엇이어야 할까? 학생들의 점수를 비교하여 1등부터 꼴등까지 줄 세우기를 하는 선발적 평가관에서는 점수 부여에 한치의 오차도 허용하지 않는다. 채점과정에서의 오차는 바로 학생 간의 순위 변동을 의미하기 때문이다. 따라서 채점과정에서 주관적 요소의 개입 여지가 있는 논술형 평가나 수행평가보다는 객관식, 단답형 평가 문항이 그동안 주요한 평가도구로 사용되었다.

그러나 최근의 평가는 발달적 평가관으로의 전환을 시도하고 있다. 발달적 평가관에서는 학생의 성장이 최우선이다. 즉, 평가도구는 학생의 성장에 도움이 되는 학습과정으로서의 역할이 중요시된다. 그럼 학생의 성장을 위해서 평가는 어떤 기능을 해야 할까? 평가는 학생을 자세히 들여다볼 수 있는 기능을 해야 한다. 학생을 자세히 들여다볼 수 있어야 학생에 대한 세밀한 분석이 가능해지며, 이에 따른 맞춤형 피드백으로 학생이 성장하는데 도움을 줄 수 있기 때문이다.

그렇다면 학생을 자세히 들여다보는데 객관식 평가도구가 유리한가? 논술형 평가도구가 유리한가? 객관식 평가는 주로 단편 지식이나 이해를 확인하는데 적합하지만, 논술형 평가는 지식의 이해부터 종합적 사고력, 문제해결 능력, 창의성까지도 평가가 가능하다. 또한 백지에 자신의 생각을 풀어놓으며 학생의 다양한 특성이 나타날 수 있다. 이러한 특성 때문에 논술형 평가가 객관식 문항보다 학생을 자세히 들여다보며, 학생의 성장을 돕는데 유리한 역할을 할 수 있다.

5 vs ∞(무한대)

논술형 평가의 특징은 위의 주제와 같이 5와 무한대로 설명할 수 있다. 여기서 5와 무한대는 경우의 수를 의미하며, 5는 5지 선다형 객관식 문항에서 나올 수 있는 경우의 수, ∞(무한대)는 논술형 평가 문항에서 나올 수 있는 경우의 수이다. 실제 문제로 이 경우의 수에 대하여 생각해 보자.

※ 꿈 실현을 위하여 여러분이 해야 할 것 1가지를 고르시오. (　)

① 공부를 열심히 해야 한다.

② 책을 열심히 읽는다.

③ 음식을 골고루 먹는다.

④ 부모님 말씀을 잘 듣는다.

⑤ 친구와 사이좋게 지낸다.

위의 5지 선다형 객관식 문항의 경우 학생의 반응에서 나올 수 있는 경우의 수는 무조건 5가지이다. 전국 50만 학생이 위 문제로 평가를 한다고 가정해 보아도, 나오는 경우의 수는 5를 벗어날 수 없다. 이번에는 아래의 문제에서 나올 수 있는 경우의 수를 생각해 보자.

염소

송현

매일 저녁에
염소 몰러 둑에 가면
염소가
나를 보고
"음메에에, 음메에"하고 우는 데

오늘은
차곤이하고
딱지치기하느라 정신이 팔려
해 저문 줄 모르고
늦게 갔더니
"임마아아, 임마아아"
하는 것 같았다.

※ 다음 <보기>와 같이 주어진 시를 <조건>에 맞게 이야기로 바꾸어 쓰시오.

제목 : 염소

〈출처: 경기도교육청 논술형 문항 예시자료〉

위 논술형 문항으로 25명의 한 반 학생들에게 평가를 실시하였는데, 모든 학생의 답이 다르게 나왔다. 결국 이 반의 경우의 수는 25였다. 만약 위 논술형 문항을 전국의 학생들에게 실시한다면 경우의 수는 말 그대로 무한대에 가깝게 나올 것이다.

논술형 평가의 장점은 여기에서 있다. 정해진 틀에 맞추어진 정답만을 찾는 교육이 아닌 백지에 자유롭게 쓴 학생들의 생각으로 창의성을 확인할 수 있으며, 개인만의 문제해결능력, 고차원적 사고능력 등 다양한 부분을 확인하고 성장시킬 수 있다.

교육과정, 수업과의 연계

요즘 선생님들은 과거처럼 교과서 진도 나가기식 교육과정 운영을 지양하고 각자의 교육철학에 따라 교육과정을 재구성하여 운영하려는 시도를 하고 있다. 이때 교육과정 재구성은 학생들에게 미래 사회에 필요한 핵심 역량을 키울 수 있는 내용으로 선별 · 조직하여 운영한다. 또한 프로젝트형 주제를 선정하여 문제해결능력을 키우는 교육과정을 운영하기도 한다.

교육과정뿐만 아닌 수업도 과거와 같이 칠판에 한가득 판서하고 학생들에게 적고 외우게 하는 주입식 교육이나, 교사의 일방적인 설명에 의한 강의식 수업은 점차 사라져가고 있다. 수업에서 학생과 학생, 교사와 학생의 상호작용으로 비판적 사고력을 키우고, 가르침이 중심이 아닌 학생의 입장에서 배움이 일어나는 수업을 강조하고 있으며, 수업의 방법도 토의토론식 수업, 모둠의 협력을 통한 협동학습 등이 이루어지고 있다.

이러한 역량을 키우는 교육과정운영과 학생의 배움을 중시하는 배움중심 수업에서 과거의 객관식 평가도구가 과연 연계가 될 수 있을까? 아마 교과서 진도 나가기식 교육과정 운영과 강의식 수업에서 객관식 평가도구는 매우 유용한 평가방법으로 사용될 것이다. 하지만 지금의 교육과정 재구성, 배움중심 수업과 연계할 수 있는 지필평가방법은 논술형 평가가 유일한 대안이다.

과정중심평가와 논술형 평가

지필평가의 평가도구 중 과정중심평가와 가장 잘 맞는 평가도구는 '논술형 평가'이다.

과정중심평가에서 평가는 수업 중에 교수 · 학습 과정의 한 장면으로서 역할을 해야 한다. 활동 중심의 수행과제로 이루어진 수행평가뿐만 아니라 논술형 평가도 수업 중 활동으로 사용될 수 있다.

아래의 사진을 보면 논술형 평가가 실제 수업에서 교수 · 학습의 한 장면으로 사용될 수 있음을 알 수 있다.

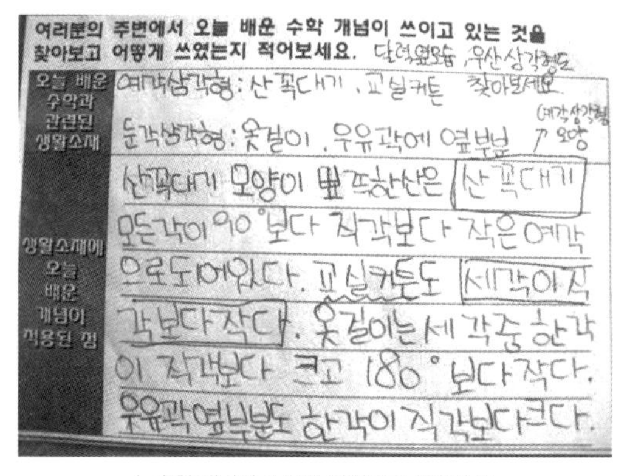
여러분의 주변에서 오늘 배운 수학 개념이 쓰이고 있는 것을 찾아보고 어떻게 쓰였는지 적어보세요. 달력옆모습, 우산삼각형도 찾아보세요.

오늘 배운 수학과 관련된 생활소재	예각삼각형: 산꼭대기, 교실커튼 둔각삼각형: 옷걸이, 우유곽에 옆부분 (예각삼각형 모양)
생활소재에 오늘 배운 개념이 적용된 점	산꼭대기 모양이 뾰족한산은 산꼭대기 모든각이 90°보다 직각보다 작은 예각으로 되어있다. 교실커튼도 세각이 직각보다 작다. 옷걸이는 세 각중 한각이 직각보다 크고 180°보다 작다. 우유곽옆부분도 한각이 직각보다 크다.

논술형 평가가 수업의 과정으로 사용된 예

과정중심평가는 평가가 수업 속 활동으로 이루어지는 것 외에 평가를 통한 피드백으로 학생의 성장을 돕는 역할을 할 수 있어야 한다. 앞의 장에서 소개한 VIGU 수업모형의 수학 글쓰기 논술형 평가가 수업 중 피드백으로 성장을 돕는 역할을 하는 좋은 예이다.

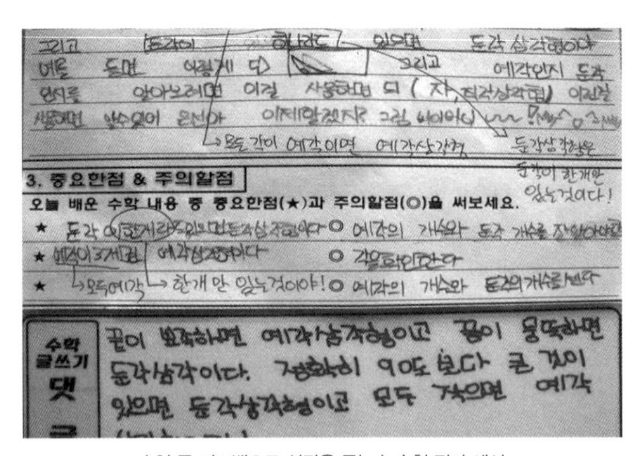

수업 중 피드백으로 성장을 돕는 논술형 평가 예시

위 사진은 필자의 실제 수업 장면으로 학생들의 댓글 활동과 교사의 즉각적인 피드백으로 논술형 평가가 학생의 성장을 도울 수 있다는 것을 보여 준다.

좋은 논술형 평가란?

좋은 논술형 평가는 외워서 쓰는 답이 아닌 학생의 생각을 끌어낼 수 있는 평가이다.

창의성과 고등정신능력을 끌어내는 논술형 평가

논술형 평가는 피평가자의 의견이나 주장을 논리적으로 기술하게 하여 창의성, 문제해결능력, 비판적 사고력, 종합, 분석, 평가 등의 고등사고능력을 측정할 수 있어야 한다. 이러한 능력들을 측정하지 못하고 지식기억, 이해 정도의 단순 사고능력을 측정하는 문항은 논술형 평가라는 이름을 붙일 수 없다. 경기도교육청에서 이야기하는 논술형 평가와 서술형 평가의 차이도 고등사고능력을 측정할 수 있는냐, 없느냐로 볼 수 있다. 다음 두 문제를 비교해 보고, 어느 문항이 논술형 문항에 해당되는지 생각해 보자.

문항1. $\frac{2}{3}-\frac{1}{6}$ 의 풀이과정과 답을 쓰시오.

풀이과정: ....

....

답: 〈 〉

....

문항2. 다음은 선미에게 분수의 뺄셈을 설명하는 글이다.

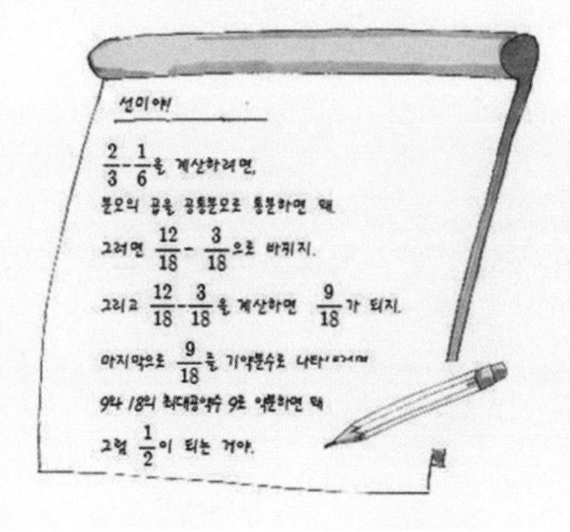
선미야!

$\frac{2}{3}-\frac{1}{6}$을 계산하려면,

분모의 곱을 공통분모로 통분하면 돼

그러면 $\frac{12}{18}-\frac{3}{18}$으로 바뀌지.

그리고 $\frac{12}{18}-\frac{3}{18}$을 계산하면 $\frac{9}{18}$가 되지.

마지막으로 $\frac{9}{18}$를 기약분수로 나타[illegible]

9와 18의 최대공약수 9로 약분하면 돼

그럼 $\frac{1}{2}$이 되는 거야.

위 글을 참고하여 $\frac{2}{3}-\frac{1}{6}=\frac{1}{2}$을 다른 계산방법으로 설명하시오.

선미야! $\frac{2}{3}-\frac{1}{6}$을 다른 방법으로 계산하려면,

....

....

....

〈출처: 2011 경기도교육청 창의 · 서술형 평가 문제지〉

위의 두 문항을 비교해 보면 한 문항은 서술형 평가의 성격에 가까운 문항이고, 다른 한 문항은 논술형 평가의 성격에 가까운 문항으로 볼 수 있다. 그 이유는 학생의 반응에 있다. 첫 번째 문항의 경우 학생의 답은 대부분 $\frac{2}{3}-\frac{1}{6}=\frac{12}{18}-\frac{3}{18}=\frac{1}{2}$의 경우 밖에 나올 수 없다. 그러나 두 번째 문항으로 출제를 하였을 때 실제 학생의 답변은 다음과 같았다.

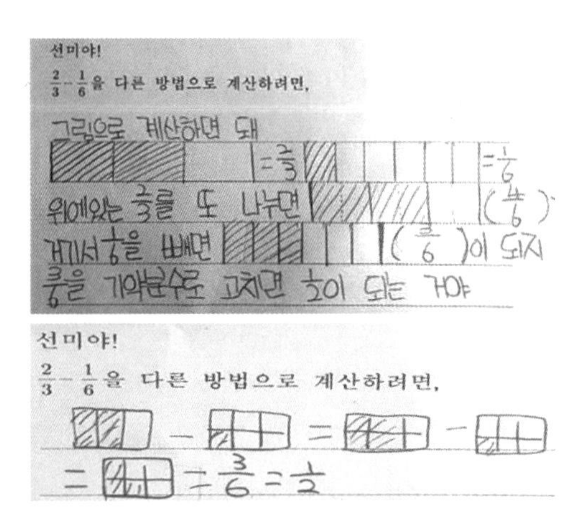

두 번째 문항의 답변들은 첫 번째 문항보다 학생들의 창의성과 문제해결능력 등을 끌어낼 가능성이 크다. 즉, 위의 두 문항이 같은 성취기준과 내용을 물을지라도, 교사의 문항 설계능력에 따라서 논술형 문항의 취지에 가까운 창의성과 문제해결능력, 고등정신능력을 끌어낼 수 있는 문항이 될 수 있고, 단순 지식이나 개념에 대한 이해능력을 끌어내는 문제가 될 수도 있는 것이다.

두 문제의 예에서 볼 수 있듯이 논술형 평가라는 이름을 붙이기 위해서는 학생들의 창의성과 문제해결능력, 고등정신능력을 끄집어 낼 수 있어야 한다. 그러나 현장의 논술형 평가 문항들을 분석해 보면 대부분 단순 지식이나 개념에 대한 이해를 적게 하거나, 심지어 암기를 해야 쓸 수 있는 문항이 주를 이루고 있다.

논술형 평가의 취지를 살리기 위해서는 교사의 문항 개발 전문성이 중요하다. 같은 분수의 뺄셈 문제이지만, 두 번째 문항의 편지자료처럼 창의적인 답을 유도하기 위한 문항 구조가 창의적인 답을 이끌어 내는 메커니즘으로 작용하는 것이다.

이와 같이 좋은 논술형 평가가 되기 위해서는 창의성, 문제해결능력, 고등정신능력을 끌어 낼 수 있는 나름의 장치가 있어야 하며, 이러한 장치를 설계할 수 있는 능력이 평가에 대한 교사의 전문성인 것이다.

논술형 평가와 개방성

논술형 평가는 학생의 답이 다양하게 나올 수 있는 성격을 갖고 있다. 모든 문항의 답이 늘 다양하게 나오는 것은 아니지만, 객관식이나 단답식 문항에서는 불가능한 개방성을 갖추고 있어서, 창의성의 세부요인인 유창성 등을 측정하는데 유리하다. 논술형 평가의 개방성을 분석하면 다음과 같다.

논술형 평가는 위의 도식과 같이 아예 답을 문제에서 제시하는 경우도 많다. 답을 제시하고 그 답이 나오는 다양한 풀이과정을 요구하는 문제유형들이 있는데, 앞의 논술형 평가 문항도 위의 경우에 해당한다. $\frac{1}{2}$이라는 답을 제시하고, $\frac{1}{2}$이 나오기까지의 다양한 풀이과정을 요구하는 것이다. 다양한 답을 쓰는 개방적인 문제 장면에서 학생들의 창의성과 새로운 생각을 평가할 수 있는 것이다.

위의 경우와는 반대로 문항에 답이 여러 가지가 있는 경우가 있을 수 있다. 앞의 장에서 제시한 염소의 시를 보고 글로 바꾸어 쓰는 문제는 답이 여러 가지가 나올 수 있는 정답의 개방성이 있는 것이다.

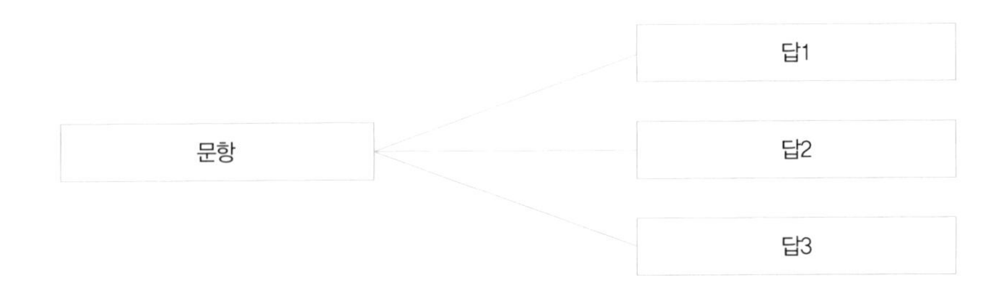

위와 같이 논술형 평가는 답을 제시하고 답을 구하기까지의 문제해결과정을 다양하게 요구하는 평가장면이나, 다양한 답을 찾게 하는 평가장면에서 개방성을 갖고 있다. 논술형 평가는 이러한 개방성 때문에 학생들의 창의성 신장에 적합한 평가방법이라 할 수 있다.

논술형 평가 문항 만드는 법

논술형 평가 문항은 학생의 생각을 불러일으킬 수 있는 장치가 있어야 한다.

논술형 평가 문항 개발 절차

논술형 평가 문항을 제작하기 위한 일반적인 절차는 다음과 같다.

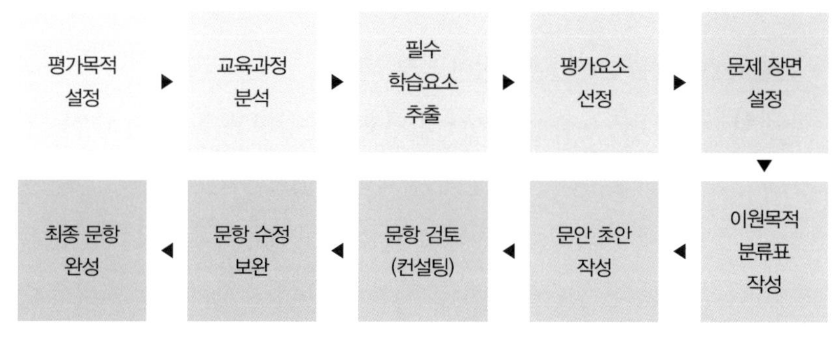

〈출처: 수학 교과 서술형 평가 ROAD VIEW〉

그러나 실제 논술형 문항 개발 경험이 많은 입장에서 보았을 때 위 개발절차는 다소 복잡해 보일 수 있다. 과정중심평가의 특성에서 보았을 때도 위에서 보여 준 모든 절차가 필요하지 않을 수 있다. 그리고, 과정중심평가에서 논술형 평가는 창의성, 문제해결능력, 고등사고능력을 키울 수 있게 개발되어야 한다. 논술형 평가를 통하여 수업 속 배움이 확장, 심화, 일반화될 수 있는 기회를 제공해야 한다는 의미이다. 그러나 위 절차는 수업과 연계를 고려한 측면이 보이지 않는다. 따라서 과정중심평가를 위한 실제 논술형 평가의 개발절차를 다음과 같이 제시해 보도록 하겠다.

◆ 성취기준 분석을 통한 평가요소 선정

평가할 문항의 성취기준에 대한 평가요소를 분석해야 한다. 성취기준 '[6수03-08] 원의 넓이를 구하는 방법을 이해하고, 이를 구할 수 있다.'는 원의 넓이를 구하는 방법을 이해하는 부분과 구하는 2가지 평가요소로 구성되어 있다. 따라서 2가지의 평가요소를 기준으로 평가 문항을 설계해야 한다.

◆ 논술형 POINT를 고려한 문제장면 설정

논술형 POINT란 논술형 평가에서 강조하는 창의성이나 문제해결능력, 고등정신능력의 측정여부가 문항에 설계되어 있느냐를 의미한다. 논술형 POINT가 없다면 단순 서술형 문항이 될 수 있기 때문에 논술형 POINT를 고려하여 문제장면을 설정해야 한다. 성취기준 [6수03-08]의 경우 원의 넓이를 구하는 원리를 설명하는 과정에서 종합력과 문제해결능력을 측정할 수 있는 부분을 논술형 POINT로 정하고 문제장면을 설정하였다.

◆ 문항개발

성취기준 [6수03-08]의 논술형 평가를 위한 문항은 다음과 같다. 문항개발 시에는 다음의 요소를 고려하여 개발하여야 한다.

· 문항개발 시 고려할 점 ·

성취기준	성취기준의 도달을 확인할 수 있는 평가요소가 문항에 충실히 구현이 되었는가?
	성취기준과 관련 없는 답을 쓰지 않도록 조건 제시 등이 명확하게 되었는가?
	성취수준을 고르게 분별할 수 있는 변별력이 있는 문항인가?
논술형 POINT	고등사고능력, 창의력, 문제해결능력을 측정할 수 있는 문제인가?
난이도	해당 학년의 학생 수준에 맞는 내용인가?
수업연계	수업 중 활동으로 사용할 수 있는 평가 문항인가?
문항내용	불필요한 단어와 문장은 없는가?

※ 다음 대화를 보고 물음에 답하시오. [8점]

(1) 만약 위의 원의 반지름의 길이가 5cm일 때 원의 넓이를 구하는 풀이과정과 답을 쓰시오.[2점]

〈조건〉 원주는 지름의 약 3.14배입니다.

풀이과정:

〈답〉 (　　　) ㎠

(2) 위 대화장면을 참고하여 병재가 원의 넓이 구하는 원리를 알 수 있도록 (1)의 대화내용을 쓰시오. [6점]

병재: 원의 넓이 구하는 방법은

☞ 위 문항 중 (2)번은 문제해결능력과 종합력 등을 측정할 수 있는 논술형 평가의 요소가 있으며, (1)번의 경우는 개념에 대한 이해, 적용을 묻는 서술형 평가의 성격을 갖고 있는 문항이다.

◆ 이원목적분류표 및 채점기준표, 평가기준 개발

논술형 평가 문항은 문제개발보다 채점기준표의 개발이 어렵고 중요하다. 논술형 평가는 객관식 문항처럼 번호를 채점하는 것이 아니고, 다양한 학생들의 답을 채점해야 한다. 이때 예상하지 못한 답이 나올 수 있으며, 점수 배점이 애매한 경우도 있을 수 있다. 이러한 여러 가지 경우를 포괄할 수 있는 채점기준표의 제작이 필요하다. 채점기준표에서 다양한 인정 답안을 제시하고, 학생이 완전한 답을 하지 못한 경우를 분석하여 분할 점수 기준을 설정한다면 신뢰성 있는 채점이 이루어질 수 있다.

내용		측정	행동	(1)	이해, 적용
				(2)	종합, 문제해결
(1)	기본답안	❶ 5cm × 5cm × 3.14 = ❷ 78.5㎠ — 2점			
	분할점수	❶의 원의 넓이 구하는 과정만 맞고, 계산이 틀린 경우 1점 ❷의 정답만 제시한 경우 1점			
(2)	인정답안	원의 넓이를 잘라서 붙이면 직사각형이 되니까 직사각형의 넓이를 이용하면 돼. ❶ 가로의 길이는 원주의 반이니까 지름×3.14×$\frac{1}{2}$을 하면 돼. — 2점 ❷ 세로의 길이는 원의 반지름과 같아. — 2점 ❸ 그래서 가로×세로를 반지름× 반지름×3.14로 바꾸어 쓸 수 있어. — 2점			
	인정답안	원의 넓이 = 직사각형의 넓이 = 가로 × 세로 = 원주의 $\frac{1}{2}$× 반지름 — 2점 = 지름×3.14×$\frac{1}{2}$× 반지름 — 2점 = 반지름×반지름×3.14 — 2점			
	분할점수	❶ 직사각형의 가로의 길이와 원주의 관계 언급 시 2점 ❷ 직사각형의 세로의 길이와 반지름의 관계 언급 시 2점 ❸ 반지름×반지름×3.14 유도과정 언급 시 2점			

위의 채점기준표에서 평가기준을 다음과 같이 설정할 수 있다.

평가기준		
7~8점	원의 넓이를 구하고, 넓이 구하는 방법을 설명한 경우	상
3~6점	원의 넓이를 구하였으나, 넓이 구하는 방법을 설명하지 못한 경우	중
1~2점	원의 넓이를 안내한 절차에 따라 구한 경우	하

◆ 수업과의 연계 설정

평가 문항과 채점기준표를 모두 완성하였으면, 그 문항을 수업의 어떤 단계에서 활용할 수 있을지 고려하여 수업을 설계한다. 교사는 논술형 평가가 앞에서 배운 활동을 정리하고, 성취기준 도달 여부를 확인할 수 있도록 수업을 설계하고, 수업 중 평가하여 즉시 피드백할 수 있도록 한다. 따라서 학생들의 반응 유형에 따라 수준별 피드백 자료를 준비해야 한다. 위 성취기준에 해당하는 논술형 평가의 피드백 자료를 다음과 같이 준비할 수 있다.

· 성취수준별 피드백 선정 ·

성취수준 – '하' 학생 피드백	성취수준 – '상' 학생 피드백
– 직사각형의 가로와 세로가 원의 어느 부분과 관련 있는지 직접 지도 – 원의 넓이를 구하는 방법 지도 – 원주와 반지름 지도 – 직사각형의 넓이를 구하는 방법 지도	– 시계 등 실제 생활 소재의 원 넓이 구하기

· [6수03-08]의 교수 · 학습 과정안 ·

성취기준	[6수03-08] 원의 넓이를 구하는 방법을 이해하고, 이를 구할 수 있다.	
	수업활동	평가활동
활동1	– 원조각을 활용하여 직사각형 만들기 – 원의 반지름과, 원주과 직사각형의 어느 부분과 같은지 탐구하기 – 직사각형의 넓이를 활용한 원의 넓이 구하는 방법 탐구하기	모둠별 탐구결과를 발표한다.
활동2	– 논술형 평가(※활동1로 평가 구성) ☞ 교사는 궤간순시를 통하여 활동1에서 이해가 부족한 학생의 논술형 평가 장면을 확인하고 바로 피드백을 주어 성취기준 도달을 돕는다.	논술형 평가 및 피드백

	수준별 피드백 계획	
	성취수준–'하' 학생 피드백	성취수준–'상' 학생 피드백
활동2	논술형 평가 문항 해결에 어려움을 겪는 학생의 경우 직사각형 가로와 세로가 원의 어느 부분과 관련 있는지 교사가 직접 지도한다.	원모양 실제 생활 소재의 넓이 구하기
정리	– 논술형 평가의 우수학생 학습결과를 발표하고 공유할 수 있도록 한다.	

위의 수업설계와 같이 논술형 평가를 수업의 활동으로 활용할 수 있다. 수업 시간에 모든 학생의 평가 결과를 채점하는 것이 불가능하기 때문에 평가하기 전단계 활동에서 이해가 부족한 학생, 기초 · 기본 학습 능력이 부족한 학생을 중심으로 평가 장면을 유심히 관찰하고, 평가 시 즉석에서 피드백하여 수업 시간 내에 학습교정이 이루어질 수 있도록 한다.

위의 논술형 평가 개발 절차를 정리하면 다음 표와 같다.

· 논술형 평가 문항 개발 절차 ·

성취기준 분석을 통한 평가요소 선정
⬇
논술형 POINT를 고려한 문제장면 설정
⬇
문항개발
⬇
이원목적분류표 및 채점기준표, 평가기준 개발
⬇
수업과의 연계 설정

논술형 문항 구조 분석

논술형 문항 구조는 일반적으로 기본형과 확장형으로 나눌 수 있다. 논술형 평가의 구성 요소들에 대해서 이해를 하면 내용타당도가 높으면서 학생들의 고등정신능력을 측정할 수 있는 문항을 개발하는데 도움이 된다.

◆ 기본형 구조

기본형 구조의 문제는 평가요소와 반응지시어로 구성되어 있으며 평가요소는 성취기준과 관련된 내용으로 선정해야 문항의 내용타당도가 확보된다.

[4과08-02] 소리의 세기와 높낮이를 비교할 수 있다.

소리의 세기와 높낮이를 비교할 수 있는 방법을 쓰시오.

(평가요소) (반응지시어)

☞ 위 문항은 '소리의 세기와 높낮이의 비교'가 평가요소이며 '쓰시오'가 반응지시어이다. 평가요소를 분석해 보면 성취기준의 내용을 그대로 구현하고 있음을 알 수 있다. 이와 같이 평가요소는 성취기준을 충실히 반영할 수 있어야 한다.

◆ 확장형 구조(조건 추가)

확장형 구조의 문제는 조건에 맞는 답을 작성하도록 설계된 문항이다.

[4과08-02] 소리의 세기와 높낮이를 비교할 수 있다.

소리의 세기와 높낮이를 비교할 수 있는 방법 2가지를 쓰시오.

(평가요소) (조건) (반응지시어)

☞ 위와 같이 조건은 학생의 응답 범위를 제한하는 역할을 한다. 조건의 경우 내용을 제한하는 기능을 할 수 있는 조건과, 응답범위를 제한하는 기능을 하는 조건이 있다. 또한 조건이 2가지 이상일 때는 위와 같이 문제에 통합하여 제시하는 것이 아닌 조건을 독립적으로 제시하는 것이 일반적이다.

◆ **확장형 구조**(조건, 자료 추가)

자료를 참고하여 조건에 맞는 답을 작성하도록 설계된 문항이다.

[4과08-02] 소리의 세기와 높낮이를 비교할 수 있다.

다음 자료를 참고하여, 소리의 세기와 높낮이를 비교할 수 있는 방법 2가지를 쓰시오.

(자료) (평가요소) (조건) (반응지시어)

☞ 논술형 문항에서 자료는 학생이 답을 작성하기 위한 재료를 제공하는 역할을 한다. 학생은 자료의 내용을 바탕으로 자신의 생각을 덧붙여 답안을 작성한다.

논술형 평가에서 〈조건〉의 역할

논술형 문항은 학생의 반응 자유도가 크다. 5가지 답지에서 답을 고르는 객관식 문항과 달리 백지에 학생의 생각을 표현하는 형식이기 때문에 무궁무진한 반응이 나올 수 있다. 이러한 특성 때문에 논술형 문항 출제 경험이 부족할 경우 성취기준을 충분히 달성할 수 있는 역량의 학생이 엉뚱한 답을 쓰는 문항을 출제할 수도 있다. 다음의 문제를 보고 조건의 중요성에 대하여 생각해 보자.

〈예시문항〉

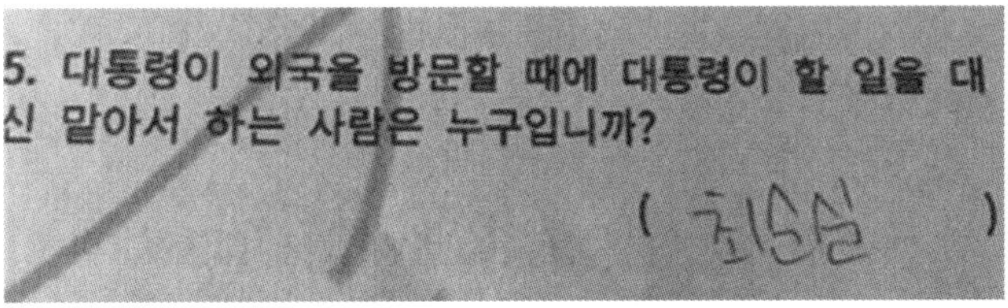

5. 대통령이 외국을 방문할 때에 대통령이 할 일을 대신 맡아서 하는 사람은 누구입니까?

(최순실)

〈출처: 구글 이미지〉

이 답을 과연 틀렸다고 해야 할까? 이 답을 보는 관점에 따라 정답으로 인정할 수도 있다. 이 문제가 행정부와 관련된 성취기준을 달성하기 위해서는 '단 비선실세는 제외할 것'과 같은 조건이 추가되어야 한다.

다음의 문제에서도 조건의 중요성에 대하여 생각해 볼 수 있다.

[수61041-2] '(소수)×(소수)'의 계산 원리를 이해하고 그 계산을 할 수 있다.

※ 다음 글을 읽고 물음에 답하시오.

운전 습관 비교

자동차 연구원은 출근 시간에 운전 습관에 따라 갈 수 있는 거리를 비교하였다. 첫째 날은 급하게 운전하여 휘발유 1L로 13.7㎞를 갔고, 둘째 날은 일정한 속도를 유지하며 운전하여 휘발유 2.5L로 59.25㎞를 갈 수 있었다.

〈출처:2013 경기도교육청 논술형 평가 문항 예시자료〉

(1) 운전 습관 비교를 읽고 자동차 운전자들에게 하고 싶은 말을 쓰시오.

위 문항은 성취기준대로 (소수)×(소수)의 곱셈을 할 수 있는가를 측정하기 위해 만들어졌다. 그러나 안타깝게도 위 문항은 (소수)×(소수)의 곱셈 능력을 물어보는 역할을 하지 못하였다. 실제 위 문항으로 평가를 하였는데, 소수의 곱셈을 할 수 있는 학생들도 '자동차를 운전할 때는 과속하면 안돼요.', '운전은 경제속도를 유지하면서 해야 되요.'와 같은 답을 쓴 경우가 많았다. 결국 이 문제는 '단, 운전 습관에 따라 자동차가 갈 수 있는 거리의 비교가 나타나도록 작성할 것'과 같은 조건을 추가해서 출제했다. 논술형 평가에서 조건의 역할은 다음 그림과 같다.

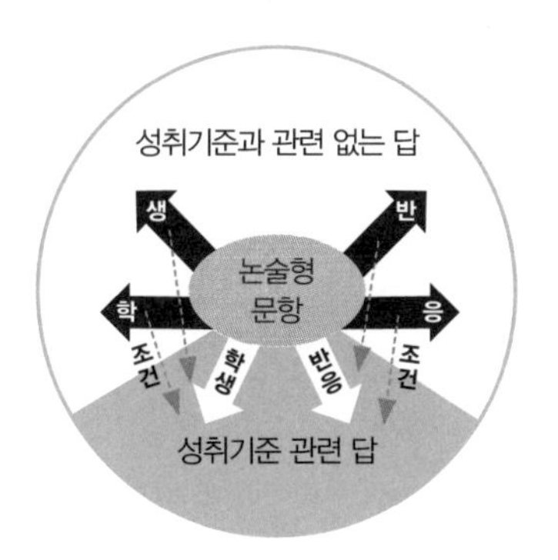

논술형 문항에서 조건의 역할

위 그림은 논술형 문항에 대한 학생반응(굵은 화살표)이 다양하게 나올 수 있는 반응 자유도에 대한 특징을 나타내고 있다. 다양한 반응 중 성취기준과 관련된 답은 진한색 영역에 해당되고, 나머지 영역은 성취기준과 관련이 없는 답의 범위이다. 앞에서 살펴본 [수61041-2]의 경우, 소수의 곱셈과 관련된 답은 진한 영역에 포함되고, '과속하지 마세요', '경제속도를 지키세요' 같은 답은 성취기준과 관련 없는 영역에 포함된다. 그림의 점선 화살표는 학생들에게 성취기준과 관련 없는 답들을 성취기준과 관련된 답을 하도록 하는 조건의 역할을 보여 준다.

이와 같이 백지에 학생의 다양한 생각을 나타내는 특성이 있는 논술형 평가에서 조건은 성취기준과 관련된 답으로 모아 주는 역할을 한다. 따라서 논술형 평가를 실시하는 선생님들은 문제에 성취기준과 관련된 반응으로 이끌 수 있는 조건의 기능이 포함되어 있는지 확인해야 한다.

교과별 논술형 평가 출제 방향

논술형 평가는 학생의 창의성, 문제해결능력, 고등정신능력을 평가하기 위해 실시한다. 따라서 각 교과의 특성을 살린 논술형 평가의 출제 방향에 대하여 살펴보도록 하겠다.

◆ 국어과 논술형 평가 출제 방향

국어과의 논술형 평가는 실제 국어 능력을 평가할 수 있는 방향으로 출제해야 한다. 이를 위하여 문항의 자료를 실생활과 관련된 소재를 사용하는 것이 효율적이다. 또한 국어와 관련된 이론 지식보다는 국어 시간에 배운 내용을 실생활에 활용할 수 있는 문항으로 수업활동을 해야 한다. 국어과의 논술형 평가 출제 방향은 논술형 평가와 어울리는 성취기준을 선정해 보고, 그 성취기준에 대한 논술형 문항의 출제 방향에 대하여 제시하였다.

• 논술형 문항과 어울리는 국어과 성취기준 및 출제 방향 •

성취기준	논술형문항 출제 방향
[6국01-04] 자료를 정리하여 말할 내용을 체계적으로 구성한다.	자료를 문제 장면으로 제시하고 말할 내용을 작성하도록 하는 논술형 평가 실시
[4국02-02] 글의 유형을 고려하여 대강의 내용을 간추린다. [6국02-02] 글의 구조를 고려하여 글 전체의 내용을 요약한다.	글을 문항의 자료로 제시하고, 간추리거나 요약하는 글을 쓰는 논술형 평가 실시
[4국03-01] 중심 문장과 뒷받침 문장을 갖추어 문단을 쓴다.	중심 문장과 뒷받침 문장을 갖추어 문단을 쓰는 논술형 평가 실시
[4국03-03] 관심 있는 주제에 대해 자신의 의견이 드러나게 글을 쓴다.	주장과 근거가 드러나는 글을 쓰는 논술형 평가 실시

성취기준	논술형 문항 출제 방향
[4국03-04] 읽는 이를 고려하며 자신의 마음을 표현하는 글을 쓴다.	감사하는 글, 사과하는 글 등 마음을 표현하는 글을 쓰는 논술형 평가 실시
[4국05-03] 이야기의 흐름을 파악하여 이어질 내용을 상상하고 표현한다.	글의 끝부분을 상상하여 이어쓰게 하는 논술형 평가 실시
[4국05-04] 작품을 듣거나 읽거나 보고 떠오른 느낌과 생각을 다양하게 표현한다.	문학 작품 자료를 문제 장면에 제시하고 느낌과 생각을 글로 쓰게 하는 논술형 평가 실시
[6국05-03] 비유적 표현의 특성과 효과를 살려 생각과 느낌을 다양하게 표현한다.	비유적 표현의 특성과 효과를 살려 대상에 대한 생각과 느낌을 다양하게 표현하는 글쓰기
[6국02-03] 글을 읽고 글쓴이가 말하고자 하는 주장이나 주제를 파악한다.	논설문 형식의 글을 자료로 제시한 문항에서 글의 주장과 주제를 글로 쓰게 하는 논술형 평가 실시
[6국03-04] 적절한 근거와 알맞은 표현을 사용하여 주장하는 글을 쓴다.	근거와 상황에 맞는 표현을 사용하여 주장하는 글을 쓰는 논술형 평가 실시
[6국03-05] 체험한 일에 대한 감상이 드러나게 글을 쓴다.	주제별 체험학습 및 수학여행을 다녀온 후 감상문 쓰기
[6국04-04] 관용 표현을 이해하고 적절하게 활용한다.	관용 표현을 문항의 자료로 제시하고 관용 표현이 쓰일 수 있는 상황을 글로 쓰는 논술형 평가 실시
[6국05-04] 일상 생활의 경험을 이야기나 극의 형식으로 표현한다.	특별한 경험을 간단한 이야기로 만들고, 이를 극의 형식으로 표현하는 논술형 평가 실시
[6국04-03] 낱말이 상황에 따라 다양하게 해석됨을 탐구한다.	상황에 따라 낱말이 다양하게 해석되는 지문을 제시하고, 지문에서 다양하게 해석되는 단어를 찾고, 그 의미를 글로 쓰는 논술형 평가 실시
[2국03-03] 주변의 사람이나 사물에 대해 짧은 글을 쓴다.	주변의 사람이나 사물의 특징이 드러나는 글을 쓰는 논술형 평가 실시
[2국03-04] 인상 깊었던 일이나 겪은 일에 대한 생각이나 느낌을 쓴다.	인상 깊었던 일이나 겪은 일에 대한 생각이나 느낌이 드러나는 글쓰기
[2국05-04] 자신의 생각이나 겪은 일을 시나 노래, 이야기 등으로 표현한다.	현장체험학습, 운동회 등에서 겪은 일을 시나, 노래(가사),이야기로 만들기

◆ 수학과 논술형 평가 출제 방향

수학의 교과목표 중 수학적 의사소통 능력 신장에 대한 이야기가 있다. 수학적 의사소통 능력은 수학적 언어(수, 식, 기호, 그림 등)를 사용하여 자신의 생각을 표현하거나 동료 및 교사와 상호작용하는 것을 의미한다. 이러한 수학적 의사소통 능력은 객관식 평가로는 한계가 있기 때문에 논술형 평가로 평가해야 한다. 필자가 앞의 수업모형 주제에서 이야기한 수학 글쓰기 또한 이러한 수학적 의사소통 능력을 반영한 논술형 평가 방법이다. 수학 글쓰기 논술형 평가는 수학과의 모든 성취기준에서 활용할 수 있으며, 수업의 정리 단계에서 활용하기 좋은 과정중심평가 방법이다.

또한 수학과의 논술형 평가는 답보다는 답이 나오기까지의 과정을 중요시하여 평가해야 한다. 따라서 수학과 논술형 평가에서는 답을 문제 장면에 제시하고 이 답이 나오기까지의 과정을 수학적 언어를 사용하여 표현할 수 있도록 해야 한다.

수학과의 논술형 평가는 타교과와 다르게 글의 양을 최소화해야 한다. 문장이 길어지거나, 문장의 수가 많아질 경우 수학적 문제해결능력보다는 국어 문장해석능력에 의하여 정오답 여부가 갈릴 수 있기 때문이다. 수학과 논술형 평가의 경우 문제의 문장뿐만 아니라 답도 글쓰기를 강조할 필요가 없다. 수학과의 경우는 수학적 언어(수, 수식, 기호, 표, 그림, 도형 등)를 활용하여 문제해결과정을 나타내는 장면도 논술형 평가에서 강조하는 고등정신능력, 창의성 측정이 가능하기 때문이다. 수학과의 영역별로 특성화된 문항 출제 방향을 다음과 같이 제시하였다.

· 수학과 영역별 논술형 문항 출제 방향 ·

영역	논술형 문항 출제 방향
수와 연산 성취기준	– 수 관련 성취기준의 경우 자신만의 수를 세는 방법, 두 수를 비교하는 방법 등을 글로 쓰게 하는 논술형 평가 실시 – 연산과 관련된 성취기준의 경우 오류수정형으로 논술형 평가를 실시할 수 있다. 교사가 학생들이 자주 실수하는 내용으로 일부러 틀리게 연산하는 장면을 문제 자료로 제시하고, 이 자료에서 틀린 부분을 찾고, 틀린 이유를 적고, 바르게 풀 수 있는 유형의 문항으로 논술형 평가를 실시할 수 있다.
도형 성취기준	– 삼각형과, 사각형,원을 활용하여 나만의 모양 만들기 – 각기둥과 각뿔의 차이점 말하기 – 여러 가지 사각형을 분류하고 분류하는 기준 만들기 – 여러 가지 삼각형을 분류하고 분류하는 기준 만들기 – 쌓기나무를 보고 개수를 구하는 방법 쓰기
측정 성취기준	– 공식 암기에 의한 넓이나 부피를 구하는 것이 아닌, 넓이나 부피를 구하는 방법이나 원리를 작성하게 하는 논술형 평가 실시 – 길이, 시간을 측정하는 경우 자신만의 길이 재는 방법이나 시간을 보는 방법을 글로 쓰게 하는 논술형 평가 실시
규칙성	– 기호 등을 사용하여 자신만의 규칙 만들기 – 비례식이나 비례 배분이 사용되는 생활 속 경우 찾고 이를 비례식이나 비례 배분으로 표현하는 논술형 평가 실시
자료와 가능성	– 특정 주제를 표나 그래프로 나타내기 – 그래프를 문제 상황에 제시하고, 그래프 속 통계 사실 해석하기
모든 성취 기준	– 수학과의 모든 성취기준을 수학 글쓰기의 수학 논술형 평가로 실시할 수 있다. ※ 오늘 배운 (예: 두자리수×두자리수 곱셈) 하는 방법을 친구에게 알려 주는 편지를 쓰시오.

◆ 사회과 논술형 평가 출제 방향

사회과는 실생활과 연계된 사회과 교과 역량을 평가하는데 중점을 두며, 수업과 연계하여 사회과 내용에 대한 사고력을 중심으로 가치 · 태도를 함께 평가할 수 있어야 한다. 사회과 논술형 평가의 경우 지도, 사회 현상에 대한 통계자료, 역사적 기록 등의 자료 활용이 중요하다. 이러한 자료 활용 없이 문제를 제시할 경우 단순 암기에 의한 답을 쓰는 경우가 많기 때문에, 성취기준과 관련된 자료를 문제 장면에 제시해야 한다. 또한 자료를 활용한 문제 장면의 설정도 중요하다. 자료가 문제해결을 위한 중요한 역할을 할 수 있어야 하는데, 자료는 그냥 자료로만 제시하고 해당 주제에 대한 학생의 배경지식으로 답을 쓰는 경우가 많기 때문이다. 따라서 사회과 논술형 문항은 자료에 대한 해석과 학생의 생각이 포함되어 답을 쓸 수 있도록 문항을 개발해야 한다.

사회과에서 논술형 평가에 적합한 성취기준을 영역별로 선정해 보고, 그에 따른 출제 방향을 2015개정 교육과정의 사회과 평가방법을 참조하여 다음과 같이 제시하였다.

• 사회과 영역 및 성취기준별 논술형 평가 출제 방향 •

영역	성취기준	논술형문항 출제 방향
정치	4사03-05	공공기관의 역할을 문제장면에 제시하고, 공공기관을 이용해야 하는 상황을 작성하도록 하는 논술형 평가 실시
	6사05-03	민주주의의 의사 결정 원리가 적용되지 않는 사례를 문항의 자료로 제시하고, 이 자료의 문제점을 분석하고 대안을 작성하게 하는 논술형 평가 실시
법	6사02-05	법이 적용되는 시사 사례(예 국정농단 사건)를 자료로 제시하고, 자료에서 법의 의미와 성격을 분석하는 논술형 평가 실시
경제	6사06-01 6사06-02	가계와 기업의 경제 역할이 제시되는 사례나 텍스트를 제시하여, 그 사례에서 가계와 기업의 경제 역할을 분석 및 일반화하는 글을 작성하는 논술형 평가 실시
	6사06-03 6사06-04	경제 성장 과정에서의 문제점이 포함되는 사례나 텍스트를 제시하고, 그에 따른 문제점을 찾고, 이에 대한 대책을 제시하는 논술형 평가 실시
	6사06-05 6사06-06	무역갈등과 관련된 사례를 제시하고, 이에 대한 원인 및 해결책을 제시하는 논술형 평가 실시

영역	성취기준	논술형 문항 출제 방향
사회 · 문화	4사04-06	다문화 친구가 편견이나 문화적 차별을 받는 상황 자료를 제시하고 이에 대한 원인과 해결 방안을 작성하는 글을 쓰는 논술형 평가 실시
지리인식	4사01-01	고장의 특징적인 장소와 방향 간의 위치 관계를 나타낼 수 있는 조건을 제시하여 기호 등으로 간단한 마을 설명 지도를 작성하는 논술형 평가 실시
장소와 지역	4사03-02	중심지가 포함된 지도를 제시하고, 지도에서 중심지가 된 이유를 작성하게 하는 논술형 평가 실시
	4사04-01 4사04-02	촌락과 도시의 대비되는 데이터, 사진, 텍스트 등을 제시하고 각각의 문제점을 찾아 작성하고, 해결 방안을 제시하게 하는 논술형 평가 실시
		촌락과 도시가 상호 의존할 수 있는 사례를 작성하는 논술형 평가 실시
자연환경과 인간생활	4사02-01 4사02-02 4사02-03 4사02-04	사진자료, 통계자료, 텍스트 등을 문항의 자료로 제시하고, 자료에 대한 일반화, 비교, 해석하는 역량을 평가
인문환경과 인간생활	4사01-05 4사01-06	과거와 현재의 교통 및 통신수단 사진을 제시한 후 교통 및 통신수단의 변화로 달라진 생활 모습을 작성하는 논술형 평가를 실시
	6사01-05 6사01-06	인구분포 및 구조와 관련된 통계자료 및 산업구조와 교통발달과 관련된 통계, 텍스트를 문항의 자료로 제시하고, 자료에 대한 일반화, 비교, 해석하는 글을 쓰는 논술형 평가 실시
지속가능한 세계	6사08-05 6사08-06	지구촌의 문제를 문항의 자료로 제시하고, 이를 해결하기 국가 및 개인, 단체 차원의 실천방안을 제시하는 논술형 평가 실시
역사일반	4사03-03	우리 지역의 대표적인 문화 유산을 사진자료로 제시하고, 그 문화유산의 가치에 대하여 작성하도록 하는 논술형 평가 실시
정치 · 문화사	4사02-03	옛날과 오늘날의 생활 도구와 주거 형태에 대한 그림자료를 문항의 자료로 제시하여 공통점과 차이점을 설명하는 논술형 평가 실시
	역사관련 성취기준	역사적 의의가 있는 사건, 인물, 문화유산 및 시기별 지도 등의 자료를 제시하고 그 자료와 시대적 상황과의 관계에 대한 역사적 이해를 작성하는 논술형 평가를 실시한다.
사회 · 경제사	4사02-05 4사02-06	옛날과 오늘날의 혼인풍습, 가족형태 등에 대한 그림자료, 사진자료를 비교하고, 이와 같은 차이가 발생한 원인을 제시하는 논술형 평가 실시

◆ 과학과 논술형 평가 출제 방향

과학과의 논술형 평가는 실험 및 관찰의 결과를 합리적이고 논리적으로 추론하여 과학적인 결론을 도출할 수 있는 과학적 사고력과 탐구능력을 평가해야 한다. 과학과의 논술형 평가는 실험 데이터를 제시하고 이에 대한 과학 현상을 일반화하거나, 과학적 이론을 일상 생활에서 찾거나, 예측해 보는 방법으로 평가할 수 있다. 또한 과학과의 실험과 관련된 성취기준은 실험의 과정과 결과를 작성하는 과학 글쓰기 방법으로 실시할 수도 있다. 가설설정, 실험설계, 실험과정, 결론도출의 내용을 포함한 글을 쓰도록 하여 성취기준에 대한 성취수준을 평가할 수 있다.

과학과에서 논술형 평가에 적합한 성취기준을 영역별로 선정해 보고, 그에 따른 출제 방향을 2015 개정 교육과정 과학과 평가방법을 참조하여 다음과 같이 제시하였다.

• 과학과 영역별 논술형 문항 출제 방향 •

영역	성취기준	논술형 문항 출제 방향
운동과 에너지	4과08-01 4과08-03	소리가 전달되는 현상에 대한 자료를 제시하고, 그 현상을 분석하여 소리가 나는 원리와 소음을 줄이는 방법을 제시하는 논술형 평가 실시
	4과15-04	일상 생활에서 거울을 이용하는 예를 작성하고, 빛이 나아가는 경로를 작성하는 논술형 평가 실시
	6과17-02	자연 현상이나 일상 생활의 에너지 이용 사례를 제시하고, 사례별로 에너지의 변화 과정과 에너지를 이용하는 방법을 제시하는 논술형 평가 실시
물질	4과01-01 4과01-02	다양한 물질을 제시하고 이를 분류하고 분류기준을 세우는 논술형 평가 실시
	4과12-01	일상 생활의 혼합물을 찾고, 이를 분리하는 방법을 작성하는 논술형 평가 실시

영역	성취기준	논술형 문항 출제 방향
물질	4과07-01	고체와 액체와 관련한 실험 장면을 제시하고, 실험 장면에서 나타난 고체와 액체의 성질을 작성하는 논술형 평가 실시
	6과03-04	용액의 진하기를 상대적으로 비교하는 방법을 작성하는 논술형 평가 실시
생명	4과03-01 4과03-02	동물을 다양한 방법으로 분류하고, 분류 기준을 작성하는 논술형 평가 실시
	6과04-02	다양한 생물이 우리생활에 미치는 긍정적 영향과 부정적 영향을 제시하는 논술형 평가 실시
	6과05-03	생태계의 중요성을 작성하고, 생태계 보전을 위한 방법 제시하는 논술형 평가 실시
지구와 우주	4과06-03	화석이 만들어지는 과정을 작성하는 논술형 평가 실시
	4과16-03	공기의 성질에 대한 자료를 제시하고, 지구를 둘러싸고 있는 공기가 하는 역할을 작성하는 논술형 평가 실시
	4과17-01	물의 순환과정을 글이나 그림으로 표현하는 논술형 평가 실시
	6과06-02	이슬, 안개, 구름 발생에 대한 실험 자료를 제시하고, 이를 해석하여 공통점과 차이점을 작성하고, 비와 눈이 내리는 과정을 설명하는 논술형 평가 실시
	6과14-01	태양의 고도, 그림자의 길이, 기온의 데이터를 제시하고 이를 해석하여 관계를 설명하는 논술형 평가 실시
실험관련 성취기준		실험 과정과 결과를 작성하는 과학 글쓰기 작성

논술형 문항 출제 시 알아 두어야 할 것들

어떤 선생님은 논술형 평가 문항이 객관식 문항보다 출제하기 쉽다고 한다. 그러나 논술형 평가는 문제만 내는 것은 쉬울 수 있으나, 원하는 답이 제대로 나오게 출제하는 것이 정말 어렵다. 교사가 원하는 답이 나오도록 논술형 평가 문항을 출제하기 위한 방법은 무엇일까? 이 장에서는 필자가 2011년부터 8년 동안 경기도교육청 평가 문항 개발 위원으로 활동하면서 많은 개발위원들이 공감한 좋은 논술형 문항, 교사가 원하는 답이 나올 수 있는 논술형 문항을 출제하기 위하여 알아 두어야 할 사항을 제시한다.

◆ 문항의 포인트가 명확하고, 그 포인트가 성취기준과 연계되어야 한다.

논술형 문항은 객관식에 비하여 비교적 복잡한 구조의 문제로 출제한다. 시각적으로 보아도 객관식 문항에 비하여 대체로 양이 많고 다양한 자료를 활용한다. 때문에 문제의 포인트와 핵심이 없는 경우가 종종 있다. 다음 경기도교육청 논술형 평가 예시문항 사례를 통해 논술형 문항이 갖추어야 할 포인트의 명확성과 성취기준과의 연계에 대하여 생각해 보자.

〈예시문항 1〉 성취기준: 부피 및 들이 사이의 관계를 알 수 있다.

〈출처: 2011 경기도교육청 논술형 평가 예시문항〉

※ 강아지는 물을 많이 먹는 편이며, 집이 작고 좁은 편이다. 이를 고려하여 물통을 산다면 어느 것을 선택할지 고르고 이유를 쓰시오.

물통			
들이	1780ml	1020ml	1384ml
부피	2512㎤	1582㎤	2009㎤

1. 선택한 물통은 어느 것 입니까?

2. 1과 같이 선택한 이유를 부피와 들이의 용어를 사용하여 설명하시오.

위 문항의 성취기준은 '부피 및 들이 사이의 관계를 알 수 있다.'이며 이에 대한 주요 지도 내용은 mL와 cm^3의 단위 변환이다. 그러나 위 문제는 강아지의 집에 넣고 싶은 물통을 선택해야 하는지, 부피와 들이의 관계를 알아야 하는 것인지 포인트가 불명확하다. 문제의 평가요소가 불명확하며 성취기준과의 연계가 부족한 것을 확인할 수 있다. 문항에서 이것저것을 요구하고 묻다 보면 문제가 산으로 가기 쉽다. 결국 이런 문항은 성취기준을 제대로 측정할 수 없는 내용타당도가 떨어지는 문제가 될 수밖에 없다. 따라서 논술형 문항의 가장 중요한 조건은 문항의 포인트가 분명해야 하며, 그 포인트는 성취기준을 향해 있어야 한다.

◆ 정답의 객관성이 중요하다.

논술형 문항 중 개방형 답을 요구하는 문제 유형이 있다. 이러한 문제 유형의 경우 정답에 대한 객관성 확보가 중요하다. 객관성이 확보되지 않으면 문제 상황에 따라서 정답이 여러 개 나올 수 있다.

〈예시문항 2〉 [수42042] 여러 가지 모양의 삼각형에 대한 분류 활동을 통해 직각, 예각, 둔각삼각형을 이름짓고 이해한다.

다음의 삼각형을 분류하고, 각 삼각형의 이름을 붙이시오.

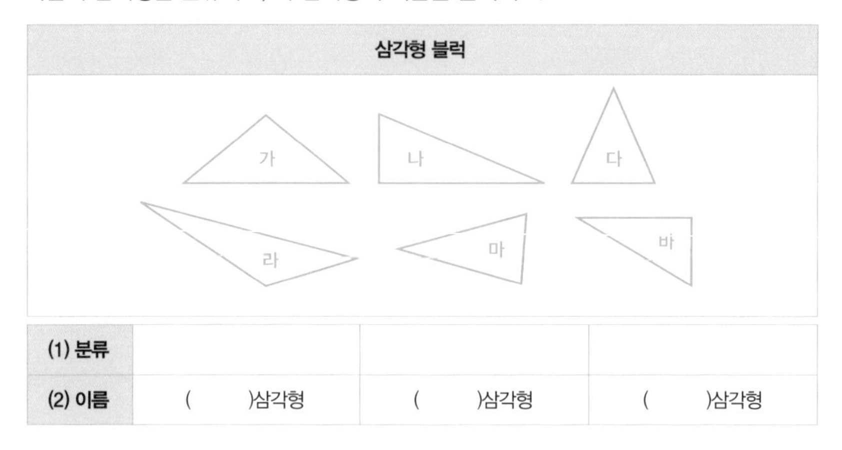

(1) 분류			
(2) 이름	(　　　)삼각형	(　　　)삼각형	(　　　)삼각형

위 (2)번 문항의 학생 반응에서 예각삼각형 대신 뾰족삼각형이라는 답을 쓴 학생이 있었다. 그런데 둔각과 직각삼각형도 모든 꼭지점이 뾰족하기 때문에, 꼭 예각삼각형에만 붙일 수 있는 이름은 아니다. 문항을 출제한 교사가 정답의 범위를 너무 열어 두었기 때문에 위와 같은 상황이 발생하였다. 또한 성취기준을 너무 그대로 문제화하여 이런 오류가 발생하였다. 성취기준은 삼각형을 각의 특징에 따라 분류하고, 이에 대한 수학적 용어로 이름을 짓는 것을 요구했는데, 이름 짓는 것을 그대로 문제화하여 위와 같이 뾰족삼각형이라 답하는 학생이 생긴 것이다. 따라서 예각삼각형, 직각삼각형, 둔각삼각형 중 이름을 골라서 붙이도록 정답의 조건을 제시해야 한다.

◆ 암기하여 쓰는 답이 아닌 생각을 쓰게 하자.

논술형 문항으로 평가를 하는 목적은 학생들의 고등정신능력, 창의성, 문제해결능력을 측정하기 위해서이다. 그러나 암기나 배경지식이 있어야 생각을 묻는 문제도 있을 수 있다. 암기나 배경지식은 단답형이나 객관식 문제로도 충분히 측정할 수 있기 때문에 논술형 문항은 학생이 배운 내용을 글로 표현할 수 있도록 해야 한다. 교사는 이를 통하여 학생의 배움을 확인하고, 피드백할 수 있어야 한다.

◆ 응답 범위의 제한이 필요한 경우가 있다.

논술형 문항에서 '~~~2가지 이상 쓰시오. ~~~~모두 쓰시오.'처럼 응답의 범위를 정해두지 않았을 경우 성취수준을 부여하기 곤란한 경우가 생길 수 있다. 다음 문제를 통하여 응답 범위에 대하여 생각해 보자.

1. 넓이가 20cm2 사각형을 3가지 이상 그리시오.

(모눈 한 칸은 가로, 세로 모두 1cm입니다.)

위의 문제에 대한 학생들의 반응이 다음과 같을 경우 채점을 어떻게 해야 할까?

학생A: 모두 6가지 사각형을 그렸는데 이 중 4개는 맞고, 2개는 틀리게 그린 경우

학생B: 3가지 사각형만 그리고, 3가지를 모두 옳게 구한 경우

위와 같이 응답의 범위를 제한하지 않을 경우 채점하기 곤란한 상황이 생길 수 있다. 따라서 논술형 문항을 출제할 때는 문항에 응답 범위를 제시해 주어야 한다. 만약 어떤 문항의 정답이 3개일 경우 '세 가지만 쓰시오.'와 같은 범위를 제시하지 않는다면, 정답을 다 찾은 학생들도 정답을 더 찾느라 시간을 허비하고, 엉뚱한 것을 추가하여 쓰는 경우도 생길 수 있다.

◆ 글쓰기를 너무 강조하지 말자.

논술형 평가 하면 생각나는 것이 글쓰기이다. 논술형 평가에서 글 쓰는 능력을 강조하는 경우가 있는데, 이러한 경우 해당교과에서 요구하는 교과의 성격이 저해될 수 있다. 다음의 문제를 통하여 생각해 보자.

〈예시문항〉 1 : 2 = 3 : ( )의 상황에 맞는 이야기를 만들고, ( )를 구하시오.

위의 문항에 해당하는 성취기준은 간단하게 괄호를 구하는 것으로 확인할 수 있으나 이야기를 쓰는 장면 때문에 이 문제를 틀리는 학생이 생길 수 있다. 왜냐하면 이 문제는 괄호를 구하는 것보다 문항의 초점이 '이야기 구성'에 맞추어져 있기 때문이다. 이와 같이 이야기, 글쓰기와 관련된 성취기준이 아닌데 논술형 평가=글쓰기라는 오개념 때문에 글을 써야 하는 경우가 의외로 많다. 물론 국어과의 경우 글을 써야 하는 평가가 필요하지만, 타 교과는 그

교과만의 언어로 창의성이나 문제해결능력, 고등정신능력이 나타날 수 있다면 논술형 문항의 범주에 포함할 수 있다.

◆ 세트형 문항은 단계형으로 출제하자.

논술형 문항의 경우 한 가지 주제에 대하여 2~3가지 문항으로 구성된 세트형 문항의 형태가 많다. 이러한 세트형 문항을 출제할 때는 학생이 문제해결을 하는데 도움이 될 수 있도록 계단형 문항 배치를 해야 한다. 계단형 문항 배치는 하위 문항이 3개 문제로 구성될 경우 3번 문제의 해결을 위하여 1번과 2번이 디딤돌이 될 수 있도록 문항을 배치하거나 2번에서 고등사고능력을 요하는 문제일 경우 이를 위한 지식이나 이해의 여부를 묻는 내용으로 1번 문항을 배치하는 것을 의미한다.

논술형 평가는 학생들이 대체로 어려워한다. 따라서 모든 문항을 고등정신능력이나 창의성을 요구하는 문항으로 구성할 경우 일부 학생을 빼고는 0점을 맞는 경우가 많을 수 있다. 따라서 계단형 세트 문항을 출제할 때 문항의 1번은 하위 수준의 학생들도 답을 할 수 있는 기초 수준의 문항, 2번은 중간 수준의 학생들이 답을 할 수 있는 문항, 3번은 사고력을 요구하는 문항으로 구성하여 성취기준에 대한 학생의 성취수준을 판별할 수 있는 변별력이 있는 문제가 될 수 있도록 한다.

다음의 예시문항을 통하여 세트형 문항의 하위 문항 배치에 대하여 살펴보자.

〈예시문항〉

성취기준 – 우리나라 국토의 자연적 특성을 지형, 기후 등의 측면에서 이해한다.

〈출처: 2013 경기도교육청 논술형 평가 예시문항〉

※ 다음 기후도를 보고 물음에 답하시오.

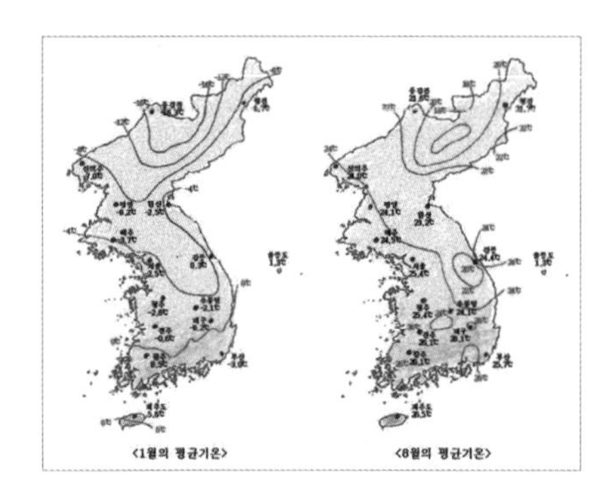

<1월의 평균기온> <8월의 평균기온>

(1) 기후도를 보고 아래 표의 빈 칸을 채워 넣으시오.

1월 평균 기온		8월 평균 기온	
중강진	제주도	제주도	중강진
–16.3℃	6℃		21.6℃

(2) (1)의 자료를 통해 알 수 있는 우리나라 기후의 특징을 두 가지 쓰시오.

(3) (2)와 같은 우리나라 기후의 특징이 나타나는 까닭을 조건을 참고하여 쓰시오.

조건

• 아래의 낱말들이 모두 포함되도록 쓰시오.

위도, 수온(바닷물의 온도), 태백산맥

◆ 한 가지 평가에서 여러 개의 성취기준을 측정할 수도 있다.

실습형 평가 연수를 진행하다 보면 대부분의 선생님들이 문항과 성취기준을 항상 1 : 1로만 연결지어 출제를 하려 한다. 출제하는 과정이 어려울 수 있지만 하나의 문항으로 2~3개의 성취기준을 측정할 수도 있다.

〈예시문항〉

성취기준1 [2수01-11] 곱셈구구를 이해하고, 한 자리 수의 곱셈을 할 수 있다.

성취기준2 [2수04-01] 물체, 무늬, 수 등의 배열에서 규칙을 찾아 여러 가지 방법으로 나타낼 수 있다.

×	1	2	3	4	5	6	7	8	9
1	1	2	3	4	5	6	7	8	9
2	2		6		10		14	16	18
3	3	6	9	12		18	21	24	27
4		8		16	20		28	32	36
5	5	10	15	20	25	30	35		45
6	6	12	18				42	48	54
7	7	14			35	42		56	63
8	8	16		32	40		56	64	
9	9	18	27		45			72	81

(1) 다음 곱셈표를 완성하시오.

(2) 다음 곱셈표에서 수의 규칙을 찾고, 어떤 규칙이 있는지 있는지 설명하시오.

위의 문항의 경우 문항(1)은 성취기준 [2수01-11]와 관련되어 있고, (2)번 문항의 경우 성취기준 [2수04-01]와 관계되어 있다.

◆ 문항은 최대한 간결하게 출제하자.

논술형 문항을 비롯하여 모든 평가문항을 출제할 때는 학생의 문제해결을 위하여 꼭 필요한 단어나 문장만으로 문항을 구성해야 한다. 다음 문항을 분석하여 보고, 학생이 문제를 푸는 데 관련 없는 문장을 찾아보자.

※ 나눗셈과 곱셈은 서로 연관되어 있다. 하나의 곱셈식은 두 개의 나눗셈식으로 나타낼 수 있다. 〈보기〉를 참고하여 아래의 문제를 해결하시오.

보기

$9 \times 7 = 63$	$63 \div 7 = 9$
	$63 \div 9 = 7$

1. 곱셈과 나눗셈의 관계를 생각하며, 아래의 □에 알맞은 수를 쓰시오.

□ × □ = □	□ ÷ □ = □
	□ ÷ □ = □

위의 문항 중 학생이 문제를 푸는 데 불필요한 문장을 다음과 같이 제거하여 출제해야 한다.

※ 다음 〈보기〉를 보고 물음에 답하시오.

9 × 7 = 63	63 ÷ 7 = 9
	63 ÷ 9 = 7

1. 아래의 □에 알맞은 수를 쓰시오.

□ × □ = □	□ ÷ □ = □
	□ ÷ □ = □

◆ 평가의 기본 역할을 염두해두고 문제를 출제하자.

평가를 하는 목적은 무엇인가? 평가의 목적은 여러 가지 이유가 있지만, 무엇보다 가장 중요한 목적은 성취기준에 대한 학생의 수준을 알아보는 데 있다. 학생의 수준에 맞는 피드백으로 학생의 성장을 돕고, 또 학생의 수준 및 특성을 파악하여 다음 차시의 수업도 학생 맞춤형으로 설계할 수 있다.

그러나 문항에 대한 정답률이 매우 떨어져서 극소수의 학생만 맞출 수 있는 문항이거나, 매우 쉬워서 모든 학생들이 맞출 수 있는 문항은 학생의 성취 수준을 진단하는 평가의 역할을 할 수 없다.

Revolution 08

과정중심평가로 피드백과 기록, 가정통지 바꾸기

과정중심평가에서의 피드백

피드백은 학생의 성장을 위한 '교사의 처방전과 약'이다.

피드백의 의미와 필요성

선발적 평가관에서는 평가의 피드백에 크게 신경을 쓰지 않았다. 오로지 평가 결과인 점수와 그에 따른 서열에만 초점을 맞췄다. 그러나 평가를 통하여 학생의 성장을 돕는 과정중심평가에서 피드백은 그 역할이 크다. 수업 속 활동으로 평가가 이루어지기만 할 뿐 이에 대한 제대로 된 피드백이 함께 제공되지 않는다면 학생의 성장에는 한계가 있기 때문이다. 또한 피드백의 과정을 통해 교사는 학생들에 대한 세부적인 진단이 가능하고, 이에 따라 자신의 수업을 되돌아보고 다음 수업을 설계할 때 반영할 수 있다.

한국교육과정평가원 연구자료(ORM 2017-19-1)에 따르면 과정중심평가에서 피드백은 학생의 현재 수준과 학생이 도달해야 할 수행 수준 간의 차이를 자세하게 알려줌으로써, 학생의 학습과 성장을 지원하고 교사의 수업과 평가의 질을 개선하는 과정이다. 그럼 과정중심평가에서의 피드백은 어떤 방향으로 이루어져야 할까? 학생의 성장을 도울 수 있으면서 교사의 교수·학습도 함께 개선할 수 있는 피드백의 방법에 대하여 알아보도록 하겠다.

과정중심평가에서 피드백 방법

학생의 학습과 성장을 지원하고 교사의 수업과 평가의 질을 개선하기 위해서는 다음과 같은 방향으로 피드백해야 한다.

첫째, 평가 결과에 대한 피드백뿐만 아닌 평가의 과정에 대한 피드백을 함께 제공해야 한다. 일반적으로 그동안은 평가를 하고 그 결과에 대한 점수나 매우우수, 잘함, 보통 등 성취수준만을 제공하였다. 그러나 결과만이 아닌 결과가 나오기까지의 일련의 과정과 결과가 나온 원인에 대한 피드백이 함께 이루어져야 한다. 과정에 대한 피드백을 해 학생들은 자신의 성향, 학습수준, 부족한 부분 등에 대하여 구체적으로 확인할 수 있고 이에 따른 성장과 발달이 일어날 수 있다.

둘째, 인지적 측면뿐만 아니라 정의적 측면에 대한 피드백도 함께 실시한다. 학습의 성공과 실패 원인에는 인지적 요인뿐만 아니라 정의적 요인도 작용한다. 따라서 교사는 성취기준에 대한 인지적인 관점에서의 피드백만 제공하는 것이 아니라 학생의 정의적 측면에 대한 피드백도 함께 제공해야 한다. 과정중심평가는 수업 안에서 평가하기 때문에 활동 과정에서의 흥미도, 과제집중력, 태도 등의 정의적 영역에 대한 피드백도 함께 제공해야 한다.

셋째, 모든 학생에게 맞춤형 피드백을 해야 한다. 피드백은 성취수준이 낮거나 부진아를 대상으로 한다고 잘못 알고 있는 경우가 있다. 물론 부진아나 성취기준에 도달하지 못하는 학생들에게 중점적으로 피드백해야 하지만, 중위수준의 학생과 상위수준의 학생에게도 피드백이 함께 제공되어야 한다. 중위수준의 학생에게 상위수준으로 도약하기 위한 도전학습을 제공하거나, 상위수준의 학생에게 성취기준과 관련된 시사자료, 생활 속 활용, 심화활동의 기회를 제공하는 등 수준에 맞는 피드백을 제공해야 한다. 또한 어떠한 점이 다른 친구들보다 우수했고, 이러한 점들을 더 발전시켜야 한다는 등 강점에 대한 피드백도 함께 제공해야 한다.

넷째, 최대한 평가장면과 가까운 시간 안에 피드백해야 한다. 흔히 모든 병은 치료를 위한 골든 타임이 있다고 한다. 이 골든 타임을 넘겨버리면 치료가 상당히 어려워지거나 불가능해진다. 교수 · 학습 상황도 마찬가지이다. 학생의 학습결손에 대한 진단과 처방은 최대한 그 즉시 이루어져야 학생의 성장과 발달을 도울 수 있다. 과정중심평가에서는 평가가 이루어지는 수업 안에서 피드백도 함께 제공될 수 있어야 한다.

다섯째, 학생의 성장을 위한 구체적인 정보를 제공해야 한다. 학생의 수준별로 지금보다 한 단계 도약하기 위한 학습내용 및 학생의 성향에 맞는 학습방법을 구체적으로 제시해 주어야 한다. 초등학생, 특히 저학년의 경우 꼼꼼하고, 상세하게 피드백할 때 성장과 발달이 일어날 수 있다.

피드백을 통한 선순환의 과정

피드백은 학생을 성장 · 발달하게 하고, 교수 · 학습을 개선하는 데 도움을 준다. 학생의 요구와 특성, 성향 등을 상세하게 파악하여 다음 수업에 이를 반영하고, 개선된 교수 · 학습은 또 다시 학생들의 성장과 발달로 이어지는 선순환 관계가 될 수 있다.

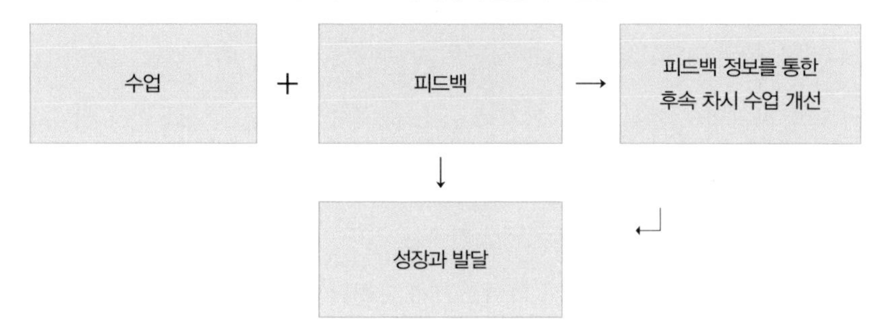

피드백이 없는 교수 · 학습 과정은 의사가 병을 진단하고 이 병에 대한 약과 치료법을 제공하지 않는 것과 같다. 따라서 교사는 수업 및 평가 장면을 설계할 때 학생에 대한 구체적인 피드백 계획까지 같이 수립해야 한다.

과정중심평가에서의 기록

과정중심평가에서의 기록은 결과만이 아닌 과정을 함께 기록하여 학생의 특징을 보다 자세하고, 정확하게 들여다 볼 수 있다.

과정중심평가에서의 기록은 티끌 모아 태산

과정중심평가 기록의 특징을 가장 잘 표현해 주는 속담이 '티끌 모아 태산'

이다. 과정중심평가에서 기록은 수업활동을 한 장면, 한 장면 모아 만든다. 그러나 과거의 평가에서 기록은 여러 가지 수업활동을 기록하는 것이 아닌 5월(중간고사)과 7월(기말고사), 그리고 가끔 형식적으로 치루는 수행평가 기록으로 신뢰성이 부족하다. 그러나 과정을 중시하고, 수업의 활동 장면을 자연스럽게 평가한 과정중심평가의 기록은 학생의 특징을 보다 다양하게 들여다 볼 수 있고, 신뢰도가 높다.

또한 과거의 평가는 주로 인지적 요소 중에서도 지식과 이해 등 단순 지적 능력에 대한 기록이 많았다. 평가도구 대부분이 객관식이나 주관식, 수행평가도 시험지 형태인 평가가 많았기 때문이다. 그러나 과정중심평가는 인지적 요소 외에 수업활동에서 자연스럽게 드러나는 교과에 대한 흥미, 관심, 과제 집착과 같은 정의적 요소에 대한 기록도 포함할 수 있다. 정의적 요소 외에도 삶과 연계된 수업활동에서 학생의 활동 중심 핵심 역량도 평가하여 기록할 수 있다.

과정을 기록하는 과정중심평가

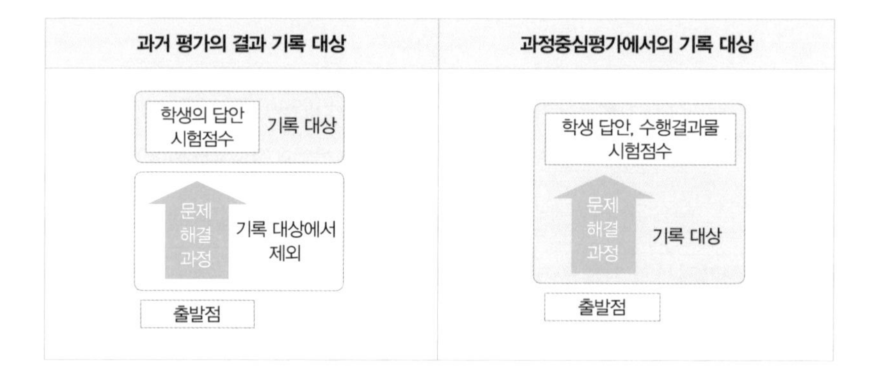

과정중심평가는 과정을 중시하는 평가이기 때문에, 문제해결과정에서 나타나는 학생의 다양한 특성이 중점적인 기록의 대상이다.

그러나 현장의 평가는 문제해결과정이 아닌 학생의 정오답 여부로 만들어진 결과중심 기록이 대부분이다. 이는 수업과 평가가 분리되어 일회성 평가에서 정오답 및 시험점수가 기록의 구체적 근거자료가 되기 때문이다. 그러나 과정중심평가는 수업과 평가가 연계되어 수업의 과정에서 나타나는 학생의 인지적, 정의적, 핵심 역량과 평가 결과인 성취수준, 수행결과물 등이 모두 기록의 대상이 되어야 한다. 즉, 과정중심평가는 수업과 평가, 기록이 일체화될 수 있도록 해야 한다.

나이스 시스템 체제하에서의 평가기록 실태

현재 일반적으로 나이스에 평가 결과를 기록하고 있는 실태를 다음 표와 같이 정리해 보았다.

• 나이스에 기록하는 평가기록 실태 •

나이스 메뉴	입력대상 평가	입력방법
학기말 종합의견	지필평가 수행평가	지필평가와 수행평가의 내용을 종합하여 교과별 입력
교과평가	수행평가	수행평가 결과를 3~5단계 학교 자율로 입력

위의 표와 같이 나이스에서 성적과 관련된 내용을 입력할 수 있는 메뉴는 학기말 종합의견과 교과평가 2가지이다. 학기말 종합의견은 지필평가와 수

행평가 결과를 종합하여 서술식으로 입력하도록 되어 있다. 교과평가는 보통 수행평가 결과를 3단계(상/중/하), 4단계(매우우수/우수/보통/미흡), 5단계(매우우수/우수/보통/미흡/매우미흡)로 학교가 자율로 정하여 입력한다. 2017년 1~2학년 1학기의 경우 바즐슬 세 교과의 성취기준을 바탕으로 각 영역(대주제)별로 학생의 성취수준에 따른 특성을 종합하여 기록하도록 수정되었다.

현재와 같은 나이스 시스템에서는 지필평가 결과 기록이 문제가 된다. 한 학기 동안 진행한 수많은 지필평가를 수행평가와 종합하여 문장 형식으로 입력하는 것이 기록으로서 의미가 떨어지기 때문이다. 그렇다고 '1회 지필평가에서는 90점을 맞았고, 2회 지필평가에서는 100점을 맞았으며'와 같이 입력할 수도 없다. 이런 문제로 지필평가 결과도 수행평가 결과와 같이 나이스의 평가 결과 메뉴에 입력하는 학교들을 많이 보았다.

더욱 큰 문제는 평가계획을 입력할 때 시작된다. 현 나이스 시스템에 평가의 결과를 입력하기 위해서는 동 학교 동일 학년에서 평가계획을 동일한 내용으로 입력하도록 되어있다. 이럴 경우 모든 학급의 평가내용이 같아질 수밖에 없다.

이 경우 경기도교육청은 나이스에 평가계획을 입력할 시 성취기준을 중심으로 입력하고, 성취기준에 대한 평가는 교사별 평가 방식에 따라 A라는 성취기준을 1반은 프로젝트 평가, 2반은 관찰평가와 같이 구체적으로 달리하라고 하고 있다. 이럴 경우도 한 학교의 모든 학급이 평가해야 하는 평가주제나 성취기준은 동일할 수밖에 없다. 경기도교육청의 대안책이 현 나이스 시스템에서 임시방편적인 대책은 될 수 있으나 근본적인 대책은 될 수 없다. 모든 학급에서 동일한 평가주제로 평가를 실시하는 것이 과정중심평가 체제에서는 현실적으로 불가능하기 때문이다. 과정중심평가는 수업 속 활동으로 평가를 실시하는데, 모든 선생님의 수업이 같을 수 없기 때문이다. 즉, 과정중심평가 체제에서 나이스 시스템은 우선 평가계획 수립 권한을 학급 담임이 자율적으로 설정할 수 있도록 해야 한다.

현행 나이스 시스템 체제에서 평가 결과 기록 방법

과정중심평가의 평가관을 구현하기 위해서는 나이스 시스템의 변화가 뒷받침되어야 한다. 하지만 현 체제에서도 기록은 해야 하니 대안을 제시하면 다음과 같다.

첫째, 지필평가 결과 기록 방식을 수행평가와 같이 전환해야 한다. 대부분 지필평가에 대해 점수를 부여해야 한다는 경직된 고정관념이 있다. 과거의 100점 만점 부여방식에서는 변화하고 있지만, 아직도 지필평가 문항에 배점을 부여하는 선생님들이 많다. 지필평가 결과를 수행평가와 같이 평가기준(상, 중, 하 등)을 부여하는 방식으로 변화하면 자연스럽게 나이스 평가 결과 메뉴에 지필평가 결과를 입력하는 것이 가능해진다. 따라서 수행평가 결과만 기록하고 있는 반쪽짜리 기록인 나이스의 문제를 해결할 수 있다.

둘째, 학기말 종합의견 메뉴에는 해당 교과에서 한 학기 동안 시행한 지필평가와 수행평가의 평가 결과를 종합하여 입력한다. 이때 총괄평가의 결과가 아닌 수업 중에 실시한 평가를 누적하여 학생의 학습 결과를 종합하여 입력한다. 평가의 결과를 입력할 때 인지적 영역에 대한 정보뿐만 아닌 정의적 영역, 교과별 핵심 역량에 대한 정보도 함께 입력한다.

◆ **과정중심평가 교과학습 발달상황 입력 기록 방법**

나이스의 교과학습 발달상황은 평소 수업 중 평가장면(수행평가와 지필평가 결과)에 대한 기록을 종합하여 기록한다. 기록하는 절차는 다음과 그림과 같다.

교과학습 발달상황 입력 방법 절차

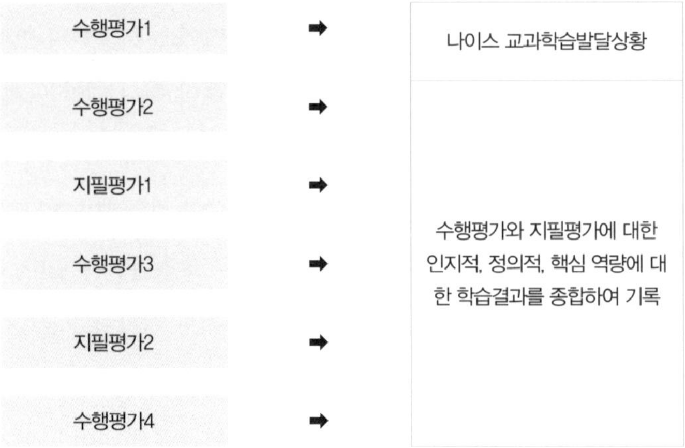

평가		나이스 교과학습발달상황
수행평가1	➡	
수행평가2	➡	
지필평가1	➡	
수행평가3	➡	수행평가와 지필평가에 대한 인지적, 정의적, 핵심 역량에 대한 학습결과를 종합하여 기록
지필평가2	➡	
수행평가4	➡	

교과학습 발달상황에 모든 평가의 결과를 그대로 다 입력할 경우 입력하는 양이 너무 많아지기 때문에, 학생의 교과학습발달 정도를 대표할 수 있는 내용을 선별하여 입력하며, 인지적인 요소뿐만 아니라 정의적 요소와 핵심 역량에 대한 내용까지도 함께 입력한다.

◆ **과정중심평가 교과학습 발달상황 입력 기록 예시**

나이스 교과학습 발달상황의 입력은 해당 교과의 평가 결과를 다음과 같이 종합하여 입력한다. 1학기 동안 이루어진 평가 결과를 영역별 성취수준이 잘 드러나도록 선별하여 입력한다.

예 6학년 1학기 수학과 교과학습 발달상황 입력 예시

수행평가1 결과	직육면체와 정육면체의 겨냥도와 전개도를 이해하고 여러 가지의 전개도를 그릴 수 있으며, 전개도를 그리는 과정에서 모둠 친구들에게 자신의 의견을 전달하는 수학적 의사소통 능력이 돋보임

+

수행평가2 결과	직육면체와 정육면체의 겉넓이를 구하는 방법을 이해하고 이를 구할 수 있으며, 직육면체의 겉넓이를 구하는 과정에서 수학적 원리를 탐구하려는 태도와 과제집착력이 우수함

+

지필평가1 결과	'(자연수)÷(자연수)', '(소수)÷(자연수)'에서 나눗셈의 몫을 소수로 나타내고 그 방법을 설명할 수 있으며, 실제 생활과 연계된 문제 장면으로 위의 연산을 활용할 수 있음

⬇

교과학습 발달상황	
인지	수와 연산 및 도형과 관련된 모든 성취기준에 대한 성취수준이 우수하였고, 측정 영역에 대한 성취기준 중 특히 직육면체와 정육면체의 겉넓이의 성취기준에 대한 성취수준이 우수함. 규칙성의 영역에서 비와 비율, 비례식에 관한 문제해결능력이 무난한 편임. 실제 자료들을 정리하여 원그래프를 활용한 통계자료로 잘 나타내고, 그래프의 통계적 의미를 해석할 수 있음
정의	직육면체의 겉넓이를 구하는 원리를 스스로 발견해 내려는 과제집착력이 돋보이며, 수학과에 대한 흥미도가 높은 편임
핵심 역량	모둠 협력 문제해결과정에서 의사소통 능력이 뛰어나며, 연산 장면을 생활 속에서 활용하는 장면에서 창의적 사고 역량이 돋보임

과정중심평가의 가정통지

과정중심평가에서 가정통지는 결과가 나오기까지의 과정도 함께 제시해야 한다.

과정중심평가의 가정통지에는 다음과 같은 평가 내용이 포함되어야 한다.

첫째, 성취기준이 제시되어야 한다. 지필평가는 평가지에 문제가 제시되어 있어 학생이 어떤 부분을 잘하고 못하였는지 쉽게 파악할 수 있으나, 수행평가는 단순히 결과만 제시되는 경우가 많아서 학부모가 무엇에 대한 평가 결과인지 인지하기 쉽지 않다. 따라서 가정통지 양식에 성취기준이 제시되어 있어야 한다.

둘째, 평가 결과는 수행평가 입력 방법과 같이 3~5단계로 자유롭게 정하여 제시하고, 성취기준에 대한 도달과 미도달 정보도 함께 제시한다. 미도달로 판변할 학습 결손에 대한 내용과 원인, 해결 방안을 구체적으로 제시해 주어야 한다.

셋째, 학생이 평가장면에서 보인 행동과 언어, 학습 결과물 등을 구체적으로 작성한다. 가능한 경우 학생의 결과물을 사진자료로 넣고, 성취기준에 대한 일반적인 내용뿐만 아니라 핵심 역량과 관련된 내용을 함께 제공한다. 또한 인지적 능력과 정의적 능력에 대한 평가 결과를 함께 제시해 주어야 한다.

넷째, 가정연계 학습을 위하여 학부모에게 가정에서 지도할 수 있는 팁을 제공한다. 어떤 점이 부족하고, 어떤 내용들을 추가 지도해야 하는지 구체적으로 작성하고, 상위수준 학생의 경우 성취기준과 관련된 심화 활동 및 생활 속 관련 활동 등에 대한 정보를 제시한다.

• 가정통지 양식 예 •

<table>
<tr><th colspan="2" rowspan="2">성취기준</th><th colspan="3">도달</th><th>미도달</th></tr>
<tr><th>상</th><th>중</th><th>하</th><th></th></tr>
<tr><td colspan="2" rowspan="2">평가장면과 연관된
성취기준 제시</td><td>√</td><td></td><td></td><td></td></tr>
<tr><td colspan="4">☞ 학생의 성취수준을 체크한다. 성취수준이 하와 미도달인 경우 원인과 대책을 자세히 기록한다.</td></tr>
<tr><td colspan="2">이렇게 공부했어요(인지적)</td><td colspan="4">– 평가장면에 대한 구체적 정보 제공한다.
– 학생의 반응 내용(사진자료 등)을 구체적으로 작성한다.
– 핵심 역량과 관련된 사항을 제시한다.</td></tr>
<tr><td rowspan="2">이런 면도
있었어요</td><td>정의적 능력</td><td colspan="4">– 평가장면에서 정의적 영역에 대한 결과를 제시한다.
㉗ 학습에 대한 끈기, 흥미, 모둠활동에서의 협력 등</td></tr>
<tr><td>핵심 역량</td><td colspan="4">– 평가장면에서 나타난 학생의 핵심 역량에 대한 내용 제시</td></tr>
<tr><td colspan="2">가정에서도 함께 지도해요
(가정연계지도)</td><td colspan="4">– 가정의 연계 지도를 위해 지도 내용과 효율적 학습 방법을 구체적으로 제시한다.
– 하위수준: 학습결손 및 선수학습 보충 지도 내용
– 중위수준: 상위수준 도약을 위한 추가 학습 내용
– 상위수준: 성취기준과 관련된 심화활동 내용</td></tr>
</table>

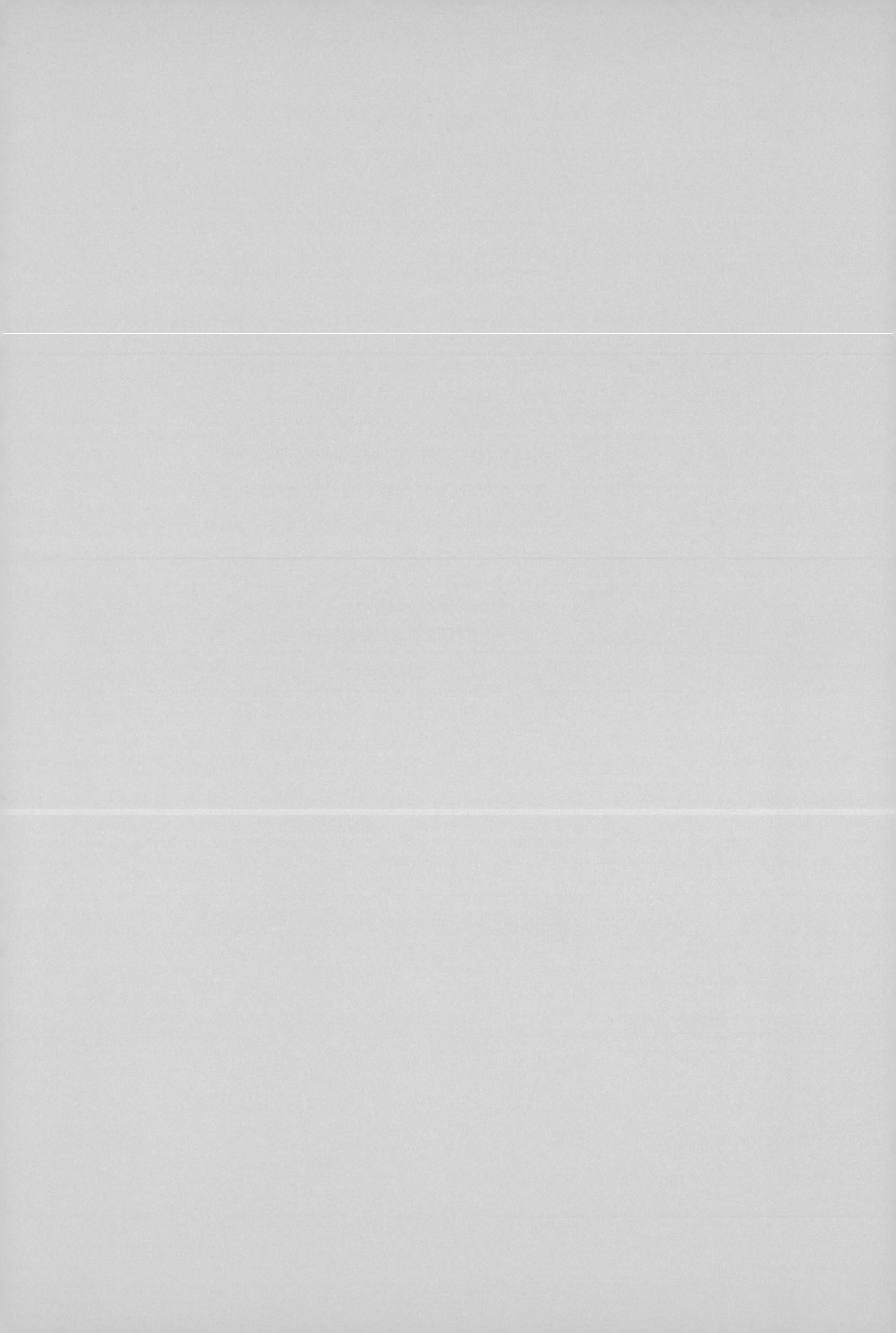

3부

저자와의 토론

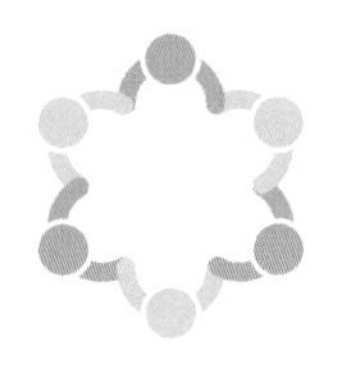

3부에서는 이 책의 내용에 대하여 필자와 독자의 가상으로 토론하는 장면을 시나리오 형식으로 작성하였다. 1, 2부의 내용 중 이해하기 어려울 수 있는 부분이나, 논의가 필요할 수 있는 내용을 주제로 선정하여 필자와 독자가 가상 토론을 하는 형식으로 꾸며 책의 내용에 대한 궁금증을 풀 수 있도록 하였다.

토론주제1 | 과정중심평가, 형성평가?

독자1 이 책을 읽어 보면 과정중심평가는 수업 속 이루어지는 평가를 중요시해요. 그럼 결국 과정중심평가는 형성평가가 아닌가요?

저자 평가가 이루어지는 시간 측면만 보았을 때, 형성평가로 생각할 수도 있습니다. 그러나 과정중심평가는 시간적인 측면만이 아닌 결과의 기록 측면에서도 봐야 합니다. 형성평가는 수업의 개선과 학생의 학습을 점검하는 데 목적이 있기 때문에 결과를 따로 기록을 하지 않습니다. 그러나 과정중심평가는 평가 결과 하나하나가 학생의 기록을 위한 기본 자료로 사용됩니다. 이러한 면에서 과정중심평가는 수업의 시점 측면만 이야기하는 형성평가와는 다른 범주의 개념입니다.

독자1 그럼 과정중심평가가 평가의 결과를 기록한다는 점에서 형성평가와 다른 것이겠군요.

저자 네, 과거 평가의 기록은 총괄평가 및 수행평가(수업과 분리된 수행평가)의 결과를 근거로 하였습니다. 그러나 과정중심평가의 평가 기록은 수업 중 이루어지는 수행장면에서의 평가 결과가 기록의 주 자료가 되어야 합니다. 이 뿐만 아니라 과정중심평가는 평가와 연계된 교육과정, 수업, 평가시스템, 평가도구 등 모든 것의 변화를 필요로 하는 평가의 새로운 패러다임으로 보는 것이 맞습니다.

토론주제2 | 과정중심평가와 교육과정 문해력

독자2 과정중심평가를 위해서 교육과정 문해력이 중요하다고 하셨는데, 그럼 교육과정 문해력 수준이 낮은 교사는 과정중심평가를 실천할 수 없나요?

저자 결론부터 말씀드리면 교육과정 문해력이 낮은 교사도 과정중심평가를 실천하는 과정에서 교육과정 문해력이 자연스럽게 신장됩니다.

그 이유는 세 가지로 말씀드릴 수 있습니다. 첫째, 수업 측면의 교육과정 문해력이 키워집니다. 수업 중에 평가를 녹여 내기 위해서 수업을 재설계하고, 활동 중심으로 수업을 구성하는 경험이 축적되어 수업 측면의 교육과정 문해력이 신장됩니다. 둘째, 이러한 수업을 구성하기 위해 기존의 교과서 순서대로의 교육과정을 운영하는 것이 아닌, 교과 순서나 내용을 새롭게 구성하게 되는 과정에서 교육과정 재구성 측면의 교육과정 문해력이 신장됩니다. 셋째, 성취기준을 중심으로 평가하면서 성취기준을 분석하는 능력이 향상되고, 성취기준에 맞는 평가도구들을 선정하면서 평가 측면의 교육과정 문해력이 신장될 수 있습니다.

독자2 작가님도 교사니까 학교업무가 얼마나 많은지 아실 거에요. 그런데 교육과정을 재구성하고, 다시 수업을 설계하고, 그 많은 평가 결과를 기록하는 것이 가능할까요?

저자 그래서 교사공동체, 전문적 학습공동체가 중요해요. 처음부터 혼자 모든 수업과 교육과정을 재구성하는 것이 어렵기 때문에 동 학년 단위 선생님들이 각자의 수업에서 평가를 활용하는 수업 노하우와 이에 따른 재구성 사례를 서로 공유하는 것이 중요합니다.

독자2 이러한 방법 말고도, 교육과정 문해력을 키워 과정중심평가를 실천할 수 있는 다른 방법은 없을까요?

저자 과정중심평가로 전환하기 위해서는 교사의 노력과 열정, 전문성이 더욱 요구됩니다. 이를 위해서 학년군 전담제를 이야기하는 분도 있습니다. 아무래도 매년 학년을 바꿔서 담임을 맡는 것보다 동일 학년군을 지속적으로 운영하면 해당 학년군에 대한 교육과정 문해력을 더 키울 수 있기 때문입니다.

또한, 교육청이나 교육부 차원의 지원도 중요합니다. 과정중심평가를 실천하기 위하여 이와 관련된 세트화된 도구를 많이 보급해야 합니다. 세트화된 도구란 평가도구, 평가계획 뿐만 아니라 이를 적용할 수 있는 수업지도안, 활용할 수 있는 수업자료, 이러한 수업을 운영할 수 있는 재구성 매뉴얼로 이를 현장에 보급할 수 있어야 합니다.

토론주제3 | 과정중심평가와 교육과정-수업-평가(기록)의 일체화

독자3 과정중심평가로 교육과정-수업-평가가 일체화되는 것이 어떻게 가능한가요?

저자 과정중심평가로 수업의 활동 과정에서 평가를 하기 위해서는 수업의 내용과 순서를 재구성해야 합니다. 이 과정에서 성취기준을 중심으로 수업 내용을 재조직할 수 있고, 동일한 활동 장면을 기준으로 2~3개 교과의 성취기준을 묶어서 수업을 할 수도 있습니다. 이러한 과정이 바로 교육과정을 재구성하는 것입니다. 즉, 수업의 활동 장면이 평가 대상이 되면서 수업과 평가가 일체화되는 것이고, 수업과 평가의 일체화를 위하여 교육과정이 재구성되면서 교육과정-수업-평가가 일체화할 수 있다는 것입니다.

독자3 그럼 이 과정에서 기록은 어떻게 일체화할 수 있나요?

저자 과거에는 학생의 학습활동 전반에 대한 기록이 아닌 학기에 한두 번 보는 시험, 학습의 과정 중 일부 장면의 수행평가에 대한 결과만을 기록했습니다. 이는 학생의 학습활동 전반을 기록하는 것이 아닌 교육활동 중 극히 일부분만 기록하는 것이지요.

그러나 일체화에서 학생들의 학습활동에 대한 많은 부분을 담을 수 있어야 합니다. 이를 위하여 수업과 평가가 일체화하고, 평가의 결과를 기록함으로써 수업-평가-기록이 일체화하게 됩니다. 이때 기록은 많은 수업활동 장면에 대한 평가 결과이기 때문에 학생들의 학습활동의 전반을 말해줄 수 있습니다.

독자3 학습활동의 전반이란 무엇을 의미하나요?

저자 학습활동 전반이란 학습의 내용과 범위를 의미합니다. 우선 내용의 경우 인지적 요소뿐만 아니라 정의적 능력과 핵심 역량, 창의성, 고등정신능력, 문제해결능력까지도 포함합니다. 과거의 평가에서는 대체로 객관식과 주관식 시험의 평가 결과를 통해 얻은 단순 지적 능력을 기록하였습니다. 그러나 실제 맥락과 연계된 수행평가에서는 학생의 정의적 능력과 핵심 역량, 창의성, 고등정신능력, 문제해결능력까지 평가가 가능해졌습니다.

범위의 경우 과거 평가에서는 시험 범위를 정하고 이에 해당하는 일부 내용만 평가하였다면, 과정중심평가에서는 평가와 수업이 함께 이루어지는 수업 장면 전체가 평가의 범위에 해당합니다.

토론주제4 | 과정중심평가와 교육과정재구성

독자4 과정중심평가를 위해서 교육과정을 효율적으로 재구성하는 방법은 무엇입니까?

저자 평가를 중심으로 재구성할 수 있고, 주제나 수업 내용을 중심으로 재구성할 수도 있습니다. 이는 닭이 먼저냐, 알이 먼저냐 하는 이야기와 같습니다. 평가를 위하여 수업 내용과 순서가 바뀌고 이로 인하여 교육과정이 재구성됩니다. 이와 반대로 수업의 내용과 순서를 먼저 재구성하고 이와 관련된 평가계획을 수립할 수도 있습니다.

독자4 그럼 두 가지의 방법 다 상관 없다는 이야기인가요?

저자 과정중심평가의 경우 평가를 중심으로 재구성을 하는 것이 효율적입니다. 과정중심평가는 성취기준을 중심으로 평가하기 때문에 성취기준을 중심으로 평가요소를 분석하고 그 평가요소와 관련된 수행과제, 활동들을 선정하여 수업을 구성하는 방법이 효율적인 교육과정 재구성 방법입니다.

토론주제5 | 과정중심평가와 수업

독자5 과정중심평가는 수업 장면에서 평가가 이루어질 수 있도록 하라고 하셨는데, 그럼 모든 수업에서 평가를 해야 하는 건가요?

저자 독자님의 질문 취지를 충분히 이해합니다. 과정중심평가를 잘못 해석하면 모든 수업에서 평가를 해야 한다고 오해할 수도 있습니다. 그러나 과정중심평가가 성취기준을 중심으로 이루어진다는 것을 생가하면 답은 간단해집니다. 성취기준에 대한 도달/미도달 확인, 인지적/정의적 요소, 핵심 역량을 두루 확인할 수 있는 활동장면에서 평가하면 됩니다.

독자5 성취기준에 대한 도달/미도달의 확인, 인지적/정의적 요소, 핵심 역량을 두루 확인할 수 있는 수업과 그렇지 않은 수업을 어떻게 구분하지요?

저자 하나의 성취기준을 준거로 수업을 설계한다면, 성취기준에 대한 도입 및 전개에 해당하는 활동과 성취기준을 일반화 및 적용, 생활 속에서 활용하는 차시로 단원을 구성할 수 있습니다. 이 중 성취기준을 일반화 및 적용하는 차시나, 실제 맥락과 연계하여 생활 속에서 활용하는 차시에서 평가를 실시하면 됩니다.

토론주제6 | 과정중심평가와 평가시스템

독자6 과정중심평가를 도입하기 위해서 왜 일제식 고사를 폐지해야 하나요?

저자 세 가지 이유에서 일제식 고사를 폐지해야 합니다.

첫째, 수업 속 활동에서 평가가 수시로 이루어지기 때문에 따로 날짜를 잡아서 평가를 실시하는 일제식 고사가 필요 없어졌습니다.

둘째, 일제식 고사는 일반적으로 수업을 가르친 교사가 아닌 제 3자가 평가 문항을 출제합니다. 이는 수업에서의 학생 활동이 평가로 이어지지 않는 원인이 됩니다. 따라서 수업에서 학생이 활동한 내용을 평가하기 위해서는 일제식 고사가 폐지되어야 합니다.

셋째, 일제식 고사는 대개 수업이 끝난 한참 후에 평가가 이루어집니다. 이런 경우 기억력 및 암기력에 의한 단순 지식 능력이 평가 결과에 중요한 요인을 미칩니다. 그러나 앞으로의 미래교육은 이러한 능력은 더 이상 중요하지 않습니다. 어떤 역량과 지적 능력이 필요한지는 책에서 충분히 이야기했기 때문에 더는 설명하지 않겠습니다만, 일제식 고사는 학생의 핵심 역량과 지적 능력 등을 키우고, 평가하는 미래교육과 상존하기 힘든 시스템입니다.

토론주제7 | 과정중심평가와 평가도구

독자7 이 책을 읽다 보면, 수행평가와 논술형 평가에 대한 이야기만 가득합니다. 그럼, 객관식 평가나 단답식 평가는 이제 아예 필요 없고, 시험에서 이러한 문항을 사용하지 말라는 이야기인가요?

저자 시대 상황이 요구하는 인재상과 관련해서 생각하셔야 합니다. 과거에는 사회의 지식 체계를 머릿속에 넣어 두고, 이를 기능적으로 구현해 내는 인재가 많이 필요했습니다. 그러나 미래에는 창의성, 의사소통 등의 능력이 필요하다고 합니다. 이러한 능력을 위해 교육부에서 6가지 핵심 역량의 함양을 요구하고 있습니다. 따라서 이러한 능력을 평가할 수 있는 수행평가와 논술형 평가가 강조되고 있는 것입니다.

독자7 작가님의 말씀은 충분히 이해됩니다. 그러나 평가를 실제 실시해야 하는 교사의 입장에서 과정중심평가 체제에서는 객관식이나, 단답식 문항을 아예 쓰지 말라는 이야기로 들려서 혼란스럽습니다.

저자 실제 상황에서 무엇인가를 할 수 있는 역량을 발휘하기 위해서는 그와 관련된 지식이나 이해의 과정이 필요한 경우가 있습니다. 즉, 수행평가에서 수행과제를 실천하기 위하여 필요한 지식 등을 평가할 필요가 있다면 평가를 하는 게 맞습니다.

독자7 그럼 객관식이나 단답형 시험을 위한 평가를 따로 해야 하나요?

저자 객관식이나 단답형 시험을 따로 보는 것보다는 수행평가에서 함께 다루는 것이 효율적입니다. 수업 중에 수행과제를 하기 위하여 간단한 확인 과정을 실시하실 수 있습니다. 논술형 평가의 경우 계단식 문제

구성으로 앞쪽에 단순 지식이나 이해를 묻는 문제를 출제하고 뒤에는 이러한 지식을 바탕으로 학생의 창의성이나 고등정신능력을 확인할 수 있는 문제로 구성할 수 있습니다.

에필로그

이 책을 읽으신 독자는 필자가 처음 제시한 '수업과 평가의 벽을 허물고 교육과정을 리모델링하라'는 혁명 미션이 어떤 의미를 갖고 있으며, 이를 위한 실천방법이 무엇인지 이제 알 수 있을 것이다.

과정중심평가의 핵심은 수업과 평가가 최적의 조합으로 최상의 케미스트리를 발휘하여 학생의 성장과 발달을 도울 수 있도록 하는 것이다. 이를 위하여 평가를 녹여낸 수업을 디자인하는 능력, 과정중심평가에 맞는 평가시스템과 평가도구를 사용하는 능력, 수업과 평가라는 소프트웨어가 잘 돌아가기 위한 최적의 하드웨어를 구성하는 교육과정 설계능력까지도 필요로 한다. 이러한 능력이 바로 교사가 전문직이라 불리는 이유를 말해 주는 것들이다.

이 책의 내용을 구성하는 밑바탕인 교육과정, 수업, 평가의 각 분야에서 나름의 전문성을 쌓을 수 있도록 도움을 주신 모든 분들께 감사의 말씀을 드리고 싶다.

그리고 힘들고 지칠 때 항상 비타민 같은 힘을 주고, 보잘 것 없는 내용이지만 책을 쓸 수 있는 사람으로 성장할 수 있도록 도와준 우리 가족들에게 고맙다고 말하고 싶다.

이 책이 현장의 선생님들이 과정중심평가를 준비하고 실천하는데 밀알 같은 도움이 되기를 바라며, 과정중심평가로 우리나라의 공교육이 바뀔 수 있는 나비효과를 기대하며 마무리한다.

2017년 11월, 유영식

참고문헌

- 2015 개정 교육과정에 따른 평가기준
- 2015 개정 교육과정 초 · 중등 교육과정 총론, 교육부
- 초등학교 교육과정(교육부 고시 제2015-80호, 별책2), 교육부(2015)
- 학교생활기록작성 및 관리지침(교육부훈령 제 195호), 교육부(2016)
- 2016 성장중심평가의 이해와 실제 기본문서, 경기도교육청(2016)
- 2011~2013 초등 논술형 평가 예시문항, 경기도교육청
- 정의적 능력 평가 예시문항, 경기도교육청(2013)
- 협력적 문제해결능력 평가 예시문항, 경기도교육청(2014)
- 2016 초등 수행평가 예시문항, 경기도교육청(2016)
- 2016 경기도 초등학교 학업성적관리 시행지침, 경기도교육청(2016)
- 만남, 소통, 나눔으로 모두가 배워가는 행복수업, 경기도교육청(2011)
- 배움중심 수업 2.0의 이해와 실천, 경기도교육청(2016)
- 교육과정, 수업, 평가의 행복한 만남, 경기도교육청(2015, 2016)
- 교사의 교육과정 문해력 신장 경기도교육청(2016)
- 2009 개정교과서 1~2학년 수행평가 문항, 대구교육청(2012)
- 2016 초등 과정중심평가 장학자료, 서울시교육청(2016)
- 학생평가 교원연수프로그램(TM 2015-09-1), 한국교육개발원(2015)
- 과정중심 수행평가의 방향과 과제(CP-2016-02-4), 한국교육개발원 이슈페이퍼(2016)
- 꿈과 끼를 키우는 학생평가(초등), 한국교육학술정보원(2015)
- 과정을 중시하는 수행평가 어떻게 할까요?(연구자료 ORM 2017-19-1), 한국교육과정평가원(2017)
- 과정을 중시하는 수행평가, 이렇게 해요!(vol.5), 한국교육과정평가원(2017)
- 수행평가 지원포털, 한국교육과정평가원 사이트
- 『최고의 공부법』, 전성수, 경향BP(2014)
- 『역량 함양을 위한 교육과정 설계: 이해를 위한 수업』, 김경자, 온정덕, 이경진, 교육아카데미(2017)
- 『이해중심 교육과정』, 김경자, 온정덕, 교육아카데미(2014)
- 『서술형 평가 Road View 수학교과』, 오혜미 외 공저, 박이정(2011)
- 『맞춤형 수준별 · 개별화 평가 전략』 Carolyn, 아카데미프레스(2016)
- 『거꾸로 교실』, 존 버그만, 에듀니티(2015)
- 『문항 제작 및 분석의 이론과 실제』, 성태제, 학지사(2014)

이 도서의 국립중앙도서관 출판예정도서목록(CIP)은
서지정보유통지원시스템 홈페이지(http://seoji.nl.go.kr)와
국가자료공동목록시스템(http://www.nl.go.kr/kolisnet)에서
이용하실 수 있습니다. (CIP제어번호: CIP2017027110)

과정중심평가

2017년 12월 10일 초판 1쇄 발행
2020년 7월 9일 초판 6쇄 발행

지 은 이 | 유영식
펴 낸 이 | 이형세
펴 낸 곳 | 테크빌교육(주)
주 소 | 서울시 강남구 언주로 551, 프라자빌딩 5층 / 8층
전 화 | 02-3442-7783(333)
팩스 | 02-3442-7793
ISBN | 978-89-93879-88-9 03370
정가 | 16,000원